PHILOSOPHIE DE SAINT THOMAS

LES PASSIONS
ET
LA VOLONTÉ

Par M. J. GARDAIR, Professeur libre de Philosophie

A LA FACULTÉ DES LETTRES DE PARIS, A LA SORBONNE.

PARIS
P. LETHIELLEUX, LIBRAIRE-ÉDITEUR
10, RUE CASSETTE, 10

LES PASSIONS

ET

LA VOLONTÉ

Du même auteur :

CORPS ET ÂME (Essais sur la Philosophie de S. Thomas) — *Introduction au cours de Philosophie*.

In-12º (Paris, P. Lethielleux) . . . 3. 50

LES PASSIONS ET LA VOLONTÉ (Cours professé à la Sorbonne en 1892).

In-12º (Paris, P. Lethielleux). . . 3. 50

Pour paraître successivement :

LA CONNAISSANCE (Cours professé à la Sorbonne en 1891).

In-12º (Paris, P. Lethielleux). . . 3. 50

LA NATURE HUMAINE (Cours professé à la Sorbonne en 1890).

In-12º (Paris, P. Lethielleux). . . 3. 50

PHILOSOPHIE DE SAINT THOMAS

LES PASSIONS
ET
LA VOLONTÉ

Par M. J. GARDAIR, Professeur libre de Philosophie

A LA FACULTÉ DES LETTRES DE PARIS, A LA SORBONNE.

PARIS

P. LETHIELLEUX, LIBRAIRE-ÉDITEUR.

10, RUE CASSETTE, 10

1892

I

L'INCLINATION

DANS TOUS LES ÊTRES

L'INCLINATION
DANS TOUS LES ÊTRES.

INTRODUCTION

Les leçons de cette année sont le complément des leçons de 1890 et de 1891. — Elles ont pour sujet principal : les Passions et la Volonté dans l'homme. — Pour bien comprendre l'inclination sous ces deux formes, dans l'homme, examen préalable de l'inclination dans tous les êtres : 1° en Dieu et dans les êtres sans connaissance, dirigés par la connaissance divine ; 2° dans les êtres connaissants.

Comme je le disais en terminant nos entretiens de l'année dernière, le plan général de ce cours libre de philosophie reproduit à sa manière les caractères fondamentaux de l'être parfait, existence substantielle, connaissance, amour, ces caractères qui correspondent dans le dogme chrétien aux trois personnes divines : Père, Fils et Saint Esprit.

Nous avons d'abord étudié ensemble la nature humaine, et, pour la bien déterminer, nous avons dû la comparer aux autres natures : puis, nous avons examiné la connaissance humaine, et nous l'avons mise en regard de la connaissance que possèdent les autres êtres.

Il nous reste à considérer l'amour, et, pour le bien comprendre dans l'homme, nous aurons à le considérer à la fois dans tous les êtres, parce que l'homme, nous le savons, est un petit monde, une image complexe du Créateur, un abrégé de la création tout entière.

Je dis l'amour, je devrais plutôt dire l'inclination, pour employer le terme le plus général, applicable à tous les êtres.

C'est donc de l'inclination que je vais vous entretenir cette année, ou, si vous le préférez, de la tendance des êtres et particulièrement de l'homme. Je le ferai à la lumière de la philosophie de saint Thomas, comme j'ai pris pour guide cette philosophie en vous parlant de la nature humaine et de la connaissance.

L'inclination dans l'homme se présente sous deux formes : celle de la vie sensitive et celle de la vie intellectuelle. Sous la première, elle donne naissance aux passions ; sous la seconde, elle s'appelle la volonté.

C'est donc des passions et de la volonté que nous aurons à nous entretenir ensemble cette année.

Il resterait l'inclination de la vie végétative, pour compléter l'homme. Mais nous nous contenterons, si vous le voulez bien, de la rattacher à la tendance générale de l'être inconscient, dont j'ai à vous dire quelques mots dès aujourd'hui.

Je voudrais, en effet, dans cette première leçon, examiner avec vous la nature de l'inclination dans toute la série des êtres, que je diviserai en deux groupes : d'abord, Dieu et les êtres sans connaissance, que je mets avec Dieu par ce que c'est lui qui connaît pour eux ; et ensuite, les êtres connaissants, l'animal et l'homme. Ce que je dirai de l'homme comme esprit raisonnable s'applique, toutes proportions gardées, à l'esprit pur, auquel il est semblable par la volonté.

I

DIEU ET LES ÊTRES SANS CONNAISSANCE.

I. — Dieu est le bien par essence et le bien de toutes les créatures. — Définition du bien par Aristote et saint Thomas: ressemblance et différence avec la théorie de Platon. — L'inclination en Dieu a deux aspects : 1° complaisance de Dieu en lui-même ; 2° tendance à répandre son bien au dehors de lui.

II. — Les êtres sans connaissance ont une double inclination par ressemblance avec Dieu : 1° inclination vers un état ou une situation qui leur convient; 2° inclination à produire au dehors quelque réalité semblable à eux-mêmes.

I. — Je commence par Dieu ; vous n'en serez pas étonné, puisque j'ai annoncé que je prendrais pour guide la philosophie de saint Thomas. Dans ses ouvrages, c'est Dieu que saint Thomas met toujours au premier rang.

Dieu est le bien par essence et le bien de toutes les créatures. Mais qu'est-ce que le bien ? C'est la première question à examiner.

Aristote commence ainsi son *Éthique à Ni-*

comaque (1) : « Tout art, toute méthode, semblablement toute pratique, toute détermination, tend manifestement à quelque bien ; aussi est-ce avec raison qu'on a exprimé le bien par cette formule : Ce vers quoi tend toute chose ».

Le moyen âge chrétien avait pris cette formule et l'avait traduite par ces termes latins : *Bonum est quod omnia appetunt*.

Dans son commentaire sur l'*Ethique à Nicomaque*, au sujet du début que je viens de citer, saint Thomas dit très nettement qu'Aristote n'a pas eu la prétention de donner une véritable définition du bien, mais plutôt une description (2).

Le bien est exprimé par l'effet qu'il produit dans les êtres.

---

(1) Πᾶσα τέχνη καὶ πᾶσα μέθοδος, ὁμοίως δὲ πρᾶξίς τε καὶ προαίρεσις, ἀγαθοῦ τινὸς ἐφίεσθαι δοκεῖ· διὸ καλῶς ἀπεφήναντο τἀγαθόν οὗ πάντ' ἐφίεται (Ἠθικῶν Νικομαχείων, I, 1).

(2) Manifestat propositum per effectum boni... Quum autem bonum proprie sit motivum appetitus, describitur bonum per motum appetitus, sicut solet manifestari vis motiva per motum. Et ideo dicit quod *philosophi bene enunciaverunt bonum esse id quod omnia appetunt*... Ipsum autem tendere in bonum est appetere bonum. Unde et omnia dixit appetere bonum inquantum tendunt ad bonum (in I *Ethic. ad Nicom.*, lectio 1).

Le bien, dans la formule d'Aristote, répétée par le moyen âge, est donc représenté comme cause finale de la tendance de tout être.

Dans la *Somme théologique*, saint Thomas a profondément analysé la nature du bien (1) ; il montre clairement que le bien n'est autre chose que l'être en tant qu'il est désirable, et, comme tout être désire sa perfection, son achèvement, son complément, le bien, c'est l'être en tant qu'il complète, achève, perfectionne l'être.

Mais, puisque nous allons parler de Dieu, rap-

---

(1) Bonum et ens sunt idem secundum rem, sed differunt secundum rationem tantum. Quod sic patet. Ratio enim boni in hoc consistit, quod aliquid sit appetibile : unde Philosophus, in I *Ethic.* in princ., dicit quod *bonum est quod omnia appetunt*. Manifestum est autem quod unumquodque est appetibile secundum quod est perfectum ; nam omnia appetunt suam perfectionem. Intantum est autem perfectum unumquodque, inquantum est in actu. Unde manifestum est quod intantum est aliquid bonum, inquantum est ens : esse enim est actualitas omnis rei, ut ex superioribus patet, q. III, a. 4, et q. IV, a. 1, ad 3. Unde manifestum est quod bonum et ens sunt idem secundum rem ; sed bonum dicit rationem appetibilis, quam non dicit ens... Bonum dicit rationem perfecti, quod est appetibile ; et per consequens dicit rationem ultimi. Unde id quod est ultimo perfectum, dicitur bonum simpliciter ; quod autem non habet ultimam perfectionem quam debet habere, quamvis habeat aliquam perfectionem inquantum est actu, non tamen dicitur perfectum simpliciter, nec bonum simpliciter, sed secundum quid (*Sum. theol.*, 1, q. V, a. 1, corp. et ad 1).

pelons-nous, si vous le voulez bien, que Dieu est l'être parfait, principe de tout être ; il est l'être absolu, existant par soi, existant par essence, et tout ce qui est en dehors de lui n'est que par création venant de lui, et par similitude amoindrie de l'être premier qui est Dieu.

Dieu est donc le bien par essence, puisque le bien c'est l'être en tant qu'il est désirable, en tant qu'il est approprié à un être. Dieu étant la cause de tout être, et tout être ne pouvant être ce qu'il est et ne pouvant se perfectionner qu'en ressemblant à Dieu, Dieu à la fois est l'être par essence et le bien par essence ; il est le bien de toute créature, puisque toute créature ne pourra se compléter qu'en prenant quelque chose qui sera une ressemblance de Dieu.

En tendant vers son bien, tout être tend donc, d'une certaine façon, à s'assimiler à Dieu.

Cette doctrine prend de la philosophie de Platon tout ce qu'elle a de durable, tout ce qu'elle a d'éternel ; elle laisse de coté avec soin, avec tact, dirai-je, tout ce qu'il y a dans le platonisme d'exagération, de rêve métaphysique, c'est-à-dire l'existence du bien en soi, en dehors des êtres bons et de Dieu.

D'après Platon, le bien par soi serait comme

dans une région intermédiaire, hors de Dieu lui-même et des êtres qui ne sont pas Dieu.

Ce qu'il faut bien remarquer ici et sur quoi je me permettrai d'appeler votre attention, c'est que saint Thomas indique très nettement qu'Aristote a corrigé lui-même Platon sur ce point, et en le corrigeant, il a conservé, au dire de saint Thomas, tout ce qu'il y avait de vrai, de durable, dans la théorie de Platon, en laissant de côté tout ce qui était pure imagination. Cela est à noter, parce que je me plais souvent à redire qu'Aristote est platonicien, et que saint Thomas, étant disciple d'Aristote, est encore disciple de Platon. Il l'indique très clairement dans son commentaire sur *l'Éthique à Nicomaque*. Je vais essayer en quelques mots de traduire sa pensée (1).

(1) Considerandum est quod Aristoteles non intendit improbare opinionem Platonis quantum ad hoc quod ponebat unum bonum separatum, a quo dependerent omnia bona. Nam ipse Aristoteles, in XII *Metaphys.*, ponit quoddam bonum separatum a toto universo, ad quod totum universum ordinatur, sicut exercitus ad bonum ducis. Improbat autem opinionem Platonis quantum ad hoc quod ponebat bonum separatum esse quamdam ideam communem omnium bonorum (in I *Ethic. ad Nicom.*, lect. VI). Non enim voluit Aristoteles quod illud bonum separatum sit idea et ratio omnium bonorum, sed principium et finis (*Ibid.*, lect. VII).—Quia autem nihil est bonum

Aristote, dit-il, a bien laissé de côté l'idée commune du bien qu'indiquait Platon comme existant à part — j'allais dire en l'air ; — mais il n'en a pas moins conservé la notion du bien séparé, *bonum separatum*. Il suffit d'ouvrir sa *Métaphysique* au XIIe livre, pour voir que ce bien séparé n'est pas une simple idée ; c'est un être parfait, principe et fin de tous les êtres, qui tendent vers lui, dit Aristote, comme une armée qui s'inspire de l'idée de son chef, qui se groupe autour de ce chef, qui est un bien appartenant à ce chef, et dont le chef est le directeur, le principe et la fin.

C'est donc à Platon et à Aristote qu'il faut faire remonter cette doctrine de saint Thomas (1) :

nisi inquantum est quædam similitudo et participatio boni summi, ipsum summum bonum quodammodo appetitur in quolibet bono. Et sic potest dici quod unum bonum est quod omnia appetunt (*Ibid.*, lect. 1).

(1) Et quamvis hæc opinio (Platonis) irrationalis videatur quantum ad hoc quod ponebat species rerum naturalium separatas per se subsistentes, ut Aristoteles multipliciter improbat, lib. III *Metaph.*, tamen hoc absolute verum est quod aliquid est primum quod per suam essentiam est ens et bonum, quod dicimus Deum ; ut ex superioribus patet, q. II, a. 3. Huic etiam sententiæ concordat Aristoteles. A primo igitur per suam essentiam ente et bono unumquodque potest dici bonum et ens, inquantum participat ipsum per modum cujusdam assimilatio-

Dieu est le bien de tout être, il est le bien par essence, et en lui est l'idée du bien, idée réalisable, quoique d'une manière amoindrie, par tous les êtres.

Saint Thomas a été d'une hardiesse d'expression qui effraie quelquefois, quand il a tâché de formuler cette doctrine. Vous me permettrez de vous traduire quelques-uns de ses textes. Ce n'est pas par curiosité ; mais il me paraît très important, au début de cette théorie de l'inclination, de la tendance vers le bien, de montrer avec quel soin ce Docteur établit que Dieu est le bien par essence (1).

---

nis, licet remote et efficienter, ut ex superioribus patet, q. VI, a. 3. Sic ergo unumquodque dicitur bonum bonitate divina, sicut primo principio exemplari effectivo et finali totius bonitatis. Nihilominus tamen unumquodque dicitur bonum similitudine divinæ bonitatis sibi inhærente, quæ est formaliter sua bonitas denominans ipsum. Et sic est bonitas una omnium, et etiam multæ bonitates (*Sum. theol.*, I, q. VI, a. 4). — Necesse est quod in mente divina sit forma, ad similitudinem cujus mundus est factus : et in hoc consistit ratio ideæ (I, q. XV, a. 1).

(1) Essentia autem Dei est ipsa essentia bonitatis (I, q. LXII, a. 8). — Bonum universale est ipse Deus, et sub hoc bono continetur etiam angelus, et homo, et omnis creatura, quia omnis creatura naturaliter, secundum id quod est, Dei est (I, q. LX, a. 5). — Deus est ipsum universale bonum simpliciter (*Ibid.*, ad 1). — Inquantum est bonum commune, naturali-

« L'essence de Dieu est l'essence même de la bonté, dit-il. — Le bien universel, c'est Dieu lui-même, et sous ce bien sont compris et l'ange et l'homme et toute créature, parce que toute créature, selon ce qu'elle est, est de Dieu, *Dei est*. Dieu est le bien universel même, dit-il encore ailleurs. Dieu est le bien commun de toutes les créatures ; et c'est parce qu'il est le bien commun de toute chose, que tout être aime naturellement Dieu ». Il va plus loin : « C'est parce que Dieu est le bien commun de tous les êtres, que tout être aime naturellement Dieu plus que soi-même ».

Voilà donc la notion du bien rattachée à la notion même de Dieu.

Mais je vous ai promis d'étudier l'inclination dans les êtres, il faut donc commencer à étudier l'inclination en Dieu.

Y a-t-il en Dieu vraiment une inclination vers quelque bien ? Il semble que non, puisque tendre vers un bien, c'est chercher à avoir ce qu'on n'a pas encore. Dieu a tout ce qu'il peut avoir ; à ce point de vue, il n'y a donc pas

ter amatur ab omnibus... Inquantum est bonum commune omnium, unumquodque naturaliter diligit plus Deum quam seipsum (*Ibid.*, ad 5).

d'inclination en lui. Mais l'inclination part de quelque chose pour tendre à un complément. Or, si Dieu ne peut pas partir et tendre, on peut penser que Dieu est à l'état de complément. Il n'a donc pas le mouvement à l'acte définitif ; mais il peut d'un coup prendre de l'inclination ce qui en est l'achèvement : le repos, la jouissance en lui-même, par la connaissance de sa propre perfection. C'est en ce sens qu'il a de l'inclination. Il ne cherche point à se perfectionner ; il se complaît en lui-même. Dieu a la béatitude parfaite, le repos heureux dans la possession de sa propre essence par l'intelligence de ce qu'il est (1).

Mais est-ce tout ? Non. Par un mystère des plus

---

(1) Nihil enim aliud sub nomine beatitudinis intelligitur nisi bonum perfectum intellectualis naturæ, cujus est suam sufficientiam cognoscere in bono quod habet... Utrumque autem istorum excellentissime Deo convenit, scilicet perfectum esse et intelligentem. Unde beatitudo maxime convenit Deo (I, q. XXVI, a. 1). — Voluntas in nobis pertinet ad appetitivam partem ; quæ, licet ab appetendo nominetur, non tamen hunc solum habet actum, ut appetat quæ non habet ; sed etiam ut amet quod habet, et delectetur in illo : et quantum ad hoc voluntas in Deo ponitur, quæ semper habet bonum quod est ejus objectum, quum sit indifferens ab eo secundum essentiam, ut dictum est... Objectum divinæ voluntatis est bonitas sua, quæ est ejus essentia (I, q. XIX, a. 1, ad 2 et ad 3).

incompréhensibles pour la raison humaine et que nous sommes bien obligés d'affirmer néanmoins, Dieu tend à répandre au dehors de lui le bien qu'il possède, à le répandre dans la mesure où il peut le faire, c'est-à-dire dans une mesure imparfaite, car il ne peut faire un être aussi parfait que lui. Donc, à ce point de vue, il y a une véritable inclination en Dieu; il aime autre chose que lui-même, il tend à faire autre chose que lui. Dieu se répand, mais il n'a au dehors de lui aucun objet qui puisse lui être cause finale; il est lui-même sa cause finale; et, comme tout ce qu'il donne à une créature est quelque chose de lui-même, comme il donne pour faire participer à son bonheur, il est à la fois la cause exemplaire et la cause finale de toute créature (1).

II. — Les êtres inférieurs n'ont pas de connaissance, et nous les avons rangés dans le premier groupe avec Dieu; c'est un grand hon-

---

(1) Si res naturales, inquantum perfectæ sunt, suum bonum aliis communicant, multo magis pertinet ad voluntatem divinam ut bonum suum aliis per similitudinem communicet, secundum quod possibile est. Sic igitur vult et se esse et alia: sed se, ut finem; alia vero, ut ad finem, inquantum condecet divinam bonitatem etiam alia ipsam participare (I, q. XIX a. 2).

neur que nous leur avons fait. En quoi ces êtres ont-ils une inclination semblable ou analogue à celle de Dieu ?

D'abord, il est manifeste que les corps inférieurs inorganiques et la plante elle-même sont des substances bonnes, puisqu'ils ont été désirés par Dieu. Ils sont désirables ; et, si Dieu n'avait pas été incliné vers eux, il ne les aurait pas faits. Donc, ils sont quelque chose de bon.

D'autre part, vous vous rappelez qu'l y a deux ans, j'ai affirmé que tout être, même le corps inorganique, a une activité, qu'il tend à réaliser quelque chose. Ce quelque chose, nous l'avons vu, ne peut être que de l'être plus ou moins ressemblant à l'être divin.

Au point de vue de la force agissante, que possèdent même les corps inférieurs, tous les êtres, et même ceux-là, tendent à ressembler à Dieu et à faire quelque réalité qui est aussi un ressemblance de Dieu (1).

Le végétal, qui a la vie inférieure, est incliné

---

(1) Omnia appetunt Deum ut finem, appetendo quodcumque bonum, sive appetitu intelligibili, sive sensibili, sive naturali, qui est sine cognitione : quia nihil habet rationem boni et appetibilis, nisi secundum quod participat Dei similitudinem (I, q. XLIV, a. 4, ad 3).

à se compléter lui-même, puisque la vie est le développement vers l'achèvement d'un type, qui est le type de l'espèce du vivant.

Quant aux corps inorganiques, comment parviennent-ils à un but, à tel ou tel état, à occuper telle ou telle position? Avec une simplicité que je vous ai fait plusieurs fois remarquer, S. Thomas se contente le plus souvent de répéter les exemples les plus élémentaires: celui du feu, de la pierre. Le feu, suivant la physique ancienne, tend à monter; la pierre tend à tomber. Ce n'est pas là l'effet d'un simple mécanisme, venant d'une pression extérieure; c'est la mise en acte d'une véritable inclination interne dans le corps inorganique.

Mais ne nous faisons-nous point illusion? Tous ces mouvements des êtres inconscients, des corps, ne sont-ils pas tout simplement l'effet de forces qui produisent des impulsions? Elles les produisent parce qu'un être directeur, Dieu, les fait manœuvrer. Mais n'est-ce pas du pur mécanisme, plutôt qu'une action venant du corps lui-même et tendant à quelque chose comme cause finale? Eh bien! non; nous l'avons démontré, il y a deux ans. Je me contente de vous rappeler que si les corps bruts n'ont pas de connaissance, il n'en est pas moins vrai qu'ils doivent l'existence à une cause première qui a pu et dû, en les créant à son image, les faire en quelque façon capables d'agir à leur tour. C'est une action seconde, subordonnée, mais qui n'en est pas moins propre aux corps. Or, toute action suppose un but. L'être inférieur ne connaîtra pas ce but; c'est celui qui dirige qui le connaîtra. Cet être aura néanmoins sa propre force, au moyen de laquelle il réalisera quelque chose, et par là sera semblable à Dieu créateur.

Les corps inorganiques ne se contentent pas de tendre à occuper une position; comme les corps vivants, ils tendent à faire les autres corps semblables à eux-mêmes : la chaleur produit de la chaleur, l'électricité de l'électricité.

Ainsi, dans cet ordre des êtres inconscients, nous constatons une double ressemblance avec Dieu, au point de vue de l'inclination: inclination à tendre vers un état ou une situation qui convient à ces êtres, et inclination à produire au dehors quelque chose de semblable à eux-mêmes (1).

(1) Res enim naturalis non solum habet naturalem inclinationem respectu proprii boni ut acquirat ipsum, quum non

Vous trouverez peut-être que je m'attarde beaucoup sur ces débuts de la création. Je dois m'y attarder quelque peu, puisque saint Thomas, à tout instant, compare les êtres les plus élevés, les anges et Dieu même, à la plus infime des créatures, Dieu à la pierre et au feu. Toute la théorie des passions est à chaque pas traversée par des images qui sont prises dans cette inclination même des êtres inférieurs et inconscients. Vous reconnaissez là le génie de saint Thomas. Il ne fait pas dans la science des compartiments séparés : il n'y a qu'une seule science, la science totale ; tout ne forme qu'une seule famille, une seule harmonie, un seul monde, et l'être le plus petit y a sa place, puisqu'il est créature de Dieu comme l'ange, qui par lui-même n'est rien.

habet, vel ut quiescat in illo quum habet ; sed etiam, ut proprium bonum in alia diffundat, secundum quod possibile est. Unde videmus quod omne agens, inquantum est actu et perfectum, facit sibi simile (I, q. xix, a. 2). — Quamlibet formam sequitur aliqua inclinatio : sicut ignis ex sua forma inclinatur in superiorem locum et ad hoc quod generet sibi simile (I, q. lxxx, a. 1).

II

LES ÊTRES CONNAISSANTS : L'ANIMAL, L'HOMME ET L'ESPRIT PUR.

I. — L'animal a deux sortes de connaissances : l'une par laquelle il connaît simplement le fait sensible, l'autre par laquelle il apprécie ce qui est convenable ou nuisible à sa nature. Il n'a qu'une seule faculté *fondamentale* d'inclination, qui se divise en deux puissances distinctes, désignées ensemble par saint Thomas sous le nom général d'appétit sensitif.

II. — L'homme, au dessus de l'inclination sensible, a l'inclination intellectuelle, à l'image de l'esprit pur et de Dieu. C'est précisément parce que cette inclination intellectuelle tend naturellement à l'absolu et au parfait, qu'elle est libre à l'égard de tous les biens particuliers et imparfaits : voilà pourquoi l'homme, l'ange et Dieu ont le libre arbitre.

I. — J'ai annoncé que nous allions maintenant parler des êtres connaissants. Les êtres sans connaissance ont besoin d'une connaissance pour tendre à une fin, seulement c'est Dieu qui l'a pour eux ; les êtres connaissants, au contraire, trouvent en eux-mêmes cette représentation qui sera le principe de mise en œuvre, de mise en acte de leur inclination, comme Dieu a trouvé en lui les idées exemplaires des choses (1). Pour les êtres non connaissants, c'est en Dieu qu'est la représentation nécessaire pour donner le premier mouvement à cette inclination qui les porte vers un but, par laquelle ils tendent à quelque bien.

Il y a deux sortes de connaissances : la connaissance sensible et la connaissance intellectuelle. Nous aurons donc deux sortes d'inclinations : l'inclination sensible, qui suit la connaissance sensible ; l'inclination intellectuelle, qui est le résultat de la connaissance intellectuelle (2). L'homme a les deux connaissances, l'ange n'a que la connaissance supérieure, l'animal inférieur à l'homme n'a que la connaissance sensible.

(1) Quodammodo cognitionem habentia ad Dei similitudinem appropinquant, in quo omnia præexistunt, sicut Dionysius dicit, cap. 5 *de Div. Nom.* lect. I. Sicut igitur formæ altiori modo existunt in habentibus cognitionem supra modum formarum naturalium, ita oportet quod in eis sit inclinatio supra modum inclinationis naturalis, quæ dicitur appetitus naturalis. Et hæc superior inclinatio pertinet ad vim animæ appetitivam, per quam animal appetere potest ea quæ apprehendit, non solum ea ad quæ inclinatur ex forma naturali. Sic igitur necesse est ponere aliquam potentiam animæ appetitivam (I, q. LXXX, a. 1).

(2) Quia igitur est alterius generis apprehensum per intellectum et apprehensum per sensum, consequens est quod appetitus intellectivus sit alia potentia a sensitivo (I, q. LXXX, a. 2).

Le caractère propre de l'inclination sensible est de tendre à un bien particulier. Elle ne peut atteindre que tel ou tel bien, tel ou tel objet individuel. C'est le caractère de tout ce qui est sensible, inclination comme connaissance.

L'animal a deux manières de connaître son bien particulier.

Ici, nous sommes spécialement dans la doctrine de saint Thomas.

Il y a un point que je crois très délicat, et je vous avouerai que j'ai eu quelque peine, ou du moins quelque travail, pour bien saisir la pensée de saint Thomas dans les distinctions que je vais vous soumettre.

L'animal, dis-je, connaît son bien particulier avant d'en avoir joui, avant tout plaisir, comme par exemple lorsque l'oiseau choisit le petit brin de paille dont il se servira pour faire son nid ; il a donc apprécié que ce brin de paille était précisément ce qu'il lui fallait pour construire son nid. C'était le moyen approprié au but auquel tendait l'animal, la construction du nid pour ses petits. Mais il est manifeste que l'oiseau, en voyant cette paille, n'en a pas encore joui ; il n'a pas encore eu le plaisir sensible par la possession de ce bien particulier qui lui convient : son nid n'est pas encore construit, la paille n'a pas encore été prise, le brin d'herbe ou d'arbre n'a pas encore été détaché, et cependant il a connu que ce petit brin de végétal était approprié à l'action qu'il voulait faire, sans avoir été en contact avec cet objet particulier.

Saint Thomas dit formellement que, si l'animal ne recherchait que ce qui lui donne du plaisir et ne s'éloignait que de ce qui lui donne de la douleur, il ne serait pas nécessaire de lui supposer cette connaissance, cet instinct d'appréciation, qui est son intelligence. Pour connaitre ce qui le fait jouir ou souffrir, l'animal n'aurait pas besoin, d'après saint Thomas, de cette appréciation instinctive (1).

(1) Si animal moveretur solum propter delectabile et contristabile secundum sensum, non esset necessarium ponere in animali nisi apprehensionem formarum quas percipit sensus, in quibus delectatur aut horret. Sed necessarium est animali ut quærat aliqua vel fugiat, non solum quia sunt convenientia vel non convenientia ad sentiendum, sed etiam propter alias commoditates et utilitates sive nocumenta : sicut ovis videns lupum venientem fugit, non propter indecentiam coloris vel figuræ, sed quasi inimicum naturæ ; et similiter avis colligit paleam, non quia delectet sensum, sed quia est utilis ad nidificandum. Necessarium est ergo animali quod percipiat hujusmodi intentiones, quas non percipit sensus exterior, et hujusmodi perceptionis oportet esse aliquod aliud principium,

Il y a donc dans l'animal deux facultés de connaitre son bien, et il s'agit de savoir s'il y a de même, en lui, deux inclinations sensibles, dont l'une suivrait cette connaissance instinctive par laquelle l'animal apprécie un objet, non pas comme pouvant lui donner plaisir ou douleur, mais en tant qu'il peut être utile ou nuisible pour une opération de sa nature, comme la construction d'un nid. Il s'agit, dis-je, de savoir s'il y a deux inclinations sensibles, comme il y a deux sortes de connaissances sensibles du bien.

La question n'est pas aussi claire qu'on le supposerait au premier abord. Je crois cependant pouvoir dire qu'il n'y a, *au fond*, qu'une première inclination sensible dans l'animal.

Le plaisir naît après une certaine connaissance.

L'animal sent un état et de cette sensation naît, dans son inclination, un mouvement qui est le plaisir, ou un mouvement contraire qui est la douleur.

quum perceptio formarum sensibilium sit ex immutatione sensibili, non autem perceptio intentionum prædictarum... Ad apprehendendum autem intentiones quæ per sensum non accipiuntur, ordinatur vis æstimativa (I, q. LXXVIII, a. 4).

Or, pour sentir le plaisir, n'est-il pas nécessaire que l'animal soit prédisposé à éprouver une émotion? Oui, il faut qu'il y ait en lui une première inclination vers son bien. Nous trouvons, immédiatement après la connaissance, la présence d'une inclination naturelle qui n'est pas encore le plaisir, qui n'est qu'une prédisposition interne.

Après cette première sensation de connaissance d'où naîtra le plaisir, que peut être cette inclination, sinon le principe d'une tendance au bien qui est approprié à l'être? Ce ne peut être qu'une inclination de l'animal vers ce qui lui convient, ce qui convient à sa nature, puisque l'émotion de plaisir vient précisément après la perception sensitive d'un état approprié à l'être, d'où naîtra le plaisir. C'est exactement la même chose que l'inclination d'où naîtra le mouvement à la suite de l'appréciation instinctive que nous avons indiquée tout à l'heure. Si l'animal, la brebis par exemple, en voyant approcher le loup, s'enfuit, c'est que son instinct lui révèle que le loup est ennemi de sa nature. Cette inclination n'est pas autre chose que la prédisposition à tendre vers son bien ou à fuir son mal; elle produit le mouvement de l'animal, soit vers un objet approprié, soit loin d'un objet capable de lui nuire.

Je crois donc qu'il n'y a dans l'animal qu'une seule faculté *fondamentale* d'inclination. Nous verrons qu'elle se divise en deux puissances distinctes, dont l'une a son point de départ et son terme dans l'autre : c'est cette dernière que j'appelle la faculté *fondamentale*. Saint Thomas leur donne à toutes deux le nom général d'appétit sensitif (1).

Dans toute cette théorie ébauchée aujourd'hui, je ne vous ai donné que quelques linéaments pour préparer votre esprit. A la fin de la première série des passions, nous consacrerons une séance tout entière au plaisir et à la douleur. Permettez-moi de vous renvoyer à cette leçon pour l'explication plus complète de ma pensée.

II. — Au dessus de l'inclination sensible, nous l'avons dit, est l'inclination intellectuelle ; c'est l'inclination propre à l'esprit. L'homme la possède, puisqu'il a l'intelligence, et l'ange

(1) Appetitus sensitivus est una vis in genere, quæ sensualitas dicitur ; sed dividitur in duas potentias, quæ sunt species appetitus sensitivi, scilicet in irascibilem et concupiscibilem.... Omnes passiones irascibilis incipiunt a passionibus concupiscibilis et in eas terminantur (I, q. LXXXI, a. 2).

la possède à un degré supérieur, puisque son intelligence est supérieure à celle de l'homme.

Si ce que nous avons dit jusqu'ici a son importance, ce qu'il nous reste à dire est d'une importance souveraine.

L'inclination intellectuelle est née pour suivre la connaissance intellectuelle, comme l'inclination sensible pour suivre la connaissance sensible.

Pour connaître la nature de cette inclination, il faut se rappeler quelle est la nature de la connaissance des esprits. L'intelligence, nous l'avons vu l'année dernière avec assez de détails, l'intelligence proprement dite, connaît l'absolu et l'universel : l'inclination intellectuelle sera donc la tendance naturelle vers l'absolu, vers l'universel ; c'est cela que les esprits sont prédisposés à aimer (1).

Nous avons fait toute la théorie de l'abstraction l'année dernière ; je me permets de vous y renvoyer. Quelque effort que fasse l'intelli-

(1) Vis appetitiva in omnibus proportionatur apprehensivæ, a qua movetur sicut mobile a motore. Appetitus enim sensitivus est boni particularis, voluntas vero universalis, ut supra dictum est, q. LIX, a. 4 ; sicut etiam sensus apprehensivus est singularium, intellectus vero universalium (I, q. LXIV, a. 2).

gence humaine, elle n'atteint l'absolu et l'universel que par une abstraction.

En sera-t-il de même de l'inclination intellectuelle, de l'amour de l'esprit ?

Non, l'amour ne peut aller à l'abstrait ; il tend par sa propre nature à se reposer en quelque chose d'existant. C'est là la grande distinction entre l'inclination et la connaissance.

Saint Thomas y revient plusieurs fois. Il dit (1) : Nous connaissons les choses suivant notre manière de connaître, et non pas en les atteignant en elles-mêmes ; nous ne les connaissons qu'autant que nous avons en nous des représentations semblables à elles. Les choses sont connues selon qu'elles sont en nous représentées, et au contraire nous som-

---

(1) Hoc autem distat inter appetitum et intellectum, sive quamcumque cognitionem, quia cognitio est secundum quod cognitum est in cognoscente, appetitus autem est secundum quod appetens inclinatur in ipsam rem appetitam. Et sic terminus appetitus, quod est bonum, est in re appetibili ; sed terminus cognitionis, quod est verum, est in ipso intellectu (I, q. XVI, a. 1). — Hæc est differentia inter intellectum et voluntatem, quod intellectus sit in actu per hoc quod res intellecta est in intellectu secundum suam similitudinem ; voluntas autem sit in actu, non per hoc quod aliqua similitudo voliti sit in voluntate, sed ex hoc quod voluntas habet quamdam inclinationem in rem volitam (I, q. XXVII, a. 4).

mes inclinés, comme tout être, vers les choses en elles-mêmes.

L'intelligence naturellement connait l'abstrait et conclut d'un raisonnement l'existence d'un absolu parfait, Dieu (1). Nous n'avons qu'à transposer en quelque sorte le mouvement intellectuel, en lui donnant la nature de toute inclination, pour avoir la nature même de l'inclination intellectuelle.

Notre connaissance intellectuelle de l'absolu sera abstraite, parce qu'une connaissance de l'absolu imparfaite comme celle de l'homme ne peut être qu'abstraite : pour qu'elle fût concrète, il faudrait que l'homme eût en lui la forme même de l'absolu (2). Je n'ai pas à entrer

---

(1) Naturalis nostra cognitio a sensu principium sumit. Unde tantum se nostra naturalis cognitio extendere potest in quantum manuduci potest per sensibilia. Ex sensibilibus autem non potest usque ad hoc intellectus noster perlingere, quod divinam essentiam videat ; quia creaturæ sensibiles sunt effectus Dei virtutem causæ non adæquantes. Unde ex sensibilium cognitione non potest tota Dei virtus cognosci, et per consequens nec ejus essentia videri. Sed quia sunt effectus a causa dependentes, ex eis in hoc perduci possumus, ut cognoscamus de Deo an est, et ut cognoscamus de ipso ea quæ necesse est ei convenire, secundum quod est prima omnium causa excedens omnia sua causata (I, q XII, a. 12).

(2) Non autem per aliquam similitudinem creatam Dei es-

ici dans la théologie, pour vous dire comment un jour pourra se poser dans notre intelligence, par un acte au dessus de la nature, l'être parfait, Dieu. Il est certain qu'en cette vie nous ne pouvons avoir de l'absolu divin qu'une représentation amoindrie. Mais l'inclination de l'esprit ira à l'absolu, au parfait existant, ira vers l'être absolu, vers Dieu. Donc chez l'homme, dont la connaissance est nécessairement abstraite, l'amour va au concret, et ce concret est Dieu.

Il semble que j'aie exagéré l'amour de l'homme, et voici l'objection qui se présente tout de suite : S'il en était ainsi, l'homme, semble-t-il, irait d'une manière si naturelle à ce parfait, qu'il n'aurait jamais le goût de l'imparfait et qu'il ne s'attacherait qu'à Dieu. Or, l'expérience de tous les jours, de tous les instants, montre que l'homme tend, et ne tend que trop, vers l'imparfait.

L'amour naturel de Dieu faisait dire à saint Thomas que tout être naturellement aime Dieu plus que soi-même (1). Cet amour de l'absolu

---

sentia videri potest, quæ ipsam divinam essentiam repræsentet ut in se est (I, q. XII, a. 2).

(1) Diligere autem Deum super omnia est quiddam connaturale homini et etiam cuilibet creaturæ, non solum rationali, sed

existant est la raison même de la liberté. C'est parce que nous aimons naturellement le parfait, que nous tendons en fait vers l'imparfait. Il s'agit d'expliquer cette énigme.

Rappelez-vous ce que nous avons dit en commençant : C'est le parfait qui est l'essence même de tout bien, non pas à la manière de Platon, non pas à la manière du panthéisme, qui s'imagine que Dieu est la substance de tout être, mais à la manière d'Aristote. Dieu est le bien commun, principe et fin de tout ce qui est. Nous aimons ce bien dans tout bien : voilà pourquoi nous sommes capables d'aimer tous les biens, même les plus imparfaits; et voilà pourquoi aussi aucun bien imparfait ne peut nous satisfaire, parce que ce vers quoi nous sommes inclinés, c'est le bien absolu. Nous pourrons donc tout aimer, puisque tout être a quelque chose de bon; mais nous pourrons aussi refuser notre amour à tout être, parce qu'aucun des biens particuliers, aucun des êtres créés, qui sont bons, n'a tout ce qu'il faut pour compléter, pour

---

irrationali et etiam inanimatæ, secundum modum amoris qui unicuique creaturæ competere potest.... Natura enim diligit Deum super omnia, prout est principium et finis naturalis boni (1 - II, q. CIX, a. 3).

parachever notre être, pour satisfaire la soif de notre nature intellectuelle. Nous aurons à revenir sur ce sujet, quand nous traiterons spécialement de la volonté et du libre arbitre. Dès maintenant, j'ai voulu vous montrer comment ce qui fait la dignité pratique de l'homme, la capacité de choisir entre ceci ou cela, se rattache à toute la doctrine de l'inclination, et par conséquent se rattache à la définition même de Dieu comme essence du bien (1).

Cette doctrine permet d'affirmer la liberté des esprits supérieurs à l'homme, des anges, bien plus, d'affirmer le libre arbitre du Créateur lui-même (2). Dieu peut produire autre chose que lui et tout être qui ne sera pas lui, aura une

---

(1) Deus, secundum quod est universale bonum, a quo dependet omne bonum naturale, diligitur naturali dilectione ab unoquoque (I, q. LX, a. 5, ad 4). — Quum autem possibilitas voluntatis sit respectu boni universalis et perfecti, non subjicitur ejus possibilitas tota alicui particulari bono; et ideo non ex necessitate movetur ab illo (I, q. LXXXII, a. 2, ad 2).

(2) Unde, ubicumque est intellectus, est liberum arbitrium. Et sic patet liberum arbitrium esse in angelis etiam excellentius quam in hominibus, sicut et intellectum (I, q. LIX, a. 3). — Quum igitur Deus ex necessitate suam bonitatem velit, alia vero non ex necessitate, ut supra ostensum est, art. 3 hujus quæst., respectu illorum quæ non ex necessitate vult, liberum arbitrium habet (I, q. XIX, a. 10).

ressemblance avec lui, mais une ressemblance imparfaite. Dieu pourra donc vouloir ou ne pas vouloir ce qui n'est pas lui-même ; il pourra créer ou ne pas créer, il sera rigoureusement libre : de même l'homme est libre vis-à-vis de ce qui n'est pas Dieu.

Dans cette théorie de la liberté, fondée sur la nature même de l'inclination intellectuelle, se résume toute la doctrine de saint Thomas sur l'inclination. Nous y voyons que Dieu, le bien par essence, est la cause finale, comme le principe efficient, de toute inclination : que tout être tend à s'assimiler à Dieu, que les êtres intelligents sont capables de s'attacher et de donner leur amour à tout ce qui n'est pas Dieu, de le donner librement ou de le refuser de même, parce que tout bien créé n'est qu'une similitude imparfaite du bien parfait ; et que, pour retenir leur amour au point qu'il lui fût impossible de se tourner avec liberté, il faudrait que Dieu lui-même leur apparût et leur imposât exclusivement sa volonté ; ce qui ne serait plus de l'ordre naturel.

II

LES PASSIONS

II

LES PASSIONS

INTRODUCTION

Objet de cette leçon : nature et classification des passions.

Nous devons commencer l'étude des inclinations dans l'homme par l'inclination sensible, puisque, dans l'ordre du développement de l'être, l'homme est animal avant d'être raisonnable.

L'inclination sensible engendre ce qu'on appelle les passions. Mais, que faut-il entendre par ce mot « passions »? Quelles sont les passions humaines? Comment se coordonnent-elles et comment peut-on les classer?

Voilà les questions que nous aurons à examiner aujourd'hui.

Ainsi, nature des passions, classification des passions; c'est tout l'objet de cet entretien.

1

NATURE DES PASSIONS.

I. — **Définition de la passion en général et spécialement de la passion animale.** La passion animale ou sensitive comprend un élément matériel, qui est un mouvement physique dans le corps, et un élément formel, qui est une émotion de l'âme : le matériel est la conséquence directe du formel.
II. — Il y a plus de passion dans les puissances appétitives que dans les facultés de connaissance. Il y a aussi plus de passion dans les mouvements passionnels qui ont pour objet le mal, que dans ceux qui ont pour objet le bien.

1. Dans la philosophie scolastique, et spécialement dans la philosophie de saint Thomas, on entend par passion l'effet d'un agent sur un patient, c'est-à-dire sur un sujet qui reçoit l'action (1).

Or, le mouvement de l'inclination, nous l'avons vu, est produit par le bien, soit par le pre-

---

(1) Passio est effectus agentis in patiente (I-II, q. xxvi, a. 2).

mier bien, qui est Dieu lui-même, dans l'appétit naturel, soit par les biens créés dans les autres appétits, et notamment dans l'appétit sensitif.

Vous voyez déjà qu'en considérant la passion simplement comme l'effet d'un agent sur un patient, puisque le bien produit un effet dans l'inclination, tout appétit sera, à ce point de vue, susceptible de passion. Il y aura donc des passions intellectuelles, comme il y aura des passions sensibles, et nous verrons que saint Thomas ne répugne pas à attribuer le nom de passions aux effets que produit le bien dans la partie intellectuelle de l'homme, à condition de donner alors à ce mot « passion » seulement le sens que nous venons d'indiquer, à savoir : celui d'effet d'un agent sur un patient (1).

Mais cette signification n'est que la plus générale parmi celles du mot « passion ». Il y a un autre sens particulier, qui fait nommer les passions sensibles passions proprement dites. Le voici : On entend par passion proprement dite une

---

(1) Quum amor consistat in quadam immutatione appetitus ab appetibili, manifestum est quod amor est passio, proprie quidem secundum quod est in concupiscibili, communiter autem et extenso nomine secundum quod est in voluntate (I-II, q. XXVII, a. 2).

modification matérielle, physique, dans un sujet, à la suite d'une action exercée sur lui.

Nous ne sommes plus ici dans le domaine de tout être capable de recevoir l'effet d'un agent ; nous sommes dans la sphère limitée des substances corporelles. Ainsi, on appelle passion proprement dite seulement celle qui modifie un sujet matériel (1).

A ce propos, je dois vous rappeler l'ensemble de la théorie de saint Thomas, d'après Aristote, sur ces modifications physiques d'un sujet corporel.

Dans cette ancienne physique, un corps ainsi impressionné par un agent changeait de qualité pour acquérir une qualité contraire ; le froid était contraire au chaud, et ainsi des autres : la qualité qui survenait dans le corps prenait la place d'une qualité qui disparaissait (2). C'était

---

(1) Dicitur proprie pati quando aliquid recipitur cum alterius abjectione... Passio autem cum abjectione non est nisi secundum transmutationem corporalem (I-II, q. XXII, a. 1).

(2) Proprie vero dicitur passio secundum quod actio et passio in motu consistunt, prout scilicet aliquid recipitur in patiente per viam motus. Et quia omnis motus est inter contraria, oportet illud quod recipitur in patiente esse contrarium alicui quod a patiente abjicitur ; secundum hoc autem quod recipitur in patiente, patiens agenti assimilatur ; et inde est quod, pro-

l'application d'une antique manière de comprendre l'évolution naturelle des substances corporelles, et la théorie des passions proprement dites, dans les êtres vivants et sensibles, n'était en quelque sorte qu'un chapitre de cette théorie générale sur les passions physiques.

Il semble que nous nous éloignons du but, au lieu d'avancer ; car enfin j'ai annoncé, pour aujourd'hui, l'étude de l'inclination sensible, c'est-à-dire de l'appétit des êtres animés d'un principe capable de connaître, d'une âme sensitive. Mais, toute âme, toute âme sensible en particulier, et, à plus forte raison, puisque nous traitons de l'homme, toute âme à la fois sensitive et intellectuelle, paraît au premier abord incapable d'éprouver une modification physique, une passion matérielle.

Faut-il donc abandonner le terme « passion de l'âme », qui est en usage dans la philosophie du moyen âge, comme dans la philosophie moderne ? Ou bien y a-t-il une manière d'expliquer comment une passion, au sens proprement dit, peut être passion de l'âme ?

N'allons-nous pas sombrer dans le matéria-

---

prie accepta passione, agens contrariatur patienti, et omnis passio abjicit a substantia (*de Veritate*, q. xxvi, a. 1).

lisme, sous prétexte d'être fidèles à Aristote ?

Sans doute, prise en elle-même, l'âme ne peut être le sujet d'une passion proprement dite, d'une passion physique. Mais rappelons-nous que l'âme est partie essentielle du corps vivant, et qu'elle est, en outre, le principe moteur du corps qu'elle anime. A ces deux points de vue, on peut dire qu'accessoirement, *per accidens*, l'âme est le sujet d'une passion proprement dite, comme un des éléments du composé corporel (1).

Ici se pose une distinction,

Dans la passion corporelle, celle qui commence par impressionner le corps, l'âme ne subit, à son tour, cette impression que comme forme du corps, comme principe formateur de la substance corporelle.

Au contraire, s'il s'agit des passions proprement animales, de celles que nous allons étudier de près aujourd'hui, on peut dire que l'âme est le sujet de ces passions en tant que moteur du corps animé (2).

(1) Unde passio proprie dicta non potest competere animæ, nisi per accidens, inquantum scilicet compositum patitur... Pati, secundum quod est cum abjectione et transmutatione, proprium est materiæ; unde non invenitur nisi in compositis ex materia et forma (I-II, q. xxii, a. 1, corp. et ad 1).

(2) Hic modus passionis animæ convenire non potest nisi ex

Dans la passion corporelle, l'âme éprouve la passion après le corps ; dans la passion animale, au contraire, l'âme est le premier sujet d'une émotion, qui se traduira dans le corps par un mouvement proprement physique.

Il faut bien considérer que, dans les passions propres à l'animal, c'est l'âme qui est le premier principe des mouvements produits dans le corps. Il ne s'agit plus ici d'un organisme matériel impressionné d'abord par l'objet extérieur ; c'est l'âme qui est la première cause du mouvement physique dépendant de la passion. Mais n'oublions pas que ce mouvement vient dans la matière comme conséquence d'une émotion de l'âme.

Ainsi entendue, la passion animale n'est évidemment pas dans les facultés intellectuelles de l'âme, intelligence proprement dite ou volonté ; car, nous le savons, ces facultés ont un champ d'opération absolument supérieur à l'organisme, et ce n'est pas par elles-mêmes qu'el-

---

corpore ; et hoc dupliciter. Uno modo secundum quod unitur corpori ut forma ; et sic compatitur corpori patienti passione corporali. Alio modo prout unitur ei ut motor ; et sic ex operatione animæ transmutatio fit in corpore, quæ quidem passio dicitur animalis (*de Veritate*, q. xxvi, a. 3).

les agissent sur le corps vivant. Elles ne peuvent y produire de mouvement qu'indirectement, au moyen de facultés intermédiaires, qui, elles, agissent par elles-mêmes sur les organes (1).

La passion animale est-elle dans les facultés de connaissance sensible? Non : ces facultés de connaissance, sens externes ou internes, n'impressionnent pas par elles-mêmes les organes au point de vue physique. Quand un organe est fatigué, à la suite d'un travail trop intense, comme après une étude trop attentive, qui aura mis en jeu des facultés d'imagination, de mémoire, d'appréciation sensible, dans ce cas, la modification physique, traduite par cette fatigue corporelle, n'est qu'un accessoire, une conséquence indirecte, qui résulte de ce que la faculté de connaissance sensible est radicalement posée dans la même substance de laquelle dé-

---

(1) Passio vero animalis, quum per eam ex operatione animæ transmutetur corpus, in illa potentia esse debet quæ organo corporali adjungitur, et cujus est corpus transmutare: et ideo hujusmodi passio non est in parte intellectiva, quæ non est alicujus organi corporalis actus; nec iterum est in apprehensiva sensitiva, quia ex apprehensione sensus non sequitur motus in corpore, nisi mediante appetitiva, quæ est immediatum movens (*de Veritate*, q. XXVI, a. 3).

pendent les forces physiques du corps (1).

La passion animale pourrait-elle se trouver dans cette modification que saint Thomas appelle *spirituelle*, mais qui n'en est pas moins dans l'organe, pour déterminer la connaissance sensible ? Nous avons vu l'année dernière que c'est le corps, telle ou telle partie du corps vivant, qui est vraiment le sujet des opérations de la vie sensitive.

Eh bien ! non : cette modification *spirituelle*, bien qu'elle soit dans l'organe, n'est pas une modification physique; elle est d'un autre ordre que les forces spécialement corporelles, chaleur, électricité, magnétisme, et elle n'a pas d'influence directe sur elles. Aussi ne peut-on pas appeler passion animale cette modification particulière qui détermine, dans l'organe, la connaissance sensible.

Mais, au moins, n'appellerons-nous pas passion animale, la modification physique qui est nécessaire pour amener la sensation dans cer-

---

(1) Hujusmodi transmutatio per accidens se habet ad actum apprehensivæ virtutis sensitivæ, puta quum oculus fatigatur ex forti intuitu vel dissolvitur ex vehementia visibilis : sed ad actum appetitus sensitivi per se ordinatur hujusmodi transmutatio (I-II, q. XXII, a. 2, ad 3).

taines facultés de sentir externes, comme par exemple dans le tact ? Quand on touche un corps chaud, la main est échauffée : ne sera-ce point une passion animale ? C'est une passion proprement dite ; elle est dans l'être animal vivant. Pourquoi ne l'appellerait-on pas passion animale ?

C'est que cette passion ne sort pas de l'ordre proprement physique, et qu'elle n'est pas le résultat d'une action de l'âme en tant que moteur du corps ; elle est le résultat de l'action d'un corps extérieur qui agit par ses forces proprement physiques sur le corps vivant, et elle n'est que la préparation éloignée de l'acte de sentir, de la perception proprement sensible de la chaleur. Ce qui prépare un acte n'est pas nécessairement du même ordre que cet acte, et nous constatons ici deux ordres distincts d'opération.

Ce n'est pas la passion animale, puisque celle-ci comporte, dans le corps, un mouvement venant de l'âme comme de son principe.

Où sera donc la passion animale ? Elle n'est ni dans l'intelligence, ni dans la volonté ; elle n'est dans aucune faculté de connaissance sensible. Elle sera dans la puissance d'inclination sensible, dans l'appétit sensitif, c'est-à-dire que toutes les émotions animales auront pour point de départ l'âme elle-même, en tant que moteur du corps vivant. Ce seront de véritables passions, parce qu'elles se traduiront dans le corps par une modification proprement physique, par exemple l'échauffement du sang dans la colère.

Ce qu'il faut bien remarquer, c'est que, dans la passion animale, la modification physique, par exemple, dans la colère, l'échauffement du sang — que saint Thomas appelait *accensio sanguinis circa cor*, dans la région du cœur — cette modification physique est l'effet direct de l'appétition qui est dans l'âme. C'est immédiatement et par soi que la passion de l'âme produit cette modification dans l'organisme, si bien qu'on ne peut pas définir la passion animale sans exprimer à la fois le principe du mouvement, qui est dans l'âme, et le mouvement, qui s'exprime dans la substance corporelle elle-même (1).

C'est là le caractère propre des passions sensi-

---

(1) Ad actum appetitus sensitivi per se ordinatur hujusmodi transmutatio : unde in definitione motuum appetitivæ partis materialiter ponitur aliqua naturalis transmutatio organi, sicut dicitur quod ira est *accensio sanguinis circa cor* (I-II, q. xxii, a. 2, ad 3).

tives. Il y a du matériel ; il y a du formel. Le matériel est dans le corps ; c'est un échauffement, c'est un refroidissement, c'est une agitation ; et le formel est dans l'âme ; c'est un amour, un désir, un plaisir, une haine, une douleur, une surexcitation contre le mal, une tendance accentuée vers le bien difficile à atteindre. Voilà la distinction entre ce qu'il y a de formel, attribué à l'âme, et de matériel, attribué au corps.

II. — Après ces explications sur la passion animale, je vous demande la permission de revenir sur la première définition que nous avons donnée de la passion en général. Nous avons dit qu'il y a passion toutes les fois que l'on constate un effet produit par un agent sur un autre sujet, qui reçoit cet effet et qu'on appelle pour cela patient.

Ainsi entendue, dans son sens le plus général, la passion est plus proprement dans les facultés appétitives que dans les facultés de connaissance. Cela est, si je ne me trompe, important à remarquer.

Cette conclusion se rattache à ce que nous avons déjà dit dans la précédente leçon.

Rappelez-vous que les facultés de connaissance ne recherchent pas l'objet au dehors d'elles-mêmes ; elles connaissent parce que l'objet est dans la faculté, parce que la chose y est représentée d'une certaine manière. Au contraire, dans l'appétit, dans la tendance, il y a un mouvement du sujet vers un objet qui n'est pas en lui. Or, il résulte de cette distinction qu'il y a plus de la propriété de l'objet dans l'appétit que dans la connaissance.

En effet, pour être connu, l'objet doit, en quelque sorte, s'être gravé dans la faculté de connaissance. Il en a si bien pris le caractère que, si c'est une faculté intellective proprement dite, comme elle est indépendante du corps, l'objet sera connu d'une façon indépendante de la matière ; au contraire, dans la matière, l'objet sera représenté d'une manière singulière, individuelle ; il prendra la propriété même de la faculté organique qui le connaît.

Les choses sont donc connues à la manière de la connaissance, tandis qu'elles sont aimées à leur propre manière. Dans l'amour, le sujet qui aime est impressionné par l'objet qu'il aime ; il en prend la propriété, il en est en quelque façon dominé, tandis que, dans la connaissance, c'est l'objet qui entre dans le sujet et qui, par cela même, prend le caractère de la faculté du sujet connaissant.

Si donc celui qui aime est dominé par l'objet, il y a plus de passion dans l'appétit qu'il n'y en a dans aucune faculté de connaissance; puisque la passion consiste précisément à recevoir un effet d'une cause qui agit sur un patient (1).

Je voudrais, en passant, vous exposer en quelques mots une raison profonde, indiquée par saint Thomas, de cette différence, au point de vue de la passion, entre les facultés appétitives et les facultés de connaissance. Cette raison tient à la clef de voûte de tout le système philosophique de saint Thomas. La voici : Être impressionné, recevoir un effet d'un agent, ce n'est pas une perfection, c'est un défaut, c'est être soumis à cet agent. Donc, plus une facul-

(1) Nomine passionis importatur quod patiens trahatur ad id quod est agentis. Magis autem trahitur anima ad rem per vim appetitivam quam per vim apprehensivam. Nam per vim appetitivam anima habet ordinem ad ipsas res prout in seipsis sunt...; vis autem apprehensiva non trahitur ad rem secundum quod in seipsa est, sed cognoscit eam secundum intentionem rei, quam in se habet vel recipit secundum proprium modum... Unde patet quod ratio passionis magis invenitur in parte appetitiva quam in parte apprehensiva (I-II, q. XXII, a. 2). — Cf. *de Veritate*, q. XXVI, a. 3.

té sera éloignée de la perfection première qui est Dieu, plus elle sera impressionnable et susceptible de passion. Or — et c'est ici un point tout spécial de cette philosophie — l'intelligence est plus près de Dieu que l'inclination.

Entendons-nous bien. Il ne s'agit pas de savoir si nous aimons Dieu plus ou moins que nous ne le connaissons ; car ici la question changerait de face. Il s'agit de savoir si, en soi, la connaissance est plus près de la perfection divine que l'amour. En d'autres termes, qu'est-ce qui est plus fondamental, plutôt premier dans l'être ; la connaissance ou l'amour ? C'est la connaissance, et c'est cela qui est le plus parfait.

Pourquoi ? parce que le connaissant a en lui-même la raison de son acte ; il a les choses en lui, il n'a pas de mouvement à faire pour les acquérir. La connaissance, c'est le repos ; l'amour, c'est le mouvement. Or, le repos est plus près de la perfection, parce que le repos, c'est l'acte complet (1). Dieu, qui est acte pur, nous l'a-

(1) Nam operatio virtutis apprehensivæ perficitur in hoc quod res apprehensæ sunt in apprehendente ; operatio autem virtutis appetitivæ perficitur in hoc quod appetens inclinatur in rem appetibilem : et ideo operatio apprehensiva virtutis assimi-

vons vu, n'a pas l'inclination, si on la regarde au point de vue du désir; il n'a de l'inclination que la complaisance de l'amour dans la perfection qu'il connaît essentiellement. Comme disait Aristote, Dieu est connaissance de lui-même ; il est l'être parfait connaissant sa perfection, ce qu'Aristote appelait « la pensée de la pensée ». Cet acte pur, ce repos, est le type premier dont se rapproche plus ou moins toute connaissance. Notre amour, au contraire, est prédisposé et incliné vers une chose qu'il n'a pas ; il est porté vers cet objet naturellement ; il est éloigné de l'acte complet, de l'acte pur, de la perfection divine (1).

Voilà la raison fondamentale pour laquelle il y a plus de passion dans tout appétit que dans toute faculté de connaissance.

Suivant la même pensée, il faut dire qu'il y a plus de passion dans les mouvements de l'appétit

latur quieti ; operatio autem virtutis appetitivæ magis assimilatur motui (I, q. LXXII, a. 1).

(1) Passio autem ad defectum pertinet, quia est alicujus secundum quod est in potentia. Unde in his quæ appropinquant primo perfecto, scilicet Deo, invenitur parum de ratione potentiæ et passionis ; in aliis autem consequenter plus ; et sic etiam in priori vi animæ, scilicet apprehensiva, invenitur minus de ratione passionis (I-II, q. XXII, a. 2).

sous l'impression du mal, que dans ceux qui sont déterminés par le bien. Car le bien est approprié à l'être, et, par conséquent, s'il est aimé, il ne fait pas sur l'être un effet en dehors de sa nature. Tout au contraire, il y a conformité entre ce qui aime et le bien aimé. Inversement, le mal est opposé à la nature de l'être; il domine, soit par la haine, soit par l'aversion, soit par la tristesse, la crainte, le désespoir et autres passions analogues : il domine le sujet passionné.

Il y a donc plus de passion dans tous les mouvements qui ont pour objet le mal, que dans ceux qui ont pour objet le bien. De même, il y a plus de passion dans les mouvements qui ont pour objet le mal présent, que dans ceux qui ont pour objet le mal futur, car le mal présent tient davantage sous son empire l'être passionné et impressionné (1).

Voilà les principes généraux que j'ai cru nécessaire d'établir avant d'entrer plus avant dans la théorie des passions.

---

(1) Timor .. importat etiam habitudinem ad malum secundum quod malum habet quodammodo victoriam super aliquem. Unde verissime ipsi competit ratio passionis : tamen post tristitiam, quæ est de præsenti malo ; nam timor est de malo futuro, quod non ita movet sicut præsens (I-II, q. XLI, a. 1).

II

CLASSIFICATION DES PASSIONS.

I. — Distinction entre l'appétit de concupiscence et l'appétit d'irascibilité.
II. — Définition des six passions de l'appétit de concupiscence : *amour, haine; désir, aversion; plaisir, douleur*; et des cinq passions de l'appétit d'irascibilité : *espérance, désespoir; crainte, audace; colère.*

I. Il reste maintenant à comparer les passions les unes aux autres et à déterminer à chacune la place qu'elle doit occuper.

Disons d'abord que, dans la volonté, dans la puissance d'appétition intellectuelle, on ne peut distinguer, à proprement parler, plusieurs facultés d'appétition. Il n'y en a qu'une : c'est la volonté. En effet la volonté, qui suit l'intelligence, aime le bien sous forme absolue, sous forme universelle, et, par conséquent, tout bien sera compris sous la forme même qui est le caractère distinctif du mouvement d'appétit intellectuel, je veux dire de l'acte volontaire.

Dans l'appétit sensitif, au contraire, ce n'est

pas la raison commune du bien, la forme universelle du bien, qui attire l'amour ; c'est tel ou tel bien particulier, c'est telle ou telle forme individuelle du bien, qui détermine le mouvement passionnel.

Nous rencontrons ici les mêmes distinctions que nous avons remarquées l'année dernière à propos de la connaissance. Nous avons vu qu'il n'y a pas plusieurs facultés de connaissance intellectuelle, en réservant toutefois la grande distinction entre l'activité intellectuelle qui fait naître la forme intelligible, et la faculté qui reçoit cette forme pour penser.

Dans l'intelligence qui pense, il n'y a pas plusieurs facultés ; il n'y a que les actes d'une même puissance, parce que l'intelligence connaît sous la forme universelle du vrai, et cette forme se retrouvera dans tous les objets connus par elle. Dans les sens, au contraire, comme ce n'est pas en tant que vérité sous forme absolue que telle ou telle puissance connaît son objet, mais sous telle ou telle forme sensible, il y a autant de facultés de connaissance sensitive qu'il y a de ces formes sensibles (1).

(1) Potentia quae ordinatur ad aliquod objectum secundum

CLASSIFICATION DES PASSIONS 57

Il se passe dans l'intelligence quelque chose d'analogue à ce qui se présente dans tel ou tel sens. La vue, par exemple, n'a pas pour fonction de connaître le noir, le vert, le rouge ; elle est née pour connaître tout ce qui est coloré. Il n'y aura donc pas autant de facultés de vision que de couleurs. Tout ce qui sera coloré se rapportera à la faculté de voir ; mais, comme la vue n'est disposée à connaître que ce qui est coloré, tout ce qui ne sera pas coloré ne pourra être compris dans les objets de la faculté de vision. Il y a donc un caractère générique que possèdent toutes les puissances sensitives de connaître, et un caractère spécifique qui distingue chacune d'elles.

communem rationem, non diversificatur per differentias speciales sub illa ratione communi contentas: sicut, quia visus respicit visibile secundum rationem colorati, non multiplicantur visivæ potentiæ secundum diversas species colorum. Si autem esset aliqua potentia quæ esset albi, inquantum est album, et non inquantum est coloratum, diversificaretur a potentia quæ esset nigri, inquantum est nigrum... Sed voluntas respicit bonum sub communi ratione boni; et ideo non diversificantur in ipsa, quæ est appetitus intellectivus, aliquæ potentiæ appetitivæ, ut sit in appetitu intellectivo alia potentia irascibilis, et alia concupiscibilis: sicut etiam ex parte intellectus non multiplicantur vires apprehensivæ, licet multiplicentur ex parte sensus (I, q. LXXXII, a. 5).

Appliquons ces principes à l'appétit sensitif.

Nous avons vu dans la dernière leçon qu'il n'y a, au fond, qu'une première inclination sensible : l'inclination vers le bien, l'amour du bien. La tendance qui s'éloigne du mal est le contraire de la première inclination, mais la conséquence de la tendance au bien. Si l'on ne commençait pas par aimer, on ne fuirait pas le mal. Cependant, faut-il dire qu'il n'y a qu'une puissance d'appétit sensible? Il n'y a qu'une inclination *fondamentale*, mais elle donne naissance à deux appétits : l'un, appelé par saint Thomas l'appétit de concupiscence ; et l'autre, l'appétit d'irascibilité. Le premier tend au bien en tant que le bien est simplement bien. L'appétit d'irascibilité, de colère, tend, lui, vers un bien difficile à atteindre, et précisément parce qu'il est difficile à atteindre ; c'est particulièrement pour cette raison que cet appétit tend vers le bien. Il y a là comme une sorte de surexcitation de l'âme. C'est le caractère propre de l'irascibilité : vous voyez qu'il est distinct de celui de l'inclination au bien, considéré seulement en tant que bien (1).

(1) Appetitus autem sensitivus non respicit communem ra-

Disons donc, dès à présent, sauf à compléter par les considérations qui vont suivre, qu'il y a deux espèces d'appétits : l'appétit de concupiscence ou de désir, et l'appétit d'irascibilité.

Nous pouvons même, en distinguant toutefois le genre prochain du genre éloigné, considérer cette différence non pas seulement comme une différence d'espèces, mais comme une différence de genres (1).

Il me semble cependant que je vous entends me dire : Vous faites des distinctions logiques ; mais correspondent-elles vraiment à la réalité,

---

tionem boni, quia nec sensus apprehendit universale : et ideo secundum diversas rationes particularium bonorum diversificantur partes appetitus sensitivi. Nam concupiscibilis respicit propriam rationem boni, inquantum est delectabile secundum sensum et conveniens naturæ. Irascibilis autem respicit rationem boni secundum quod est repulsivum et impugnativum ejus quod infert nocumentum (I, q. LXXXII, a. 5). — Unde dicitur quod ejus objectum est arduum : quia scilicet tendit ad hoc quod superet contraria et supereminaet eis (I, q. LXXXI, a. 2).

(1) Sicut enim in naturalibus diversitas generis consequitur diversitatem potentiæ materiæ, diversitas autem speciei diversitatem formæ in eadem materia ; ita in actibus animæ, actus ad diversas potentias pertinentes sunt non solum specie, sed etiam genere diversi ; actus autem vel passiones respicientes diversa objecta specialia, comprehensa sub uno communi objecto unius potentiæ, differunt sicut species illius generis. (I-II, q. XXIII, a. 1).

à la nature des choses ? N'est-ce pas un jeu d'esprit, comme on en faisait au moyen âge ? Distinction de mots plutôt que véritable distinction de choses ?

C'est ce point délicat que je voudrais examiner avec vous.

Assez souvent, aujourd'hui, on nie la réalité de la distinction que je viens de vous indiquer. Vous rencontrerez fréquemment des philosophes qui vous diront : Le classement est commode, la classification est ingénieuse, mais ne répond, dans la réalité des choses, à aucune distinction fondée sur la nature de l'être animal.

Regardons de près cependant. N'est-il pas, tout d'abord, facile d'entendre que non seulement la nature a dû donner à l'animal des inclinations qui le portent à son bien, ou qui l'entrainent à s'éloigner du mal qui lui nuit ; mais encore, que, si elle est prévoyante, elle a dû lui donner aussi la faculté de résister à ce qui l'empêche d'atteindre son bien, le pouvoir de lutter contre ce qui s'oppose à ses tendances primitives ?

Avec l'habitude qu'a saint Thomas de comparer tous les êtres entre eux, notamment les êtres sensibles aux corps les plus inférieurs, il fait ici un parallèle entre les natures inorganiques, purement physiques, et la nature sensible. Le feu, dit-il, non seulement tend à monter, mais, s'il rencontre un obstacle, il ne se contente pas de s'arrêter, il lutte contre l'obstacle, il essaie de le vaincre, de s'en rendre maitre, et pousse son inclination jusqu'à s'insurger contre cet empêchement, et à tendre alors avec une énergie particulière vers la position qui lui est naturelle. Il en sera de même de l'animal, et de l'homme, dans ce qu'il a de l'animal (1). N'est-il pas visible, par exemple, que l'enfant a, dès l'ori-

(1) In rebus naturalibus corruptibilibus non solum oportet esse inclinationem ad consequendum convenientia et refugiendum nociva, sed etiam ad resistendum corrumpentibus et contrariis, quæ convenientibus impedimentum præbent et ingerunt nocumenta ; sicut ignis habet naturalem inclinationem non solum ut recedat ab inferiori loco, qui sibi non convenit, et tendat in locum superiorem sibi convenientem, sed etiam quod resistat corrumpentibus et impedientibus. Quia igitur appetitus sensitivus est inclinatio consequens apprehensionem sensitivam, sicut appetitus naturalis est inclinatio consequens formam naturalem, necesse est quod in parte sensitiva sint duæ appetitivæ potentiæ. Una per quam anima simpliciter inclinatur ad prosequendum ea quæ sunt convenientia secundum sensum et ad refugiendum nociva: et hæc dicitur concupiscibilis. Alia vero, per quam animal resistit impugnantibus, quæ convenientia impugnant et nocumenta inferunt: et hæc vis vocatur irascibilis (I. q. LXXXI, a. 2).

gine de sa vie, une tendance à s'irriter contre l'obstacle ? Et même ne voit-on pas très souvent des caractères arriver en ce monde avec une prédisposition, très accentuée, à la colère ? D'autres, au contraire, seront portés au simple amour..

Il y a là une différence dont on comprend la raison, et dont on constate la présence dans l'expérience la plus élémentaire.

Seulement, l'objection, ici, serait encore possible. Ne semble-t-il pas que cette irritabilité, cette irascibilité, n'est tout simplement qu'un développement de l'amour, de l'inclination primitive ?

Il n'en est pas ainsi. Sans doute, la colère prend sa naissance dans un premier amour : si l'on n'aimait rien, on ne s'irriterait pas. Mais, s'il n'y avait que la première inclination, la difficulté diminuerait l'intensité de la tendance, au lieu de la favoriser (1).

Ce qui caractérise l'irascibilité, c'est que tout

---

(1) Bonum, inquantum est delectabile, movet concupiscibilem ; sed si bonum habeat quamdam difficultatem ad adipiscendum, ex hoc ipso habet aliquid repugnans concupiscibili. Et ideo necessarium fuit esse aliam potentiam quæ in id tenderet, et ratio est eadem de malis ; et hæc potentia est irascibilis. Unde ex consequenti passiones concupiscibilis et irascibilis specie different (I-II, q. XXIII, a. 1 ; ad 3).

empêchement donne une vigueur spéciale à ce mouvement d'appétit. On le remarque surtout quand on voit l'animal s'exposer à ce qui lui nuit pour atteindre un bien difficile ; il va vers le mal, il affronte les coups. Et si nous parlons de l'homme, qui ne connaît ce dont nous sommes capables pour nous insurger contre un obstacle, et par là conquérir un bien difficile (1) ?

S'exposer à ce qui nuit, est-ce vraiment le caractère propre de l'inclination simple vers le bien ? Ce serait une contradiction manifeste. L'amour du bien éloigne du mal. S'il y a un amour qui va vers le mal et s'y expose, c'est que cet amour a un caractère tout spécial, qui permet de distinguer en lui une puissance radicalement différente.

Je dis radicalement différente ; et, en effet, on a observé souvent qu'une colère intense diminue le mouvement passionnel du simple amour, et qu'un amour très accentué tend à diminuer le mouvement de la colère (2). Une âme portée à

(1) Hæc autem duæ inclinationes non reducuntur in unum principium : quia interdum anima tristibus se ingerit contra inclinationem concupiscibilis, ut secundum inclinationem irascibilis impugnet contraria (I, q. LXXXI, a. 2).
(2) Unde etiam passiones irascibilis repugnare videntur passio-

trop de tendresse, si, par hasard, elle réussit à s'irriter, c'est la tendresse, par le fait, qui diminue. Une âme trop irritée, trop en colère, voit, par là même, diminuer son mouvement de simple amour.

Comment expliquer cette influence en sens contraire, sinon par une différence radicale, comme je disais tout à l'heure, dans la nature même des deux appétitions? Différence toutefois qui ne va pas jusqu'à les séparer entièrement, qui ne va même pas jusqu'à les laisser en parallèle ; car elles sont subordonnées. L'inclination de concupiscence, la tendance de l'amour, est vraiment la source de tout mouvement d'appétit. Mais quand l'inclination prend la forme de l'irascibilité, elle a vraiment pris un autre caractère spécifique.

Je dis qu'il y a subordination entre la colère et l'amour. La colère naît de l'amour. Il faut ajouter que la colère tend à une passion de concupiscence ; elle part du désir du bien et tend au plaisir, à la jouissance (1).

nibus concupiscibilis : nam concupiscentia accensa minuit iram, et ira accensa minuit concupiscentiam, ut in pluribus (I, q. LXXXI, a. 2).

(1) Irascibilis est quasi propugnatrix et defensatrix concupiscibilis, dum insurgit contra ea quæ impediunt convenientia, quæ concupiscibilis appetit, et ingerunt nociva, quæ concupis-

Ainsi, les passions d'irascibilité, les passions de colère, sont comme les intermédiaires entre des passions de concupiscence, au point de départ, et une passion de concupiscence, à l'arrivée. On s'irrite parce qu'on est triste de ne pas avoir un bien qu'on aime et qu'on désire; et on se met en colère pour atteindre ce bien qui manque, pour vaincre la difficulté qui en éloigne.

II. — Ces quelques notions vont nous permettre de donner la classification complète des passions issues des deux appétits. Il suffira de distinguer le caractère du bien et celui du mal, de supposer le bien présent ou absent, le mal de même présent ou absent, et d'y ajouter la marque spéciale de la difficulté à vaincre, pour obtenir la classification, non seulement très ingénieuse, mais exacte et complète, de saint Thomas sur les passions.

Pour tendre au bien, il faut, nous l'avons vu, y être prédisposé par une inclination fondamentale. Cette prédisposition première est précisé-

cibilis refugit. Et propter hoc omnes passiones irascibilis incipiunt a passionibus concupiscibilis, et in ea terminantur : sicut ira nascitur ex illata tristitia, et vindictam inferens in lætitiam terminatur (I, q. LXXXI, a. 2).

ment ce qu'on appelle l'*amour*. Nous l'étudierons dans notre prochain entretien, et nous verrons que l'amour est une conformation, une adaptation, de l'être aimant à l'objet qu'il aime. C'est là la base de toute passion.

Supposons, maintenant, que ce bien qu'on est prédisposé à aimer, on ne le possède pas encore. Alors naît le premier mouvement actuel de passion ; il va vers ce bien absent, et ce mouvement de tendance est précisément ce qu'on appelle le *désir*.

Si nous posons que l'être a atteint ce qu'il désire, le bien est présent, il en jouit ; c'est alors le *plaisir*.

Voilà les trois passions de concupiscence qui ont trait au bien : *amour*, *désir* et *plaisir*.

Considérant le mal, nous trouvons une prédisposition à son égard, une inclination primitive, qui n'est pas une adaptation, qui est, au contraire, une antipathie. Cette antipathie première est ce qu'on appelle la *haine*.

Si le mal est absent et imminent, menaçant, on cherche à le fuir ; c'est alors la *fuite* ou *l'aversion*.

Si le mal est présent, qu'on en soit en quelque sorte possédé ; c'est la passion de *douleur*.

Voilà les passions de l'appétit de concupiscence qui ont trait au mal.

En combinant ensemble ces premières passions, nous voyons qu'il y a deux inclinations primitives dans l'appétit de concupiscence : l'*amour* et la *haine*, l'amour s'adressant au bien, la haine s'adressant au mal. Viennent ensuite deux tendances relatives à l'objet absent : la tendance vers le bien ou *désir;* la tendance en sens inverse à l'égard du mal, l'*aversion*. Enfin arrivent deux mouvements de passion, quand l'objet est présent : si c'est le bien, le *plaisir;* si c'est le mal, la *douleur*.

Il y a donc six passions dans l'appétit de concupiscence (1).

Pourquoi l'a-t-on appelé appétit de concupis-

---

(1) In motibus autem appetitivæ partis bonum habet quasi virtutem attractivam, malum autem virtutem repulsivam. Bonum ergo primo in potentia appetitiva causat quamdam inclinationem seu aptitudinem seu connaturalitatem ad bonum, quod pertinet ad passionem *amoris*, cui per contrarium respondet *odium* ex parte mali. Secundo, si bonum sit nondum habitum, dat ei motum ad assequendum bonum amatum; et hoc pertinet ad passionem *desiderii* vel *concupiscentiæ;* et ex opposito, ex parte mali est *fuga* vel *abominatio*. Tertio, quum adeptum fuerit bonum, dat appetitus quietationem quamdam in ipso bono adapto; et hoc pertinet ad *delectationem* vel *gaudium*, cui opponitur ex parte mali *dolor* vel *tristitia* (I-II, q. XXIII, a. 4).

cence ou de désir? Pourquoi ne l'a-t-on pas nommé appétit d'amour? C'est parce que le désir, la concupiscence, est le premier mouvement, la première tendance actuelle de l'inclination fondamentale, qui n'est, à l'état d'amour, qu'une prédisposition interne. C'est aussi parce que le désir va vers le bien absent et que l'absence du bien rend plus sensible l'amour. La remarque est de saint Augustin (1). Le désir est ainsi ce qui est le plus en relief dans cette série de passions. C'est une raison qui a fait donner à la puissance générale d'où elles naissent le titre d'appétit de désir ou de concupiscence.

Reste l'appétit d'irascibilité.

Nous allons, si vous le permettez, continuer l'examen sur les mêmes données.

Allons-nous trouver ici une prédisposition première, une sympathie ou une antipathie fondamentale, qui appartienne vraiment à l'appétit de colère? Non : c'est l'amour et la haine qui serviront de causes primitives à toutes les passions

---

(1) Ut autem Augustinus dicit in X *de Trinitate*, cap. 12 a medio : *Amor magis sentitur quam cum prodit indigentia.* Unde inter omnes passiones concupiscibilis magis est sensibilis concupiscentia; et propter hoc ab ea denominatur potentia (I-II, q. xxv, a. 2, ad 1).

d'irascibilité. Nous constatons ainsi que l'irascibilité a sa source dans l'amour, qui est le principe premier de toutes les passions. Il suffit d'aimer le bien, et par suite d'avoir de la haine pour le mal, pour avoir la prédisposition nécessaire.

Mais nous ferons, dans notre analyse, comme nous l'avons fait tantôt : nous poserons ici le bien absent et le mal absent, comme au second degré de notre étude, qui nous a conduit au désir et à l'aversion.

Dans l'appétit d'irascibilité, aurons-nous des passions analogues au désir et à l'aversion ?

Le bien absent, s'il n'a pas d'autre caractère, n'entre pas dans le cadre de l'irascibilité. Il faut qu'il ait un caractère de difficulté, qu'il soit difficile de l'atteindre, et c'est cette note spéciale qui précisément surexcite l'irascibilité. C'est alors que vient la passion *d'espérance*. Ici, le caractère de bien ardu, au lieu d'éloigner, attire. C'est la marque particulière de cette catégorie de passions. L'espérance va donc vers un bien difficile à obtenir, mais qu'il est possible d'atteindre.

Le bien n'est-il capable que d'éveiller un mouvement de tendance vers lui ? S'il a le caractère de difficulté, il peut produire un mouvement d'éloignement, et ceci est propre à l'appétit d'irascibilité. Comment peut-il produire ce mouvement? C'est lorsque la difficulté est telle qu'elle paraît insurmontable. Dans ce cas, on aime le bien, mais si l'on entrevoit, ou si l'on voit, qu'il est impossible de l'atteindre, c'est le *désespoir*.

Il y a donc ceci de particulier dans l'appétit irascible, que le bien absent fait naître deux passions, l'une qui porte l'être vers lui, l'autre qui l'éloigne : l'*espérance* et le *désespoir*.

Le mal absent, s'il a le caractère de difficulté, produira-t-il une seule ou deux passions?

Si le mal est prévu, non seulement comme mal, ce qui déjà éloigne, mais avec une difficulté telle qu'on ne voie guère comment on puisse l'éviter, il fait naître la *crainte*.

Si, au contraire, on espère vaincre l'obstacle, il y aura dans l'âme cette irritation spéciale qui est la marque de ce genre d'appétit; c'est l'*audace* qui s'éveillera, l'être s'insurgera contre l'obstacle. Le mal est difficile à vaincre, mais il peut être vaincu : le sujet voit cette possibilité, le danger l'attire, parce qu'il espère la victoire; c'est le caractère propre de l'*audace*.

Voilà les deux passions d'irascibilité à l'égard du mal absent et imminent : *crainte* et *audace*.

Si nous supposons maintenant le bien présent, aurons-nous une passion d'irascibilité ? Non, il ne peut engendrer que le *plaisir* ou la *joie*. Il n'y a pas d'irritation à l'égard d'un bien qu'on possède ; il n'y a pas d'ardeur à la lutte pour ce bien qu'on a déjà.

Le mal présent nous donnera-t-il deux passions d'irascibilité ? Non : il n'en donnera qu'une. En effet, si le mal présent est capable de produire un mouvement qui éloigne l'être de lui, la passion n'est autre que la *douleur* ou la *tristesse*, et s'il provoque un mouvement qui porte vers ce mal, pour le dominer, pour prendre empire sur lui, c'est la *colère*.

La colère est la dernière passion de l'appétit d'irascibilité, mais elle n'est pas la dernière des passions ; car, nous l'avons déjà vu, on ne se met en colère que pour arriver à posséder un bien qu'on désire. L'irascibilité part de l'amour et tend au plaisir.

Toutes les passions que nous venons d'énumérer sont au nombre de onze : six pour l'appétit de concupiscence et cinq pour l'appétit d'irascibilité (1).

Nous en trouverions d'analogues dans l'appétit intellectuel, dans la volonté. Saint Thomas l'insinue souvent. Je dis : insinue, parce que ce n'est qu'en passant qu'il traite le sujet des passions improprement dites. Si vous le consultez, surtout dans la *Somme théologique*, il vous dira qu'il y a un plaisir sensible et un plaisir intellectuel, qu'il y a un amour de la volonté, comme un amour animal ; et, cependant, c'est dans le traité des passions proprement dites qu'il faut chercher, par analogie, les dé-

---

(1) In passionibus autem irascibilis præsupponitur quidem aptitudo vel inclinatio ad prosequendum bonum vel fugiendum malum ex concupiscibili, quæ absolute respicit bonum vel malum. Et respectu boni nondum adepti est *spes* et *desperatio*. Respectu autem mali nondum injacentis est *timor* et *audacia*. Respectu autem boni adepti, non est aliqua passio in irascibili, quia jam non habet rationem ardui, ut supra dictum est, art. præced.; sed ex malo jam injacenti sequitur passio iræ. Sic igitur patet quod in concupiscibili sunt tres conjugationes passionum; scilicet : *amor* et *odium*, *desiderium* et *fuga*, *gaudium* et *tristitia*. Similiter in irascibili sunt tres; scilicet : *spes* et *desperatio*, *timor* et *audacia*, et *ira*, cui nulla passio opponitur. Sunt ergo omnes passiones specie differentes undecim : sex quidem in concupiscibili, et quinque in irascibili; sub quibus omnes animæ passiones continentur (I-II; q. XXIII, a. 4).

tails applicables aux passions de la volonté.

Nous devons en dégager une théorie complète, et poser, dès aujourd'hui, que tout ce que nous dirons des passions sensibles aura son analogue dans l'appétit intellectuel.

Dans la volonté, naissent *amour* ou *haine*, *désir* ou *aversion*, *joie* ou *douleur* de l'âme.

Dans cette puissance intellectuelle, surgissent aussi les passions d'irascibilité : l'*espoir*, le *désespoir*, la *crainte*, l'*audace*, la *colère* (1).

Cependant, il faut remarquer que tout ce qui est émotion physique appartient à la passion animale. Ne nous trompons pas, n'allons pas croire que cette émotion, qui nous trouble, est de l'ordre intellectuel, est dans notre volonté.

L'ange lui-même a des passions, mais il n'en a pas qui meuve en lui des puissances inférieures. La passion n'est en l'esprit pur qu'un acte de la volonté spirituelle. C'est en nous, doués à la fois de spiritualité et d'animalité, que se trouve cet heureux et triste partage d'émotions sensibles, qui ne peuvent pas être sans

---

(1) Ipsa voluntas potest dici irascibilis prout vult impugnare malum, non ex impetu passionis, sed ex judicio rationis ; et eodem modo potest dici concupiscibilis propter desiderium boni (I, q. LXXXII, a. 5, ad 2).

mouvements physiques, et de passions intellectuelles, qui nous rapprochent de l'esprit pur et, par là, de Dieu (1).

(1) Amor, concupiscentia et hujusmodi dupliciter accipiuntur. Quandoque quidem secundum quod sunt quædam passiones, cum quadam scilicet concitatione animi provenientes; et sic communiter accipiuntur : ex hoc modo sunt solum in appetitu sensitivo. Alio modo significant simplicem effectum absque passione vel animi concitatione; et sic sunt actus voluntatis : et hoc etiam modo attribuuntur angelis et Deo (I, q. LXXXII, a. 5, ad 1).

III

L'AMOUR ET LA HAINE.

LE DÉSIR ET L'AVERSION.

III

L'AMOUR ET LA HAINE.

LE DÉSIR ET L'AVERSION.

INTRODUCTION

Objet de cette leçon : les deux premières passions fondamentales, amour et haine ; et les deux premières passions qui en dérivent, désir et aversion.

Nous commençons l'étude détaillée des passions.

La première des passions, nous l'avons vu, est l'amour.

La première puissance d'où naissent les passions, est l'appétit de concupiscence, l'appétit de désir.

C'est donc par cet appétit, et c'est par l'amour, qu'il nous faut commencer l'étude des passions.

Après l'amour, viendra l'inclination contraire.

L'amour, nous le savons, fait tendre au bien ; c'est là le premier objet de l'inclination.

La haine s'éloigne de ce qui est le contraire du bien, c'est-à-dire du mal. Quand je dis : s'éloigne, je devrais plutôt dire : est une disposition à s'éloigner du mal ; car l'amour et la haine sont, ainsi que nous les avons définis, des prédispositions fondamentales, plutôt que des tendances actuelles.

Dès aujourd'hui, nous verrons les tendances positives qui naissent immédiatement de ces deux passions premières. Tout d'abord, le désir que produit l'amour, vers un objet absent ; puis, l'aversion, qui vient de la haine, à l'égard d'un mal absent et imminent.

Ainsi, dans cette leçon, nous étudierons l'amour et la haine, ensuite les premières passions qu'ils engendrent, le **désir et l'aversion**.

I

L'AMOUR.

I. — Nature de l'amour : amour de concupiscence, amour d'amitié. L'un et l'autre amour peuvent avoir en vue, soit le sujet qui aime, soit un autre sujet. L'amour d'amitié est le premier des deux amours.

II. — Causes de l'amour : 1° Le bien : définition du beau. 2° La similitude, en acte ou en puissance. 3° La connaissance : un amour très profond peut suivre une connaissance très imparfaite, par exemple à l'égard de Dieu.

III. — Effets de l'amour. 1° L'union : union affective, union réelle. 2° L'extase : par la connaissance et par l'inclination. 3° Le zèle ou la jalousie. 4° La blessure de celui qui aime. 5° L'action.

I. — L'amour peut se définir une adaptation au bien (1). Saint Thomas, pour compléter la définition, se réfère à un passage d'Aristote, que je vous demande la permission de vous traduire textuellement, parce qu'il sert de fondement, de base, à la théorie philosophique de saint Thomas sur l'amour.

Au quatrième chapitre du second livre de la

(1) Ipsa autem aptitudo sive proportio appetitus ad bonum est amor, qui nihil aliud est quam complacentia boni (I-II, q. xxv, a. 2). — Sic etiam ipsum appetibile dat appetitus primo quidem quamdam coaptationem ad ipsum, quæ est quædam complacentia appetibilis (I-II, q. xxvi, a. 2).

Rhétorique, Aristote dit : « Aimer, c'est vouloir à quelqu'un ce qu'on pense être bon, pour cette personne, et non pour soi ; c'est aussi être disposé à faire ce bien selon son pouvoir » (1).

Saint Thomas a condensé cette définition dans cette formule : « Aimer, c'est vouloir du bien à quelqu'un, *amare est velle alicui bonum* ».

Partant de là, il distingue deux amours : l'amour de concupiscence et l'amour d'amitié (2). L'amour de concupiscence a pour objet direct le bien vers lequel on tend pour quelqu'un. L'amour d'amitié s'adresse à la personne même à qui l'on veut du bien.

Vous pouvez déjà en conclure que l'amour de concupiscence, comme l'amour d'amitié, a en vue, soit le premier sujet qui aime, soit une autre personne qui est aimée.

---

(1) Ἔστω δὴ τὸ φιλεῖν τὸ βούλεσθαί τινι ἃ οἴεται ἀγαθά, ἐκείνου ἕνεκα, ἀλλὰ μὴ αὐτοῦ, καὶ τὸ κατὰ δύναμιν πρακτικὸν εἶναι τούτων (Ῥητορικῆς, II, IV).

(2) Sicut Philosophus dicit, in II *Rhetor.* cap. IV, *amare est velle, alicui bonum.* Sic ergo motus amoris in duo tendit, scilicet in bonum quod quis vult alicui, vel sibi, vel alii, et in illud cui vult bonum. Ad illud ergo bonum quod quis vult alteri, habetur amor concupiscentiæ; ad illud autem cui aliquis vult bonum, habetur amor amicitiæ (I-II, q. XXVI, a. 4).

Dans l'amour de concupiscence, le bien est aimé ou pour soi ou pour autrui.

Dans l'amour d'amitié, on s'aime soi-même ou l'on aime une autre personne.

Il y a donc un amour d'amitié pour soi. Vous vous en étonnerez peut-être ; car, ordinairement, par amitié, l'on entend un sentiment à l'égard d'une autre personne. Et cependant, c'est le même genre d'amour qu'on a pour soi et pour autrui.

Relisons maintenant, si vous le voulez bien, le texte traduit du grec : « Aimer, c'est vouloir à quelqu'un ce qu'on pense être bon, pour cette personne, et non pour soi ».

Saint Thomas n'a pas reproduit en termes tout à fait identiques cette définition d'Aristote. Il s'en est inspiré pour faire une classification plus large, une analyse plus complète.

Remarquons ici que, dans saint Thomas, les mots « vouloir du bien à quelqu'un » ne signifient pas un vouloir seulement intellectuel ; car, autrement, nous ne serions plus dans le chapitre des passions animales. Il faut comprendre ce terme de vouloir dans un sens très large : c'est le volontaire de l'appétit sensitif comme de l'appétit intellectuel (1). Dans la définition d'Aristote, au contraire, nous avons un mot grec qui ne s'applique qu'à la volonté proprement dite.

Saint Thomas pense que l'amour de concupiscence et l'amour d'amitié se rapportent, soit à la personne qui aime, soit à une autre personne. Nous verrons qu'il va plus loin : dans l'amour d'amitié, même le plus désintéressé, il a découvert qu'il se cache toujours un amour de soi.

Nous aurons l'occasion de montrer les applications de cet amour de soi. Dès à présent, permettez-moi de vous faire observer que tout amour de l'homme pour lui-même n'est pas mauvais, puisqu'il est impossible d'aimer qui que ce soit sans s'aimer en quelque façon soi-même.

L'amour de concupiscence est-il le premier, le plus fondamental des deux amours, ou bien est-ce l'amour d'amitié ? C'est l'amour d'amitié (2).

---

(1) Soli rationali naturæ competit voluntarium secundum rationem perfectam; sed secundum rationem imperfectam competit etiam brutis (I-II, q. vi, a. 2).

(2) Hæc autem divisio est secundum prius et posterius. Nam id quod amatur amore amicitiæ, simpliciter et per se amatur; quod autem amatur amore concupiscentiæ, non simpliciter et secundum se amatur, sed amatur alteri. Sicut enim ens per se simpliciter est quod habet esse, ens autem secundum quid quod est in alio; ita bonum quod convertitur cum ente, simpliciter

En effet, ce qui est premier dans l'ordre de l'être, c'est la substance, c'est l'être existant en lui-même : l'amour qui s'adresse à un être existant en l'aimant directement pour lui-même, sera donc premier, par rapport à l'amour qui n'atteint cet être qu'indirectement en voulant quelque bien pour lui.

Vous voyez qu'il y a une sorte de mouvement tournant dans l'amour de concupiscence. Nous ne sommes pas en face d'un mouvement droit vers un être existant en lui-même, qui soit l'objet immédiat de notre inclination ; nous n'arrivons à cet être que par un détour, en aimant un bien pour lui.

Donc, je le répète, l'amour d'amitié est le plus fondamental et le premier des deux amours que nous avons définis.

II. — Après avoir indiqué la nature de l'amour, voyons quelles en sont les causes.

D'abord, puisqu'il s'agit d'une puissance en

---

quidem est quod ipsam habet bonitatem ; quod autem est bonum alterius, est bonum secundum quid ; et per consequens amor quo amatur aliquid ut ei sit bonum, est amor simpliciter ; amor autem quo amatur aliquid ut sit bonum alterius, est amor secundum quid (I-II, q. XXVI, a. 4).

quelque façon passive, la cause de ce qui naît dans cette puissance, est l'objet même qui la détermine.

Dans une puissance active, la cause de son action, c'est le principe même de son activité.

Au contraire, c'est l'objet agissant sur la puissance passive pour la modifier, qui est la cause de cette modification.

Quel est l'objet de l'amour, si l'amour est la première passion de l'inclination fondamentale des êtres ? L'amour tend au perfectionnement de l'être, au complément de l'être. Or, le bien, nous l'avons précisément défini ce qui achève, complète, perfectionne l'être. C'est donc le bien qui est la cause principale de l'amour (1).

En creusant cette causalité du bien, nous trouverions que le bien perfectionne parce qu'il contient quelque chose du premier bien, qui est Dieu, perfection essentielle et cause première de toute perfection.

---

(1) Amor ad appetitivam potentiam pertinet, quæ est vis passiva : unde objectum ejus comparatur ad ipsam sicut causa motus vel actus ipsius. Oportet igitur ut illud sit proprie causa amoris, quod est amoris objectum. Amoris autem proprium objectum est bonum... Unde relinquitur quod bonum sit propria causa amoris (I-II, q. xxvi, a. 1).

C'est donc, comme nous l'avons déjà indiqué dans notre premier entretien, parce que tous les êtres tendent implicitement vers Dieu, qu'ils tendent tous à leur propre bien. Mais pourquoi tendent-ils à ce bien premier, que nous appelons Dieu ? Ce ne peut être que parce que Dieu lui-même les a faits semblables à lui. Oui, c'est parce que Dieu est l'auteur de toute créature, que toute créature trouve son bien en Dieu.

Nous avons dit que le bien est la cause de l'amour. Ne sommes-nous pas trop optimiste ? N'aime-t-on vraiment que le bien ? N'aime-t-on pas le mal ?

Sans entrer dans le domaine propre de la morale, toute philosophie de l'âme doit poser les bases de la doctrine morale du bien et du mal.

Il est évident qu'on pourrait dire : L'homme n'aime pas seulement le bien, il aime aussi le mal.

Regardons-y, cependant, de plus près.

Peut-on vraiment aimer le mal ?

Qu'est-ce que le mal ?

Une privation du bien, une privation de ce qui est conforme à la nature de l'être ; c'est, non pas ce qui perfectionne, mais ce qui détériore, amoindrit.

Comment un sujet quelconque peut-il aimer à déchoir, à s'amoindrir ? Peut-il aimer le contraire de sa perfection ? Peut-il aimer ce qui tient du néant ?

Il y a ici une illusion.

Ce n'est pas la privation même que nous aimons, c'est tel ou tel bien particulier qui nous prive d'un autre bien que nous devrions aimer (1). Le mal n'est alors qu'un bien désordonné.

Si nous paraissons aimer le mal, c'est que nous aimons un bien caché sous cette apparence. Nous aimons un bien secret, qui nous prive d'un autre bien. A ce moment-là, nous ne désirons point ce que nous devrions désirer.

Je pose seulement ce principe : ce n'est pas le cas ici de le développer. Nous le retrouverons, à propos du libre arbitre, vers la fin de nos entretiens de cette année ; l'étude de la libre volonté de l'homme sera une dernière préparation à la théorie de la morale.

---

(1) Malum nunquam amatur nisi sub ratione boni, scilicet inquantum est secundum quid bonum, et apprehenditur ut simpliciter bonum ; et sic aliquis amor est malus, inquantum tendit in id quod non est simpliciter verum bonum (I-II, q. xxvii, a. 1, ad 1).

Ce n'est donc pas le mal qu'on aime, c'est toujours quelque bien.

Mais, n'avez-vous pas entendu parler du sentiment du beau, de l'amour du beau ? N'y a-t-il pas des artistes qui aiment autre chose que le bien ? N'aime-t-on pas de belles formes ? N'aime-t-on pas la belle nature ? Le beau serait-il autre chose que le bien ?

A le bien considérer, le beau n'est que le bien envisagé à un point de vue spécial. En effet, si l'on aime le beau, il faut que le beau soit un objet qui perfectionne notre être. Or, tout ce qui perfectionne est bien.

Cherchons, par l'analyse, à préciser quelle est la nature du sentiment du beau.

Est-ce vraiment l'objet beau que nous aimons, dans ce sentiment ? N'est-ce pas plutôt la connaissance de ce que nous appelons beau, qui est l'objet même de notre amour ?

Le beau, dit avec raison saint Thomas, c'est le bien dont la connaissance plaît (1). Ce n'est pas

---

(1) Pulchrum est idem bono sola ratione differens. Quum enim bonum sit quod omnia appetunt, de ratione boni est quod in eo quietetur appetitus. Sed ad rationem pulchri pertinet quod in ejus aspectu seu cognitione quietetur appetitus... Et sic patet quod pulchrum addit supra bonum quemdam ordinem

le bien en lui-même que nous aimons dans le beau ; c'est la connaissance de ce bien ; il nous plaît parce que nous aimons à le contempler. Le résultat de cet amour du beau, c'est la jouissance de la contemplation ; c'est donc bien parce que la connaissance de cet objet nous plaît, que nous l'appelons beau.

Détaillons un peu, si vous le voulez bien, les caractères de la connaissance.

Toute connaissance un peu complète implique une distinction, qui s'achève par la comparaison des objets que l'on considère, ou des diverses parties d'un objet ; elle suppose donc une proportion ou une disproportion.

Ne sommes-nous pas sur la voie de la nature même du beau ?

Une chose n'est-elle pas dite belle précisément parce qu'elle a de la proportion, de l'harmonie, parce qu'elle révèle une unité dans une certaine variété ? Elle nous apparaît ainsi avec un certain resplendissement d'être. Or, tous ces caractères sont précisément mis en évidence par la

---

ad vim cognoscitivam ; ita quod bonum dicatur id quod simpliciter complacet appetitui ; pulchrum autem dicatur cujus apprehensio placet (I-II, q. XXVII, a. 1, ad 3).

connaissance de l'objet, et voilà pourquoi nous aimons à le contempler.

Ainsi, c'est parce que la connaissance nous plaît, que nous appelons beau l'objet connu.

Restons donc à notre première indication : la cause primitive de l'amour, c'est le bien, qui en est le premier objet.

Mais, c'est le bien, parce que l'être, nous l'avons dit, tend à ce qui lui est proportionné. Or, si deux choses sont proportionnées l'une à l'autre, si elles sont adaptées l'une à l'autre, c'est qu'elles ont entre elles une certaine similitude. La similitude est donc la seconde cause de l'amour, qui est un développement de la première.

Mais, il y a deux sortes de similitudes.

Deux êtres peuvent se ressembler, parce qu'ils sont tous les deux en acte et qu'ils ont actuellement la ressemblance qui les unit.

Au contraire, il peut y avoir similitude entre deux êtres, lorsque l'un a en acte un bien positif que l'autre n'a qu'en puissance (1).

---

(1) Similitudo, proprie loquendo, est causa amoris. Sed considerandum est quod similitudo inter aliqua potest attendi dupliciter. Uno modo ex hoc quod utrumque habet idem in actu... Alio modo ex hoc quod unum habet in potentia et in quadam

La première similitude, celle qui consiste dans la ressemblance en acte, c'est-à-dire actuelle, de deux êtres, produit l'amour d'amitié. On aime son ami parce qu'on retrouve en lui une certaine ressemblance de ce qu'on est soi-même.

L'amour de concupiscence, au contraire, a pour fondement l'autre genre de similitude. En effet, si l'homme désire un bien pour lui ou pour un autre homme, c'est que l'un ou l'autre a ce bien en puissance, c'est qu'il est prédisposé à l'avoir, c'est que ce bien le complètera; mais c'est aussi parce qu'il ne l'a pas encore en acte, parce que ce bien n'est pas encore le complément actuel de cet être qui l'aime ou pour qui on l'aime.

Voilà la similitude imparfaite, qui est la cause de l'amour de concupiscence.

Or, nous nous aimons nous-mêmes naturellement plus que nous n'aimons autrui : et pourquoi ? Parce que nous sommes plus semblables à nous-mêmes qu'un autre homme ne nous ressemble. Nous sommes si semblables à nous-

---

inclinatione illud quod aliud habet in actu... Primus ergo similitudinis modus causat amorem amicitiæ seu benevolentiæ... Sed secundus modus similitudinis causat amorem concupiscentiæ vel amicitiam utilis seu delectabilis (I-II, q. XXVII, a. 3).

mêmes, qu'il y a identité entre nous et nous-mêmes. Par la conscience, par la mémoire, nous retrouvons en nous ce que nous y avons déjà trouvé hier. Nous nous complaisons dans cette image de nous-mêmes, qui n'est pas autre chose que notre propre sujet, et c'est pour cela que nous nous aimons nous-mêmes plus que nous n'aimons aucun ami (1).

Voilà la raison qui rend la ressemblance dangereuse en même temps qu'utile pour développer l'amour. En effet, tout en aimant naturellement qui nous ressemble, nous trouvons dans cette ressemblance le principe d'une sorte de concurrence à notre égard, et nous sommes portés à nous aimer nous-mêmes au détriment de celui qui nous est semblable. C'est ce qui arrive dans toutes les sortes de concurrence. Aristote avait déjà remarqué que les artisans aiment d'autant moins un autre homme, qu'il est du même métier. Les artistes ont peut-être aussi une certaine

---

(1) Magis autem unusquisque seipsum amat quam alium; quia sibi unus est in substantia, alteri vero in similitudine alicujus formæ. Et ideo, si ex eo quod est sibi similis in participatione formæ, impediatur ipsemet a consecutione boni quod amat, efficitur ei odiosus, non inquantum est similis, sed inquantum est proprii boni impeditivus (I-II, q. XXVII, a. 3).

disposition à ne pas trop aimer un autre artiste, dont les œuvres pourraient faire pâlir les leurs. Il en est ainsi dans toutes les professions, dans toutes les situations humaines. La ressemblance est presque aussi souvent cause de haine que cause d'amour.

Les causes que nous venons d'indiquer suffisent-elles pour expliquer la naissance de tous les amours ? Il faut en ajouter une autre importante aussi : c'est la connaissance.

Nous savons que, dans l'amour naturel, celui que Dieu a posé dans tous les êtres en les créant, le seul que possèdent les créatures inconscientes, les corps bruts, la plante, il n'y a pas de connaissance qui soit le principe direct et immédiat de l'amour. C'est Dieu qui connait tout d'abord et qui suffit à éclairer la voie de cet amour obscur (1).

Dans nous-mêmes, nous rencontrons cet amour naturel dans toutes nos facultés. Nous tendons à nous développer par un simple mouvement de nature, avant même d'avoir connu notre bien.

(1) Etiam amor naturalis, qui est in omnibus rebus, causatur ex aliqua cognitione, non quidem in ipsis rebus naturalibus existente, sed in eo qui naturam instituit (I-II, q. xxvii, a. 2, ad 3).

Mais, ce ne sont pas là des mouvements de l'ordre des passions animales. Dans cet ordre, la passion suit la connaissance. Une passion sensible est précisément celle qui a pour objet une chose connue par quelque sens (1).

Ce serait, toutefois, une erreur de croire que l'amour est toujours proportionné exactement à la connaissance, qu'un objet plus connu est toujours plus aimé qu'un autre que nous connaissons moins.

Ne voit-on pas bien souvent un amour ardent s'appliquer à un être ou à un objet qui n'est que très imparfaitement connu ? Ne voit-on pas l'homme s'enflammer d'amour pour ce qu'il ne sait pas encore ou ce qu'il ne sait que très sommairement, dont il ne connaît que les lignes principales ? Voilà donc un amour très accentué pour un objet très peu connu.

Que sera-ce, si nous parlons de l'amour qui s'applique au bien suprême, à Dieu (2) ? Vous

---

(1) Bonum autem non est objectum appetitus nisi prout est apprehensum ; et ideo amor requirit aliquam apprehensionem boni quod amatur... Sic igitur cognitio est causa amoris ea ratione qua et bonum, quod non potest amari nisi cognitum (I-II, q. XXVII, a. 2).

(2) Amor est in vi appetitiva, quæ respicit rem secundum

avez tous entendu parler de ces amours profonds, immenses, qui partent de la racine de l'être et qui s'attachent à cet Être premier, cause de tous les êtres; et cependant combien est imparfaite la connaissance que nous pouvons avoir de Dieu ?

La plus haute philosophie, je me risquerai à dire la théologie la plus sublime, ne peut faire autre chose que balbutier, quand elle parle de cet Être des êtres. N'y a-t-il pas néanmoins dans l'âme de tout homme un amour fondamental, capable de donner à cette créature un élan prodigieux vers ce bien suprême, dont l'essence lui est si peu connue ?

Nous pouvons donc conclure avec raison qu'il n'y a pas de proportion rigoureuse entre la connaissance et l'amour.

III. — Après avoir vu les causes, voyons les effets.

quod in se est; unde ad perfectionem amoris sufficit quod res, prout in se apprehenditur, ametur. Ob hoc ergo contingit quod aliquid plus ametur quam cognoscatur, quia potest perfecte amari, etiamsi non perfecte cognoscatur; sicut maxime patet in scientiis, quas aliqui amant propter aliquam summariam cognitionem quam de eis habent, puta quod sciunt rhetoricam esse scientiam per quam homo potest persuadere; et hoc in rhetorica amant. Et similiter est dicendum circa amorem Dei (I-II, q. xxvii, a. 2, ad 2).

Le premier effet de l'amour est de produire l'union.

Distinguons ici deux sortes d'unions : l'union affective et l'union réelle (1).

La première résulte de la définition même de l'amour. Puisque l'amour est une prédisposition qui adapte le sujet à l'objet qui est aimé, il est évident que cet objet qu'on aime est en quelque manière dans le sujet qui aime. L'affection a une proportion, une conformité avec ce bien, par laquelle précisément le bien est intimement uni au sujet passionné d'amour pour lui.

Quant à l'union réelle, est-elle vraiment la conséquence de l'amour ? Qui ne le sait pas ? Si nous nous étudions un peu, ne trouverons-nous pas que nous avons une tendance naturelle, presque nécessaire, à nous unir à ce que nous aimons ? S'il s'agit d'un ami, ne cherchons-nous pas à l'avoir aussi près que possible de nous ?

(1) Quædam vero unio est essentialiter ipse amor; et hæc est unio secundum coaptationem affectus; quæ quidem assimilatur unioni substantiali, inquantum amans se habet ad amatum, in amore quidem amicitiæ ut ad seipsum, in amore autem concupiscentiæ ut ad aliquid sui. Quædam vero unio est effectus amoris; et hæc est unio realis, quam amans quærit de re amata : et hæc quidem unio est secundum convenientiam amoris (I-II, q. xxviii, a. 1, ad 2).

En analysant tous les amours, on verrait qu'ils aspirent, non pas seulement à l'union entre deux êtres, mais, j'allais vous dire, à l'identification de celui qui aime et de ce qui est aimé.

Saint Thomas, avec les philosophes de son temps, avait été si pénétré de la tendance de l'amour à l'union, qu'il ne craint pas d'employer ici un terme d'une hardiesse surprenante. Il dit que l'amour produit une inhérence mutuelle, c'est-à-dire que l'aimé est dans l'aimant, et que l'aimant est dans l'aimé: *amatum in amante, amans in amato*. Il y a possession mutuelle, entre l'un et l'autre : j'ai mon ami en moi et je suis en lui.

Cette inhérence est à la fois dans la connaissance et dans l'inclination (1). En effet, celui qui aime cherche à connaître de plus en plus ce qu'il aime ; il va vers lui, le considère comme sien ; il se complaît et se repose en cet objet aimé. Si vous étiez curieux de voir jusqu'à quel point saint Thomas pousse l'analyse délicate des passions, je vous citerais l'article de la *Somme*

---

(1) Iste effectus mutuæ inhæsionis potest intelligi et quantum ad vim apprehensivam et quantum ad vim appetitivam. (I-II, q. XXVIII, a. 2).

théologique où il détaille les caractères de cette inhérence mutuelle, qu'engendre l'amour.

Un autre effet de l'amour est l'extase. Comment peut-on définir l'extase? Être en extase, c'est sortir de soi. Or, on peut sortir de soi de deux manières : par la connaissance et par l'inclination (1).

Par la connaissance, celui qui aime sort de lui-même en pensant d'une manière exclusive à son ami, à ce qu'il aime.

Par l'inclination, dans l'amour d'amitié, on sort de soi, en s'occupant du bien d'un autre, en cherchant à faire du bien à cette personne qu'on aime, plutôt qu'à soi-même. Dans l'amour de concupiscence, il semble qu'il y ait aussi cette sorte d'extase : on va, en effet, vers le bien qu'on désire. Mais cependant, regardons mieux et nous verrons que cet amour aboutit à l'être même qui aime : je parle de l'amour de concupiscence pour soi. Il n'y a pas là de véritable

(1) Extasim pati aliquis dicitur quum extra se ponitur; quod quidem contingit et secundum vim apprehensivam et secundum vim appetitivam... Primam quidem extasim facit amor dispositive, inquantum scilicet facit meditari de amato... Sed secundam extasim facit amor directe, simpliciter quidem amor amicitiæ, amor autem concupiscentiæ non simpliciter, sed secundum quid (I-II, q. XXVIII, a. 3).

extase, puisque c'est pour soi qu'on cherche ce qu'on aime.

En posant sa thèse de l'extase, saint Thomas rappelle une magnifique citation de saint Denis, qui rattache toute cette théorie à l'extase même de Dieu. Saint Denis ne craint pas de dire que l'amour tend à l'extase parce que tout amour est un reflet de l'amour divin, qui est extatique par nature (1).

Mais, direz-vous, Dieu se repose dans la connaissance de sa perfection ; il n'y a donc pas d'extase en Dieu. Nous sommes bien obligés, cependant, de reconnaître que Dieu est sorti de lui-même en créant.

Nous trouvons cette **tendance à communiquer son bien en dehors de soi dans tous les êtres, même les plus inférieurs** : le corps chaud produit de la chaleur au delà et en dehors de lui-même. Il y a là sans doute quelque chose de tout à fait mystérieux, et j'ose dire que, si nous

---

(1) Dionysius dicit, IV cap. de *Divin. Nom.*, lect. x in princ., quod *divinus amor extasim facit*, et quod *ipse Deus propter amorem est extasim passus*. Quam ergo quilibet amor sit quadam similitudo participata divini amoris, ut ibidem dicitur lect. XII, videtur quod quilibet amor causet extasim (I-II, q. XXVIII, a. 3).

n'avions pas l'exemple de nous-mêmes et des autres êtres, qui tendent à produire quelque chose au dehors d'eux-mêmes, nous n'aurions jamais deviné que l'être parfait pût avoir une extase quelconque ; nous aurions conclu que l'être parfait ne peut se complaire qu'en sa perfection. L'extase divine est une merveille des plus incompréhensibles, que nous ne pouvons déduire de la nature même de l'être parfait. C'est plutôt en considérant les amours créés, que nous sommes amenés à affirmer que l'amour même de Dieu est extatique, puisque tout amour tend à sortir de lui.

Un autre effet de l'amour, qui découle naturellement de cette passion, c'est le zèle ou la jalousie (1).

Cela revient presque à dire que l'amour est le principe de l'irascibilité. En effet, qu'est-ce que le zèle ou la jalousie? N'est-ce pas la lutte contre ce qui s'oppose au bien ? Si l'on aime un ami,

---

(1) Zelus, quocumque modo sumatur, ex intensione amoris provenit. Manifestum est enim quod, quanto aliqua virtus intensius tendit in aliquid, fortius repellit omne contrarium vel repugnans. Quum igitur amor sit quidam motus in amatum, intensus amor quærit excludere omne id quod sibi repugnat (I-II, q. xxviii, a. 4).

on veut éloigner toute cause de contrariété, d'opposition au bien de celui qu'on aime. Dans l'amour de soi, on est jaloux parce qu'on veut écarter de son bien tout ce qui est un obstacle.

Parlons maintenant d'un effet que l'école du moyen âge ne craignait pas de poser comme conséquence de l'amour ; je veux dire la blessure de celui qui aime.

L'amour est une passion qui blesse celui qui l'éprouve (1). C'est un singulier caractère. Comment l'amour, qui tend à la perfection, peut-il amoindrir, détériorer, blesser l'être qui aime ?

S'il s'agit d'un amour parfaitement ordonné, il n'y a pas de blessure, d'amoindrissement ; il n'y a que perfection. Mais, nous pouvons aimer un bien qui nous prive d'un bien supérieur, et c'est alors que l'amour nous blesse.

A un autre point de vue, tout amour violent blesse la nature animale, parce qu'il produit dans

---

(1) Amor ergo boni convenientis est perfectivus, et melliorativus amantis; amor autem boni quod non est conveniens amanti, est laesivus et deteriorativus amantis... Quantum vero ad id quod est materiale in passione amoris, quod est immutatio aliqua corporalis, accidit quod amor sit laesivus propter excessum immutationis; sicut accidit in sensu, et in omni actu virtutis animae qui exercetur per aliquam immutationem organi corporalis (I-II, q. XXVIII, a. 5).

la partie physique de nous-mêmes une émotion qui la trouble, et, en ce sens, l'amour le plus élevé, l'amour de l'homme pour Dieu même, n'est pas exempt de cet effet. Qui n'a vu, dans la vie de ceux qui aiment Dieu par dessus toute chose, combien l'amour le plus pur peut produire de révolution, d'émotion quelquefois terrible, dans cette région inférieure de l'être à la fois sensible et intellectuel? On meurt d'amour par cette raison que l'amour le plus noble, quand il est violent, a son retentissement dans l'organisme, et que ce trouble rend le corps incapable de conserver l'âme qui lui donne la vie.

Le dernier effet de l'amour est d'être le principe de toute opération dans celui qui aime (1).

Car, pourquoi agit-on ? C'est pour une fin. Cette fin, on y tend, et c'est pour cela qu'on agit. Or, tendre à une fin est le caractère propre de l'amour. Par conséquent, celui qui aime

---

(1) Omne agens agit propter finem aliquem, ut supra dictum est, q. 1, a. 1 et 2. Finis autem est bonum desideratum et amatum unicuique. Unde manifestum est quod omne agens, quodcumque sit, agit quamcumque actionem ex aliquo amore (I-II, q. XXVIII, a. 6).

trouvera dans son amour le principe de son opération.

Voilà, rapidement exposé, ce que j'avais à vous dire sur l'amour.

II

LA HAINE.

Nature de la haine: prédisposition à s'éloigner du mal. — Causes de la haine. 1° Le mal. 2° L'amour. Peut-on se haïr soi-même? Peut-on haïr la vérité?

J'ai annoncé la passion contraire à l'amour : la haine.

La haine est un mouvement d'éloignement, par rapport au mal, comme l'amour est un mouvement de tendance vers le bien. Je devrais plutôt dire que l'amour est une prédisposition à tendre vers le bien, et que la haine est une prédisposition à s'éloigner du mal (1). L'un est

---

(1) In appetitu animali seu intellectivo amor est consonantia quædam appetitus ad id quod apprehenditur ut conveniens; odium vero est dissonantia quædam appetitus ad id quod apprehenditur ut repugnans et nocivum. Sicut autem omne conveniens, in quantum hujusmodi, habet rationem boni; ita omne repugnans, inquantum hujusmodi, habet rationem mali; et ideo sicut bonum est objectum amoris, ita malum est objectum odii (I-II, q. XXIX, a. 1).

une sympathie pour ce qui paraît bon ; l'autre, une répugnance, une antipathie, pour ce qui paraît nuisible.

Le mal est donc cause de la haine, comme le bien est cause de l'amour.

Mais, le mal peut-il être cause de quelque chose ? Le mal n'existe pas. Il y a seulement des choses mauvaises. Mais, si ce sont les êtres qui sont mauvais, peut-on dire vraiment que c'est en tant que mauvais qu'ils sont cause de haine ? La haine s'adresse à un être existant. Or, tout ce qui existe est bon. Si c'est en tant qu'existant qu'un être est objet de haine, ce n'est pas en tant qu'il est mauvais, c'est en tant qu'il est bon.

Il semble donc que la haine serait impossible, si elle s'adressait à quelque chose de substantiel. Et cependant, une substance, tout en étant bonne elle-même, peut avoir une certaine contrariété, une qualité contraire à celle d'un autre être en réalité ou en apparence, et c'est par là, par cette contrariété, que peut naître la haine (1).

Il y a, comme corollaire de ce que nous ve-

---

(1) Ens, inquantum est hoc ens determinatum, habet rationem repugnantis ad aliquod ens determinatum; et secundum hoc unum ens est odibile alteri, et est malum, etsi non in se, tamen per comparationem ad alterum (I-II, q. xxix, a. 1, ad 1).

nons de dire, une remarque aussi curieuse qu'importante à faire, c'est que l'amour lui-même est cause de la haine. En effet, si on s'éloigne du mal, c'est qu'on aime un bien (1).

L'amour est donc premier, et la haine n'en est qu'une conséquence. Il s'ensuit qu'on ne peut pas se haïr soi-même, puisque vis-à-vis de soi-même on est toujours bon. Il ne peut pas y avoir de contrariété dans la substance du même être, puisqu'il est identique à lui.

Cependant, à un certain point de vue, on pourrait dire qu'on a de la haine pour soi : par exemple, quand on aime une chose nuisible à l'être qui aime.

A un autre point de vue, on peut dire aussi qu'on a de la haine pour soi : c'est lorsqu'on aime trop une partie de soi-même aux dépens d'une autre (2) ; ainsi, lorsqu'on aime trop la

(1) Ejusdem enim rationis est quod ametur aliquid et odiatur ejus contrarium; et sic amor unius rei est causa quod ejus contrarium odiatur (I-II, q. XXIX, a. 2, ad 2).

(2) Necesse est quod aliquis amet seipsum, et impossibile est quod aliquis odiat seipsum, per se loquendo. Per accidens tamen contingit, quod aliquis seipsum odio habeat : et hoc dupliciter. Uno modo ex parte boni, quod sibi aliquis vult : accidit enim quandoque illud quod appetitur ut secundum quid bonum, esse simpliciter malum; et secundum hoc aliquis per accidens

région inférieure de l'homme, aux dépens de la région supérieure ; lorsqu'on reste dans le domaine des sens, tandis qu'on devrait porter son amour dans la sphère intellectuelle. Il y a alors contrariété, opposition. En aimant un de nos biens, nous pouvons avoir une certaine haine pour un autre de nos biens. De même que les hommes dont les facultés spirituelles sont heureusement développées, ont de la haine pour ce qui les rabaisse trop dans la région des sens, de même d'autres ont trop d'amour pour le sensible et de la haine pour ce qui est intellectuel ; mais, les premiers s'aiment véritablement, en haïssant ce qui dégrade l'homme ; les seconds se haïssent, en aimant avec excès ce qui n'est pas proprement humain.

Si le bien est l'objet propre de l'amour, peut-on haïr la vérité ? Il semble que non, puisque l'intelligence humaine est faite pour la vérité.

On ne peut pas haïr la vérité d'une manière générale ; mais, on peut haïr telle vérité, parce qu'elle est en opposition avec ce qu'on consi-

vult sibi malum, quod est odire. Alio modo ex parte sui ipsius, cui vult bonum :... contingit autem quod aliqui... amant se secundum id quod æstimant se esse, sed odiunt id quod vere sunt, dum volunt contraria rationi (I-II, q. XXIX, a. 4).

dère comme un bien (1) : on voudrait que ce qui est vrai ne fût pas vrai. On peut encore haïr la connaissance d'une vérité, qu'on désire ne pas connaître, pour ne pas être gêné dans la poursuite de ce qu'on aime. Nous pouvons aussi haïr la connaissance qu'un autre homme a de la vérité, lorsque cette connaissance lui donne une certaine excellence au dessus de nous, ou enfin lui donne une valeur quelconque qui le met en opposition avec ce qui nous plaît.

(1) In particulari nihil prohibet quoddam ens et quoddam verum odio haberi inquantum habet rationem contrarii et repugnantis ; contrarietas enim et repugnantia non adversatur rationi entis et veri sicut adversatur rationi boni (I-II, q. XXIX, a. 5).

III

LE DÉSIR.

Nature du désir. — La concupiscence est le nom du désir sensible. — Désirs naturels et désirs non naturels.

Après avoir analysé très sommairement l'amour et la haine, nous devons, dès aujourd'hui, dire quelques mots des deux passions qui en naissent immédiatement : le désir, fils de l'amour ; l'aversion, fille de la haine.

Le désir, nous le savons, est la tendance actuelle vers le bien absent.

Le terme du désir s'applique tant à l'inclination intellectuelle qu'à l'inclination sensible. Il y a des désirs de l'intelligence comme il y a des désirs des sens (1).

Les désirs de la partie sensible de l'homme ont reçu, dans la philosophie de saint Thomas,

---

(1) Desiderium magis pertinere potest, proprie loquendo non solum ad inferiorem appetitum, sed etiam ad superiorem; non enim importat aliquam consociationem in cupiendo, sicut concupiscentia, sed simplicem motum in rem desideratam (I-II, q. XXX, a. 1, ad 2).

un nom spécial ; ils s'appellent des mouvements de concupiscence. Saint Thomas prend la peine d'expliquer que ce mot n'a pas été pris arbitrairement, mais formé à dessein des deux mots latins, *cum cupere*, désirer avec (1). Il conclut que ce terme est bien choisi, pour l'appliquer aux désirs de la partie animale de nous-mêmes, puisque c'est dans le composé animal que naissent ces désirs. Voilà pourquoi on peut conserver ce terme de concupiscence, qui désigne heureusement les passions sensibles.

Ici, saint Thomas suit pas à pas Aristote, comme il le fait très souvent. Il relate des passages empruntés à l'*Ethique à Nicomaque* et à la *Rhétorique*, et distingue, avec leur auteur, les désirs naturels et les désirs non naturels (2).

Les désirs naturels sont ceux qui tendent aux

---

(1) Secunda autem (delectatio) est animæ et corporis... Talis autem delectationis appetitus videtur esse concupiscentia, quæ simul pertinet ad animam et ad corpus, ut ipsum nomen concupiscentiæ sonat : unde concupiscentia, proprie loquendo, est in appetitu sensitivo, et in vi concupiscibili, quæ ab ea denominatur (I-II, q. XXX, a. 1).

(2) Philosophus, in III *Ethic.*, cap. XI in princ., et in I *Rhetor.*, cap. XI parum a princ., ponit quasdam concupiscentias naturales et quasdam non naturales (I-II, q. XXX, a. 3).

biens de la nature elle-même : manger, boire, dormir, par exemple, satisfaction de besoins naturels.

Mais, vous allez me dire : Ces désirs sont dans le domaine de l'amour naturel, instinctif, et non pas dans celui des passions qui suivent la connaissance ; cependant, vous avez promis d'étudier en ce moment les passions sensibles.

Il faut remarquer qu'un désir naturel, une tendance à contenter un appétit de la nature peut suivre une connaissance. Nous pouvons apprécier un bien de ce genre par une certaine faculté sensible de connaître (1). Bien plus, nous pouvons même y appliquer, à la suite de l'intelligence, notre volonté intellectuelle, et tendre par elle, en même temps que par l'inclination sensible, vers les biens les plus inférieurs. Voilà comment le désir naturel peut être nommé parmi les passions animales.

Qu'entend-on par désirs non naturels ? Ces désirs sont l'apanage de l'homme (2). Est-ce

(1) Quod appetitur appetitu naturali, potest appeti appetitu animali, quum fuerit apprehensum ; et secundum hoc cibi et potus et hujusmodi, quæ appetuntur naturaliter, potest esse concupiscentia animalis (I-II, q. xxx, a. 3, ad 1).

(2) Secundæ concupiscentiæ sunt propriæ hominum, quorum

un heureux apanage ? A certains égards, c'est peut-être un triste présent que nous a fait la nature. Vous en jugerez.

Ce qui est certain, c'est que nous avons des passions qui vont plus loin que nos désirs naturels. Au lieu de vouloir seulement nous nourrir, nous désirons des mets recherchés. Au lieu de tendre seulement à nous vêtir pour éviter le froid, nous recherchons les beaux vêtements, et ainsi du reste. Nous ajoutons à la nature des désirs factices qui viennent de notre connaissance humaine : ce sont nos désirs non naturels.

Il faut observer ici que l'animal nous est supérieur en ce qu'il reste dans la limite des besoins ; tandis que, souvent, nous ajoutons à la nature des désirs exagérés, qui nous entraînent à la ruine de nous-mêmes.

proprium est excogitare aliquid ut bonum et conveniens, præter id quod natura requirit (I-II, q. xxx, a. 3).

IV

L'AVERSION.

Nature de l'aversion. Saint Thomas la nomme fuite ou abomination, mais ne traite pas particulièrement de cette passion.

Pour finir, je voudrais seulement vous dire quelques mots d'une passion contraire au désir : l'aversion.

Saint Thomas ne l'étudie pas d'une manière spéciale, même dans la *Somme théologique*. Il y traite particulièrement de la concupiscence et passe de suite après au plaisir et à la douleur. Il se contente d'indiquer cette passion. Il dit même, dans un passage de la *Somme théologique* : Il y a une passion qui éloigne l'être du mal ; mais cette passion n'a pas reçu de nom (1). Il l'a cependant nommé lui-même fuite ou abo-

---

(1) Passio quæ directe opponitur concupiscentiæ, innominata est ; quæ ita se habet ad malum, sicut concupiscentia ad bonum. Sed quia est mali absentis sicut et timor, quandoque loco ejus ponitur timor ; sicut et quandoque cupiditas loco spei ; quod enim est parvum bonum vel malum quasi non reputatur. Et ideo pro omni motu appetitus in bonum vel in malum futurum ponitur spes et timor, quæ respiciunt bonum vel malum arduum (I-II, q. xxx, a. 2, ad 3).

mination, *fuga, abominatio*. Je traduis ces mots par aversion : ce terme m'a paru mieux exprimer cette passion que le mot fuite, qui ne semble signifier qu'un fait.

Il est vrai que souvent on confond cette passion avec la crainte. Saint Thomas en donne la raison; c'est que la crainte a pour objet un mal absent, mais menaçant, imminent, accompagné d'une sérieuse difficulté à être évité. Or, si le mal n'a pas ce caractère, si c'est un mal qu'on peut éviter facilement, on n'en tient pas grand compte, et il semble alors qu'il n'y ait pas lieu à passion. Voilà pourquoi, dit saint Thomas, on ne fait guère attention à la passion de fuite ou d'aversion. Je crois, cependant, qu'il a bien fait de la nommer ; son analyse est ainsi plus complète; car, il y a vraiment, dans l'ordre passionnel, un premier mouvement actuel qui éloigne l'être d'un mal absent et imminent, quoique ce mal ne paraisse pas exiger un grand effort pour y échapper.

Sans entrer dans plus de détails, je pense qu'il vous sera facile de conclure les principaux caractères de l'aversion, de ce que nous avons dit du désir. Tout désir peut avoir une aversion corrélative; car, toute privation d'un bien qu'on peut désirer, peut être considérée comme un mal. Toute privation d'un bien aimé produira une aversion, si cette privation, qui est un mal, est imminente, et non pas présente comme le mal qui cause la douleur, ainsi que nous le verrons dans la prochaine leçon.

Il nous reste à récapituler ce que nous avons dit aujourd'hui, et à indiquer le sujet de notre prochain entretien.

En rappelant l'inclination fondamentale de tous les êtres, nous avons examiné deux passions premières, qui ne sont pas des mouvements passionnels en acte, mais des prédispositions intimes à une tendance actuelle. Ces deux passions premières sont l'amour et la haine, et, dès aujourd'hui, vous en avez vu l'entrée en acte par le désir et par l'aversion.

Dans la prochaine leçon, nous poserons par hypothèse le bien et le mal présents, et nous verrons que l'être capable de passion éprouve du plaisir en face du bien, de la douleur en face du mal.

IV

LE PLAISIR ET LA DOULEUR

IV

LE PLAISIR ET LA DOULEUR

INTRODUCTION

Le plaisir et la douleur sont au terme du mouvement du premier appétit sensitif. Plaisir et douleur dans l'ordre intellectuel.

Nous voici arrivés au terme de l'inclination sensible, dans son mouvement direct vers le bien.

Nous savons que l'amour est une prédisposition à tendre vers le bien, que le désir est une tendance actuelle vers le bien.

Quant à la passion qui naît en présence même du bien, en la possession du bien aimé, on l'appelle le plaisir, et la passion contraire en présence du mal qui prive du bien qu'on aime, s'appelle la douleur.

Voilà, comme je vous le disais, l'aboutissant de l'inclination sensible. Elle avait une prédisposition interne à se porter vers ce qui lui convient, et elle s'y porte actuellement ; enfin, elle possède son bien, ou elle en est privée d'une manière actuelle : à ce moment d'arrêt, se produit le plaisir en face du bien, ou devant le mal la douleur.

Ces deux termes opposés nous feront bien comprendre ce qu'est l'inclination sensible ; par là, nous la saisirons dans son plein développement, soit en face de son objet naturel, le bien, soit devant la privation même de cet objet, en présence de ce qui est contraire à sa nature, devant le mal.

Vous m'entendez parler toujours de l'inclination sensible ; permettez-moi de vous rappeler qu'il existe dans la sphère supérieure des facultés intellectuelles, dans la volonté proprement dite, des mouvements analogues aux passions de la région sensible de l'être. Ces mouvements, dans un sens large, peuvent encore être appelés passions ; au sens étroit, ils ne mériteraient pas ce nom, puisque nous avons donné le nom de passion proprement dite à un mouvement de l'âme qui cause directement une modification physique dans le corps. Mais enfin, sous cette réserve, on peut nommer passion le mouvement de la volonté intellectuelle, soit vers le bien, soit pour s'éloigner du mal, soit en présence du bien, soit en présence du mal.

Il y aura donc un plaisir intellectuel, une douleur intellectuelle, comme il y a un plaisir sensible, une douleur sensible.

Comme je vous l'ai déjà indiqué, saint Thomas ne traite pas directement des mouvements de la volonté analogues aux passions sensibles. Il en parle chemin faisant, surtout à propos de l'inclination animale. Il s'en est rapporté à l'intelligence de ses lecteurs et des étudiants du moyen âge, pour faire facilement la transposition de ce qu'il dit dans le domaine des sens, au domaine proprement rationnel.

Ainsi, plaisir et douleur, avec leurs analogues dans la volonté proprement dite sous les noms de joie et tristesse : voilà l'objet de cet entretien.

I

LE PLAISIR.

I. — Nature du plaisir. Définition d'Aristote, reproduite et commentée par saint Thomas. Quelle est la connaissance nécessaire pour que naisse le plaisir? Le plaisir, essentiellement, n'est pas dans le temps; accidentellement, il peut être dans le temps. Supériorité du plaisir intellectuel sur le plaisir sensible. Quel est le sens qui donne le plus de plaisir? Il y a des plaisirs contre nature.

II. — Causes du plaisir. 1° L'opération : Comment et dans quelle mesure? 2° Le mouvement, pour notre nature changeante, faible et bornée : pour une nature qui n'a pas ces défauts, le plaisir est dans l'immobile. 3° L'espérance, par la prévision. 4° Le souvenir, parce qu'il représente le passé. 5° La tristesse : présente, par le souvenir de ce qu'on aime; passée, par le plaisir d'y avoir échappé. 6° Les opérations d'autrui : amour de soi contenu dans le plaisir qu'elles donnent. 7° La bienfaisance : encore quelque amour de soi. 8° La similitude, parce qu'elle est cause d'amour : dans certains cas, le plaisir vient, au contraire, de la dissimilitude. 9° L'admiration, par le plaisir de la connaissance : plaisir mêlé de douleur dans les spectacles.

III. — Effets du plaisir. 1° Dilatation de l'âme : c'est une métaphore; elle s'applique à la connaissance et à l'affection. 2° Soif du plaisir même : deux sortes de soifs. 3° Obstacle à l'usage de la raison : de trois manières. 4° Perfection de l'opération.

I. — Commençons par le plaisir.

Qu'est-ce que le plaisir ? C'est une passion qui naît dans la possession actuelle du bien aimé ; c'est la jouissance du bien présent (1).

Remarquons que cette définition ne nous ferait jamais connaître la nature intrinsèque du plaisir, ne pourrait nous en donner une notion exacte, si nous n'avions jamais éprouvé aucun plaisir. C'est donc une définition qui met cette passion à sa place dans la théorie générale de l'inclination ; mais, il faut avoir joui, pour mettre sous ces mots un sens positif qui fasse comprendre la nature de cette passion. Quiconque n'aurait jamais eu de plaisir, à mon avis, ne comprendrait que très imparfaitement la définition que je viens d'énoncer.

Suivant son habitude, le Docteur dont nous exposons et interprétons la philosophie, se réfère à Aristote lui-même, pour la définition du plaisir. Il le fait même avec une certaine insistance. C'est qu'en effet la définition d'Aristote vaut la peine d'être regardée de près. La voici.

---

(1) Quies autem in bono est gaudium vel delectatio (I-II. q. xxv, a. 2). — Est enim delectatio in bono jam adepto, quod est quasi terminus motus (I-II, q. xxxi, a. 2).

telle qu'on la trouve au onzième chapitre du premier livre de la *Rhétorique* (1) :

« Le plaisir est un certain mouvement de l'âme et une constitution subite et sensible, dans ce qui est conforme à la nature ».

Comme cette définition présente quelque difficulté à être pénétrée à fond, et comme je suis convaincu qu'il y a ici nombre de personnes qui savent assez de grec pour rapprocher d'une manière utile les termes français des termes mêmes d'Aristote, je me permettrai de les engager à lire ce texte dans la langue originale.

Je répète en français la définition d'Aristote : « Le plaisir est un certain mouvement de l'âme et une constitution subite et sensible, dans ce qui est conforme à la nature ».

Le plaisir est un mouvement de l'âme. Ce n'est pas seulement un repos, un état négatif, dans ce qui convient à l'être sensible : c'est un mouvement, bien plus un mouvement de vie sensitive, c'est-à-dire un mouvement qui suit la connaissance sensible (2).

---

(1) Ὑποκείσθω δ' ἡμῖν εἶναι τὴν ἡδονὴν κίνησίν τινα τῆς ψυχῆς καὶ κατάστασιν ἀθρόαν καὶ αἰσθητὴν εἰς τὴν ὑπάρχουσαν φύσιν (Ῥητορ., I, XI).

(2) Motus appetitus sensitivi proprie passio nominatur, sicut

Nous savons, en effet, que la vie sensitive, la vie animale proprement dite, est celle dans laquelle les mouvements d'appétit viennent après un acte de connaissance. Nous allons donc observer ici une connaissance précédant le plaisir.

Mais, quelle est cette connaissance ?

Suffira-t-il d'une simple perception sensible: connaissance par un sens d'une qualité conforme à la nature de l'être, perception du chaud, du froid, des couleurs, ou autres analogues ? Ou bien faudra-t-il faire intervenir ce que nous avons appelé l'appréciation sensible, ce sens interne qui, chez l'animal, est comme une image de la connaissance rationnelle, sans cependant en avoir proprement le caractère ? Faudra-t-il que l'être sensible, lorsqu'il perçoit un objet, une qualité, qui lui convient et le délecte, exerce cette appréciation interne, pour juger que cet objet, cette qualité, est convenable à sa nature ?

---

supra dictum est, q. XXII, a. 3 : affectio autem quæcumque ex apprehensione sensitiva procedens, est motus appetitus sensitivi; hoc autem necesse est competere delectationi; nam, sicut Philosophus dicit, in I *Rhetor.*, cap. XI in princ., *delectatio est quidam motus animæ et constitutio tota simul et sensibilis in naturam existentem* (I-II, q. XXXI, a. 1).

Vous vous rappelez que j'ai déjà ébauché la solution de ce problème dans la première leçon de cette année, lorsque nous avons étudié d'une manière large l'inclination sensible et ses diverses formes. Je me suis alors posé cette question : Y a-t-il deux inclinations sensibles dans l'être animal ? Je parle d'inclination première, fondamentale ; car, nous savons que l'animal a vraiment deux appétits sensitifs, l'un de concupiscence, l'autre d'irascibilité. Mais, au point de vue de l'inclination fondamentale, celle qui crée la forme de l'amour, y a-t-il deux inclinations sensibles, comme il y a deux connaissances chez l'animal : une connaissance purement de fait et une connaissance analogue de loin à l'intelligence de l'homme ? Nous avons conclu : il n'y en a qu'une seule, et on trouve toujours au début, dans l'appétit animal, une disposition à tendre vers ce qui convient à la nature.

Cette disposition s'applique à toute l'inclination de l'animal ; nous l'avons dit à propos de l'amour, et nous verrons, lorsque nous avancerons davantage, qu'elle est vraiment la base de toute passion.

Examinons maintenant quelle est la connaissance nécessaire pour produire le plaisir.

J'ouvre ici une parenthèse.

La question que nous étudions en ce moment demande une attention particulière, parce qu'elle est trop souvent négligée par les théories modernes sur le plaisir et la douleur. Les philosophes de nos jours ont presque tous l'habitude de considérer ces passions comme de simples phénomènes qui ne seraient pas liés directement à la connaissance. Il suffit, pensent-ils, de se trouver dans un état de corps ou d'esprit conforme ou contraire à la nature, sans qu'une connaissance intervienne, pour qu'il naisse plaisir ou douleur.

La théorie développée par saint Thomas part d'un autre point de vue, qui est plus complet, à mon avis. Suivant lui, le plaisir et la douleur sont des mouvements de vie sensitive, et supposent une connaissance immédiate, qui engendre ces passions (1).

Cela posé, je répète la question : Faudra-t-il, pour faire naître plaisir et douleur, que nous allions chercher au dedans de nous-mêmes une appréciation instinctive ? Il semble bien que non,

(1) Quum delectatio sit motus in appetitu animali consequens apprehensionem sensus, delectatio est passio animæ (I-II, q. XXXI, a. 1).

au premier abord. En effet, n'éprouvons-nous pas du plaisir après avoir perçu une qualité qui nous convient ? Si nous sommes blessés à la main, n'en souffrons-nous pas de suite, sans perdre notre temps à apprécier si la blessure est conforme à notre nature ? Il en est de même pour la jouissance.

A première vue, nous sommes donc portés à dire que l'appréciation interne n'est pas nécessaire.

J'ai constamment le désir, non pas seulement de poser des principes, mais de faire bénéficier ceux qui veulent bien m'entendre des études personnelles que je puis avoir faites. A quoi sert de toujours recommencer ? J'ai fait un certain travail, au sujet de saint Thomas ; pourquoi n'en profiteriez-vous pas ? Pour que vous en profitiez, il me semble utile de vous donner quelques détails, que j'ai été amené à relever dans les recherches patientes, je puis le dire, auxquelles je me suis livré.

Il y a dans saint Thomas des passages qui paraissent contradictoires : on a même fait une sorte de dictionnaire sur ces apparentes contradictions.

Saint Thomas dit que l'animal, aussitôt qu'il a

aperçu par sens externe ou imagination, immédiatement, *statim*, il est mis en mouvement, soit vers son bien, soit en sens contraire, si ce qu'il aperçoit ne lui convient pas (1). Il semble, dès lors, qu'il n'y ait besoin, pour faire naître un mouvement d'appétit, que de la simple constatation d'un fait, qualité ou objet, approprié à l'être sensible, ou opposé à sa nature.

Cependant, à d'autres endroits de la *Somme théologique*, saint Thomas paraît poser en principe général que la simple représentation d'une forme sensible ne met pas en mouvement l'appétit, s'il ne s'y joint ce qu'il appelle l'estimation, l'appréciation, du convenable ou du nuisible. Il compare, à cet égard, l'ordre sensible à l'ordre intellectuel. De même, dit-il, ce n'est pas l'intelligence spéculative qui met en mouvement, c'est l'intelligence pratique.

Vous le voyez, nous sommes ici en face d'une théorie philosophique qui a cette large enver-

---

(1) Brutum animal accipit unum præ alio, quia appetitus ejus est naturaliter determinatus ad ipsum; unde statim quando per sensum vel per imaginationem repræsentatur ei aliquid ad quod naturaliter inclinatur ejus appetitus, absque electione movetur ad ipsum, sicut etiam absque electione ignis movetur sursum et non deorsum (I-II, q. XIII, a. 2, ad 2).

gure de la pensée de saint Thomas.

« Comme l'imagination d'une forme sans appréciation du convenable ou du nuisible ne meut pas l'appétit sensitif, ainsi non plus l'appréhension du vrai sans la raison du bien et du désirable. Aussi, n'est-ce pas l'entendement spéculatif qui meut, mais l'entendement pratique, comme il est dit au troisième livre du traité *de l'Ame* » (1).

Voilà bien un principe tout à fait général, appuyé sur Aristote lui-même.

Comment expliquer ces affirmations qui semblent se contredire ? Si tantôt l'animal est capable de se mouvoir uniquement parce qu'il aperçoit un objet qui lui convient, et si tantôt on se heurte à cette théorie générale qui exige l'appréciation du convenable ou du nuisible, pour que l'être connaissant se mette en mouvement, ne devons-nous pas avouer que notre Docteur s'est contredit ?

Eh bien ! je pense que les textes de saint Tho-

---

(1) Sicut imaginatio formæ sine æstimatione convenientis vel nocivi non movet appetitum sensitivum, ita nec apprehensio veri sine ratione boni et appetibilis. Unde intellectus speculativus non movet, sed intellectus practicus, ut dicitur in III *de Anima* (I-II, q. IX, a. 1, ad 2).

mas qui paraissent exiger l'appréciation du convenable ou du nuisible, ne s'appliquent pas au plaisir ou à la douleur.

A mon avis, ils ont trait aux mouvements complets de l'animal, et non pas seulement à ce mouvement interne qui a nom plaisir ou douleur.

En d'autres termes, s'il s'agit de se porter réellement, en changeant de place, vers ce qui convient, ou de se détourner de même de ce qui nuit, la simple représentation d'une forme sensible ne suffit pas à l'animal pour produire ce mouvement. Il faut se rappeler alors ce que nous avons dit de l'appréciation instinctive. L'oiseau, par exemple, pour arriver à saisir la paille destinée à la construction de son nid, ne pourrait se contenter de voir cette paille par ses yeux ; il lui faut l'appréciation instinctive, une certaine connaissance sensitive d'un rapport individuel entre cette paille et le nid que l'oiseau veut construire. Remarquez bien qu'ici l'animal ne possède pas son bien ; il perçoit extérieurement par un sens l'objet qui lui convient, mais il n'a pas pris une possession intime de ce qui est approprié à sa nature.

Si, au contraire, nous supposons que l'animal

est en contact immédiat par ses sens avec quelque chose qui le blesse ou qui le flatte, dans ce cas, à mon avis, il faut dire qu'il n'est pas nécessaire de faire intervenir l'appréciation instinctive. La simple possession par l'animal d'une qualité sensible ou d'un état qui est conforme ou contraire à sa nature, suffit pour mettre en mouvement ces passions d'appétit sensitif qui s'appellent le plaisir et la douleur.

Pour confirmer mon interprétation, je citerai ce passage de la *Somme théologique* (1) : « L'intelligence spéculative ne meut pas l'âme par la chose considérée spéculativement, mais cependant elle meut l'âme par la contemplation elle-même, qui est un bien de l'homme et naturellement délectable ».

L'acte de l'intelligence spéculative suffit donc, dès l'instant qu'il se produit, pour mettre en mouvement l'appétit humain.

Vous voyez la distinction. S'il s'agit de l'objet considéré au point de vue du fait, la perception ne suffit pas pour mettre en mouvement l'ap-

---

(1) Intellectus speculativus non movet animum ex parte rei speculatæ; movet tamen animum ex parte ipsius contemplationis, quæ est quoddam bonum hominis et naturaliter delectabilis (I-II, q. xxviii, a. I, ad 2).

pétit vers cet objet ; mais, l'opération convenable de l'être est un bien pour lui, et, dès qu'elle s'accomplit, l'être est en possession de son bien. Dès lors l'appétit peut être mis en mouvement pour éprouver le plaisir ; il peut être mû de même pour éprouver la douleur, si l'opération est faite en opposition avec la nature. Or, dans le texte que je viens de citer, saint Thomas remarque (ce que nous aurons à souligner tout à l'heure) que la contemplation, l'acte intellectuel même, est un bien naturellement délectable.

C'est dans le même ordre d'idées qu'il faut entendre, je crois, cette phrase générale que saint Thomas met à l'article où il définit le plaisir et la douleur, dans la *Somme théologique*. Ce texte va nous servir de principale base pour l'interprétation de sa pensée (1). « Il y a cette différence, dit-il, entre les animaux et les autres choses naturelles, que les autres choses natu-

---

(1) Haec autem est differentia inter animalia et alias res naturales, quod aliae res naturales, quando constituuntur in id quod convenit eis secundum naturam, hoc non sentiunt, sed animalia hoc sentiunt; et ex isto sensu causatur quidam motus animae in appetitu sensitivo, et iste motus est delectatio (I-II, q. XXXI, a. 1).

relles, quand elles sont constituées en ce qui convient à leur nature, ne le sentent point ; au lieu que les animaux le sentent, et de cette sensation naît un certain mouvement de l'âme dans l'appétit sensitif : ce mouvement est précisément le plaisir ».

Ainsi, la cause immédiate du plaisir, c'est la simple sensation d'un état conforme à la nature. Donc, la perception consciente d'une qualité sensible, conforme ou contraire à la nature animale, suffira pour faire naître plaisir ou douleur. Il suffit que nous soyons en possession sensible de ce qui nous convient ou de ce qui nous nuit, pour jouir ou pour souffrir.

Voilà comment on peut interpréter saint Thomas, et permettez-moi de vous dire qu'il faut passer longtemps à réfléchir sur les textes d'un auteur pareil, avant de dire qu'il s'est contredit.

Revenons à la définition d'Aristote et portons notre attention sur les deux mots : κατάστασιν αθρόαν, *constitutio tota simul*. Ces simples mots contiennent toute une philosophie du plaisir. Saint Thomas les explique avec une précision et une finesse remarquables (1). Ils signifient

---

(1) Per hoc autem quod dicitur *simul tota*, ostenditur quod constitutio non debet accipi prout est in *constitui*, sed prout

que le plaisir n'est pas dans l'acte même d'arriver à un état conforme à la nature, mais plutôt dans le fait d'y être arrivé ; il ne réside pas dans ce que saint Thomas appelle être constitué, au présent, *constitui* ; mais, dans ce qu'il désigne par le passé, avoir été constitué, *constitutum esse*. Voilà comment le latin est plus souple quelquefois que le français.

Cela veut dire qu'en soi et essentiellement le plaisir est en dehors du temps (1). Il n'enferme pas dans sa définition, n'enveloppe pas dans sa nature, un temps, une succession ; il naît, à vrai dire, immédiatement, tout ensemble : *tota simul constitutio*.

Je vous entends cependant m'objecter : Nous sommes dans le domaine des sens. Or, qui n'a pas expérimenté mille fois que le plaisir, au contraire, part d'un état moindre, pour arriver à son apogée, en passant par les états intermédiaires ? Il suffit, pour le constater, de regarder un petit enfant, lorsqu'il se livre à cette passion

---

est in *constitutum esse*, quasi in termino motus: non enim delectatio est generatio, prout Plato posuit ; sed magis consistit in *factum esse*, ut dicitur in VII *Ethic.*, cap. XII (I-II, q. XXXI, a. 1).

(1) Sic igitur dicendum est quod delectatio secundum se quidem non est in tempore ; est enim delectatio in bono jam adepto, quod est quasi terminum motus (I-II, q. XXXI, a. 2).

si naturelle chez lui, la gourmandise. Par exemple, donnez un gâteau à un enfant, et vous verrez si le plaisir ne va pas en croissant. Il commence par une délectation très fine, et progresse peu à peu, jusqu'à cette complaisance très intense, lorsque le plaisir a atteint son apogée. N'avez-vous pas vu aussi avec quelle avidité l'enfant allaité par sa mère s'attache au sein maternel ? Ne paraît-il pas y prendre un plaisir qui augmente par une progression naturelle ?

Faudrait-il donc contredire la théorie de saint Thomas ?

Le plaisir est-il une chose tout entière à la fois, ou bien est-il essentiel au plaisir de comporter une progression, une succession, un mouvement du plus au moins ?

La question, si je ne me trompe, vaut la peine d'être examinée.

Tout ce qui touche au corps est essentiellement variable ; les dispositions corporelles prennent successivement une forme plus ou moins accentuée, et voilà comment le plaisir sensible, qui est lié à l'organisme, part d'un certain degré et atteint peu à peu son maximum (1). Mais,

---

(1) Sed si illud bonum adeptum transmutationi subjaceat, erit

c'est plutôt une succession de plaisirs, qu'une succession dans le même plaisir. C'est une succession de plaisirs, parce qu'il y a une évolution dans le temps de divers objets ou états délectables, et que, par là, les plaisirs se succèdent les uns aux autres.

Néanmoins, Aristote et saint Thomas sont dans le vrai, quand ils disent qu'essentiellement le plaisir n'est pas dans le temps, est en dehors de toute succession.

Cette vérité a une importance considérable, vous allez le voir. Si vous supposez que l'objet de l'appétit ne change pas, soit éternel, immuable, le plaisir qu'il donnera sera aussi immuable; c'est ainsi que le plaisir de l'intelligence est en dehors du temps comme le bien intellectuel, qui a quelque chose de l'éternité, de Dieu (1).

delectatio per accidens in tempore... Sicut dicitur in III *de Anima*, motus dupliciter dicitur. Uno modo, quia est *actus imperfecti*, scilicet existentis in potentia inquantum hujusmodi; et talis motus est successivus et in tempore. Alius autem motus est *actus perfecti*, id est existentis in actu, sicut intelligere, sentire, velle et hujusmodi, et etiam delectari; et hujusmodi motus non est successivus nec per se in tempore (I-II, q. xxxi, a. 2, corp. et ad 1).

(1) Conjunctioni sensibilis ad sensum adjungitur motus, qui est actus imperfectus; unde et delectationes sensibiles non sunt totæ simul, sed in eis aliquid pertransit et aliquid expectatur

Vous voyez comme la définition grecque nous met sur la voie qui conduit aux plus hauts sommets, au point de vue psychologique comme au point de vue moral.

En comparant le plaisir sensible au plaisir intellectuel, saint Thomas semble n'appliquer le caractère d'être tout à la fois, sans succession, qu'au plaisir de l'intelligence, tandis qu'Aristote l'attribuait aussi au plaisir des sens.

Saint Thomas paraît aussi hésiter dans l'explication du mot αἰσθητήν. Il dit d'abord que par ce terme, *sensibilis*, sensible, Aristote exclut les perfections des êtres insensibles, dans lesquelles il n'est point de plaisir (1). Puis, il précise davantage, et émet l'opinion que le mot d'Aristote s'applique à toute connaissance (2); il cite en

consummandum, ut patet in delectatione ciborum et venereorum; sed intelligibilia sunt absque motu, unde delectationes tales sunt totæ simul (I-II, q. XXXI, a. 5).

(1) Per hoc autem quod dicitur *sensibilis*, excluduntur perfectiones rerum insensibilium, in quibus non est delectatio (I-II, q. XXXI, a. 1).

(2) In illa definitione Philosophi *sensibile* ponitur communiter pro quacumque apprehensione; dicit enim philosophus in X *Ethic.*, cap. IV a princip., quod secundum omnem sensum est delectatio, similiter autem secundum intellectum et speculationem. Vel potest dici quod ipse definit delectationem appetitus sensitivi (I-II, q. XXXI, a. 4, ad 1).

faveur de ce sentiment ce passage de *l'Éthique à Nicomaque* : « Le plaisir est dans toute action de sentir, et semblablement dans toute action de la raison et de l'intelligence ». Seulement il ajoute : « Ou bien on peut dire qu'Aristote définit seulement le plaisir de l'appétit sensitif ».

A ce propos, je dois dire qu'à mon avis, dans le texte cité de la *Rhétorique*, Aristote a voulu seulement définir le plaisir sensible, et que, dans le passage emprunté à *l'Éthique à Nicomaque*, le mot, αἴσθησιν action de sentir, ne concerne que la sensation, car le philosophe dit ensuite (1) : « et semblablement dans toute action de la raison et de l'intelligence ». La sensation est ici opposée expressément à l'opération intellectuelle.

La pensée d'Aristote paraît bien être que tout plaisir est en soi en dehors du temps, parce que tout plaisir arrive pour couronner une perfection de l'être, sans résider essentiellement dans un mouvement successif.

Les deux textes que je vais traduire achèveront de mettre en évidence ce qu'a voulu dire le Stagirite :

(1) Κατὰ πᾶσαν γὰρ αἴσθησίν ἐστιν ἡδονή, ὁμοίως δὲ καὶ διάνοιαν καὶ θεωρίαν (Ἠθικ. Νικομ., X, IV).

« Le plaisir est un tout, et l'on ne prend pas dans un temps un plaisir dont la forme sera parfaite après un temps plus long. Ainsi, le plaisir n'est pas un mouvement : car tout mouvement est dans le temps et tend à une fin, comme la construction d'une maison est parfaite lorsque le constructeur a accompli ce qu'il désirait » (1).

Cette citation est tirée de l'*Éthique à Nicomaque*.

Rappelons-nous, à ce sujet, que saint Thomas reconnaît aussi que tout plaisir, même sensible, est essentiellement en dehors du temps.

Au surplus, il est bien vrai, comme il le dit, que le plaisir est accidentellement dans le temps lorsque l'objet délectable varie successivement, comme dans le plaisir sensible.

Voici le second texte d'Aristote que j'ai annoncé ; il est pris dans le même ouvrage, l'*Éthique à Nicomaque* (2).

« Le plaisir complète l'énergie, non pas

(1) Ὅλον γάρ τί ἐστι, καὶ κατ' οὐδένα χρόνον λάβοι τις ἂν ἡδονὴν ἧς ἐπὶ πλείω χρόνον γινομένης τελειωθήσεται τὸ εἶδος. Διόπερ οὐδὲ κίνησίς ἐστιν · ἐν χρόνῳ γὰρ πᾶσα κίνησις καὶ τέλους τινός, οἷον ἡ οἰκοδομικὴ τελεία, ὅταν ποιήσῃ οὗ ἐφίεται ('Ηθικ. Νικομ., X, IV).

(2) Τελειοῖ δὲ τὴν ἐνέργειαν ἡ ἡδονὴ οὐχ ὡς ἡ ἕξις

comme un état intérieur à l'acte, mais comme un complément qui s'y ajoute, ainsi qu'aux jeunes la fleur de l'âge ».

Vous voyez que le plaisir arrive là comme un épanouissement, comme le charme de la jeunesse vient compléter le développement du corps et de l'esprit, à ce point si séduisant et si délicat de la vie qu'on désigne heureusement par l'expression « la fleur de l'âge ».

Le plaisir s'appelle joie lorsqu'il suit la connaissance rationnelle ; or, la connaissance proprement intellectuelle agit sur l'inclination sensible par l'intermédiaire de cette raison particulière de l'homme qui est une faculté organique.

Nous pouvons avoir une joie rationnelle, intellectuelle, de tout ce qui est plaisir sensible, parce que l'intelligence est capable d'apprécier rationnellement tout ce que connaissent les sens ; et c'est là ce qui explique comment nous pouvons être responsables de nos plaisirs corporels : la volonté s'y attache ou s'en détourne.

Pouvons-nous toujours éprouver un plaisir

ἐνυπάρχουσα, ἀλλ' ὡς ἐπιγιγνόμενον τι τέλος, οἷον τοῖς ἀκμαίοις ἡ ὥρα (Ἠθικ. Νικομ., X, ιv).

sensible de ce qui nous délecte dans la région supérieure de notre être ? Malheureusement non (1). Nous pouvons fort bien avoir une jouissance intellectuelle d'un certain caractère et un plaisir sensible d'un caractère opposé. Nous pouvons arriver à mettre d'accord les deux fractions de notre être, mais nous n'y arrivons pas toujours, et nous ne sommes pas toujours tenus d'y arriver. Il peut y avoir discordance, au lieu de concordance.

Puisque nous sommes en face de cette lutte entre deux hommes qui n'en font qu'un cependant, il ne sera pas inutile de dire qu'Aristote lui-même avait classé les plaisirs intellectuels de l'âme comme étant plus intenses, plus délectables, que ceux de la partie inférieure de l'homme. Il est consolant pour nous, qui sommes si

(1) Nomen gaudii non habet locum nisi in delectatione quæ consequitur rationem ; unde gaudium non attribuimus brutis animalibus, sed solum nomen delectationis. Omne autem quod concupiscimus secundum naturam, possumus etiam cum delectatione rationis concupiscere; sed non e converso : unde de omnibus de quibus est delectatio, potest esse gaudium in habentibus rationem; quamvis non semper de omnibus sit gaudium; quandoque enim aliquis sentit aliquam delectationem secundum corpus, de qua tamen non gaudet secundum rationem. Et secundum hoc patet quod delectatio est in plus quam gaudium (I-II, q. XXXI, a. 3).

loin des Grecs, de voir qu'un philosophe païen ait eu l'esprit assez élevé pour prononcer un jugement aussi délicat.

« La philosophie (amour de la sagesse), dit-il, a des joies admirables par leur pureté et leur constance » (1).

« Ce qui est propre à chaque nature, dit-il encore, est le meilleur et le plus délectable pour chacune; et pour l'homme, c'est la vie selon l'esprit, puisque c'est cela qui est principalement l'homme » (2).

Je traduis littéralement.

Ces textes sont si beaux que saint Thomas n'a pas pu s'empêcher de mettre immédiatement à côté du premier un verset de David, dans la *Somme théologique* (3). Après avoir cité Aristote, il ajoute ce verset des *Psaumes* : « Combien tes

---

(1) Δοκεῖ γοῦν ἡ φιλοσοφία θαυμαστὰς ἡδονὰς ἔχειν καθαριότητι καὶ τῷ βεβαίῳ (Ἠθικ. Νικομ., X, vii).

(2) Τὸ γὰρ οἰκεῖον ἑκάστῳ τῇ φύσει κράτιστον καὶ ἥδιστόν ἐστιν ἑκάστῳ. Καὶ τῷ ἀνθρώπῳ δὴ ὁ κατὰ τὸν νοῦν βίος, εἴπερ τοῦτο μάλιστα ἄνθρωπος (Ἠθικ. Νικομ., X, vii).

(3) Sed contra est quod dicitur in *Psal.* cxviii : *Quam dulcia faucibus meis eloquia tua! Super mel ori meo :* et Philosophus dicit in X *Ethic.*, cap. vii, quod *maxima delectatio est quæ est secundum operationem sapientiæ* (I-II, q. xxxi, a. 5).

paroles sont douces à ma bouche ! Elles sont plus douces à mes lèvres que le miel ».

Et ce n'est pas uniquement pour faire de la poésie. Saint Thomas déploie tout ce qu'il peut avoir de finesse philosophique pour prouver la supériorité du plaisir intellectuel sur le plaisir sensible. Il considère le plaisir à deux points de vue. D'abord, au point de vue de l'opération par laquelle nous atteignons l'objet délectable, opération qui, elle-même, est un bien pour notre être et que nous pouvons aimer, et puis, par rapport à l'objet qui est cause du plaisir. Ainsi, nous pouvons aimer un objet délectable et nous pouvons aimer à connaître cet objet.

Je vous ai déjà fait remarquer, à propos du bien, que le beau vient précisément du plaisir que nous prenons à notre connaissance même. Le plaisir que nous trouvons à connaître les opérations qui nous sont propres est, à certains égards, différent de celui qui s'attache directement à un objet délectable.

Sous ces deux rapports, dit saint Thomas, le plaisir intellectuel est supérieur au plaisir sensible (1).

(1) Sic igitur prædicta actiones animæ sensitivæ et intellectivæ, et ipsæ sunt quoddam bonum operantis, et sunt etiam

En effet, la connaissance intellectuelle est plus parfaite que la connaissance par les sens. En outre, elle est mieux connue, l'intelligence se réfléchissant sur elle-même mieux qu'aucune puissance sensible ; elle est aussi plus aimée, comme étant l'apanage de l'espèce humaine. Voilà pourquoi on éprouve plus de délectation à se complaire dans les actions proprement humaines, que n'en peut donner la complaisance dans les actions animales, qui ne sont humaines que par une participation à une nature inférieure.

Si l'on considère le plaisir en rapport direct avec l'objet délectable, la même supériorité existe en faveur de la délectation intellectuelle ; parce que le bien spirituel est supérieur au bien sensible et qu'il est plus aimé ; parce que l'intel-

cognitæ per sensum et intellectum ; unde etiam ex ipsis consurgit delectatio, et non solum ex earum objectis. Si igitur comparentur delectationes intelligibiles delectationibus sensibilibus secundum quod delectamur in ipsis actionibus, puta in cognitione sensus et in cognitione intellectus, non est dubium quod multo sunt majores delectationes intelligibiles quam sensibiles... Sed si comparentur delectationes intelligibiles spirituales delectationibus sensibilibus corporalibus, sic secundum se et simpliciter loquendo delectationes spirituales sunt majores (I-II, q. XXXI, a. 5).

ligence, qui en prend possession par la connaissance, est plus noble et plus connaissante que les sens ; parce que l'union entre le bien spirituel et l'intelligence est plus intime, plus parfaite et plus durable que celle qui existe entre le bien sensible et le sens.

Néanmoins, on ne le sait que trop, les plaisirs corporels paraissent à beaucoup d'hommes préférables aux joies spirituelles. Comment expliquer cette anomalie ? Serait-ce que certains hommes sont moins hommes que d'autres ?

Saint Thomas montre ce qui se cache dans le bas-fond de cette nature humaine (1). C'est que, dit-il, pour jouir du plaisir intellectuel, il faut avoir un degré de vertu, malheureusement trop peu commun, qui donne à l'âme l'épanouis-

---

(1) Sed quoad nos delectationes corporales sunt magis vehementes propter tria. Primo, quia sensibilia sunt magis nota quoad nos quam intelligibilia. Secundo, etiam quia delectationes sensibiles, quum sint passiones sensitivi appetitus, sunt cum aliqua transmutatione corporali: quod non contingit in delectationibus spiritualibus, nisi per quamdam redundantiam a superiori appetitu ad inferiorem. Tertio, quia delectationes corporales appetuntur ut medicinæ quæ contra corporales defectus vel molestias, ex quibus tristia quædam consequuntur... Et quum plures hominum non possint attingere ad delectationes corporales, quæ sunt propriæ virtuosorum, consequens est quod declinent ad corporales (I-II, q. xxxi, a. 5, corp. et ad 1).

sement complet de sa nature. Si un homme, par vice ou par éducation, est moins homme, il est tout naturel qu'il éprouve moins de plaisir à la vie rationnelle. C'est aussi que le plaisir sensible est accompagné de modification physique; il est de l'essence de cette passion inférieure de remuer notre être jusque dans ses fondements corporels. Il y a là une jouissance en apparence plus profonde, mais qui, en réalité, n'est qu'une jouissance mieux sentie. Enfin, c'est que les plaisirs sensibles sont des remèdes à des douleurs corporelles, et même à des tristesses intérieures. Ils sont comme le bien spécial de notre existence en ce monde; nous les recherchons comme compensation des peines de la vie, et plus nous avons souffert, plus nous sentons vivement la délectation sensible qui nous dédommage. Nous sommes ainsi entraînés à plus aimer les plaisirs du corps que les joies de l'âme.

Saint Thomas, après avoir mis en parallèle les genres de plaisirs, compare les plaisirs sensibles entre eux. Le sens qui donne objectivement le plus de plaisir, est le tact sous toutes ses formes ; parce que le tact nous met en communication, au moyen d'un usage, d'une possession matérielle, avec les objets qui sont nécessaires à la conservation de notre vie, ce que nous aimons le plus par un instinct naturel. Si, cependant, il s'agit du plaisir que nous prenons à la connaissance même que nous donnent les sens, alors il n'en est plus de même, et ce n'est pas le tact qui donne le plus de jouissance, c'est la vue (1) ; parce qu'elle nous met en rapport avec les objets, non pas par un usage matériel, mais par la connaissance. Voilà pourquoi la vue est le sens artistique par excellence ; par elle surtout, on perçoit les choses dont la connaissance plaît.

J'ajouterai une observation. Il faut bien le dire, pour expliquer tous les faits : il existe des plaisirs qui ne paraissent pas conformes aux tendances naturelles. Par éducation, par vice, par maladie, on peut prendre du plaisir à certains objets, à certains actes, qui sont contre nature (2).

---

(1) Si igitur loquamur de delectatione sensus quæ est ratione cognitionis, manifestum est quod secundum visum est major delectatio quam secundum aliquem alium sensum. Si autem loquamur de delectatione sensus quæ est ratione utilitatis, sic maxima delectatio est secundum tactum : utilitas enim sensibilium attenditur secundum ordinem ad conservationem naturæ animalis ; ad hanc autem utilitatem propinquius se habent sensibilia tactus (I-II, q. XXXI, a. 6).

(2) Ita igitur contingit quod id quod est contra naturam hominis, vel quantum ad rationem, vel quantum ad corporis conservationem, fiat huic homini connaturale propter aliquam cor-

Les médecins ne sont-ils pas souvent obligés d'éloigner les malades de ce qui leur plaît accidentellement ? De même, dans l'ordre moral, on voit en certains êtres humains une disposition dépravée, contraire à ce qu'est l'inclination dans un homme sain. Ces anomalies viennent de ce que la maladie, le vice, les mauvaises habitudes créent en quelque sorte une nature factice, qui est une déviation de la nature primitive.

II. — Voyons maintenant quelles sont les causes du plaisir.

La première cause est l'opération, l'action même de celui qui jouit (1).

En effet, le plaisir naît de la possession du bien et de la connaissance de cette possession. Or, nous acquérons et possédons le bien par une opération. En outre, pour connaître l'état d'où naît le plaisir, l'union avec nous de l'objet délectable, il faut que nous produisions une certaine opération, une certaine action. Enfin,

---

ruptionem naturæ in eo existentem (I-II, q. xxxi, a. 7).

(1) Ad delectationem duo requiruntur : scilicet consecutio boni convenientis et cognitio hujusmodi adeptionis. Utrumque autem horum in quadam operatione consistit... Unde oportet quod omnis delectatio aliquam operationem consequatur (I-II, q. xxxii, a. 1).

l'acte par lequel nous saisissons l'objet peut être lui-même considéré comme délectable.

Voilà donc trois points par lesquels l'action est la cause principale du plaisir.

Cependant, pour donner une jouissance, l'opération doit être proportionnée à nos dispositions actuelles (1). Si l'on dépasse une certaine mesure, s'il y a excès, ce qui produisait du plaisir engendre de la douleur. Toute action trop longue, dans les actes physiques, donne cette fatigue que tout le monde connaît.

Mais il y a plus que cela. N'allez-vous pas me dire que vous connaissez des paresseux, des hommes qui trouvent plaisir à ne rien faire, dont toute la délectation semble être à ne pas agir, qui se complaisent dans l'inaction ? Ce n'est donc pas l'opération, semble-t-il, qui est cause principale du plaisir. Et ne pourrait-on pas dire que nous sommes tous paresseux à un certain degré ?

Voici l'explication. Le paresseux est prédis-

---

(1) Operationes sunt delectabiles inquantum sunt proportionatæ et connaturales operanti. Quum autem virtus humana sit finita, secundum aliquam mensuram operatio est sibi proportionata: unde, si excedat illam mensuram, jam non erit sibi proportionata nec delectabilis, sed magis laboriosa et attædians (I-II, q. xxxii, a. 1, ad 3).

posé de telle manière que la moindre action le fatigue : aussi entrevoit-il l'action, tout de suite, comme un excès. Que ce soit une prédisposition de naissance, d'éducation ou de maladie, on est paresseux parce qu'on aperçoit une fatigue dans l'action. Et cependant, au fond, c'est encore dans quelque action que réside le plaisir de la paresse. Le paresseux aime cette opération cachée, cette action lente de la vie, qui lui donne un plaisir faible, mais qu'il trouve par cela même plus délicat ; il se sent vivre, il se laisse vivre, il respire avec plaisir. Il conserve encore quelque chose de l'opération dans cet acte vital si atténué, et c'est parce qu'il agit encore, qu'il éprouve du plaisir.

Quelle est la seconde cause du plaisir ? C'est le mouvement (1).

Est-ce dans tous les êtres une cause de plaisir ? Nous allons voir que non : mais c'est une cause de plaisir pour les êtres changeants que nous sommes.

---

(1) Ad delectationem tria requiruntur : scilicet bonum delectans, conjunctio delectabilis, et tertium quod est cognitio hujus conjunctionis. Et secundum hæc tria motus efficitur delectabilis, ut Philosophus dicit, in VII *Ethic.*, cap. xn, et in I *Rhet.*, cap. xi (I-II, q. xxxii, a. 2).

Saint Thomas, avec cette bonhomie qui se révèle à chaque page de ses œuvres, même dans la *Somme théologique*, fait observer que nous ne sommes pas les mêmes l'été et l'hiver : l'été nous avons besoin de fraîcheur, et de chaleur l'hiver. Or, c'est précisément parce que nous ne sommes [pas toujours les mêmes, que nous aimons le mouvement, dans le sens de variation ; nous voulons varier nos sensations, parce que ce qui nous convient à un moment, ne nous est plus approprié plus tard.

Nous aimons aussi le changement parce que trop de durée, dans la même opération, nous donne naturellement de la lassitude.

Enfin, et voici la cause la plus profonde, nous aimons le mouvement parce que nous n'obtenons pas immédiatement et totalement ce qui nous est délectable. Il nous faut travailler, il nous faut nous mouvoir, pour prendre peu à peu tout ce que nous pouvons en acquérir. Voilà pourquoi nous aimons le mouvement. Nous cherchons à avancer dans le plaisir, parce que, ne pouvant avoir tout notre plaisir à la fois, nous nous efforçons d'atteindre successivement le plus de plaisir possible.

Saint Thomas pose ici, comme corollaire, une

observation d'une haute portée (1). « Si donc, dit-il, on suppose un être dont la nature ne soit point changeante, ni sujette à un état excessif par continuation du plaisir, et qui puisse connaître d'une seule vue son objet délectable dans sa totalité, le changement ne lui donnera pas de plaisir ; et plus certaines délectations se rapprochent de cet idéal, plus elles peuvent se continuer uniformes ».

Cet être immuable, sans lassitude, jouissant dans une indivisible éternité de son bonheur parfait, vous l'avez nommé : c'est Dieu. Et ce qui se rapproche le plus de la délectation de cet être premier, existant en soi, c'est le plaisir intellectuel, c'est une joie qui ne réside pas dans le changement ; la vérité que contemple l'intelligence est immuable, et l'acte contemplatif est, dans sa perfection, une opération immobile.

Il y a dans le mouvement un principe que saint Thomas met en lumière, c'est que le mou-

(1) Si ergo sit aliqua res cujus natura sit intransmutabilis, et non possit in ea fieri excessus naturalis habitudinis per continuationem delectabilis, et quæ possit totum suum delectabile simul intueri, non erit transmutatio delectabilis : et quanto aliquæ delectationes plus ad hoc accedunt, tanto plus continuari possunt (I-II, q. XXXII, a. 2).

vement tend vers quelque chose pour le posséder et implique déjà un commencement de possession (1). Il se développe d'une manière continue, et c'est cela qu'on aime dans les plaisirs corporels. Dans la satisfaction, par exemple, de la faim et de la soif, nous allons successivement à un plaisir plus complet, et celui que nous éprouvons est un avant-goût de celui qui va suivre.

L'espérance est une autre cause de plaisir (2).

Mais, comment l'espérance, qui est une tendance vers un bien futur, peut-elle produire le plaisir, qui est, au contraire, dans le bien présent ?

Dans l'espérance le bien est futur, mais il est présent par l'imagination. Néanmoins, le plaisir

---

(1) Id quod movetur, etsi nondum habeat perfecte id ad quod movetur, incipit tamen jam aliquid habere ejus ad quod movetur; et secundum hoc ipse motus habet aliquid delectationis (I-II, q. xxxii, a. 2, ad 1).

(2) Maxima est delectatio quæ fit per sensum, qui requirit præsentiam rei sensibilis; secundum autem gradum tenet delectatio spei, in qua non solum est delectabilis conjunctio secundum apprehensionem, sed etiam secundum facultatem vel possibilitatem adipiscendi bonum quod delectat; tertium autem gradum tenet delectatio memoriæ, quæ habet solam conjunctionem apprehensionis (I-II, q. xxxii, a. 3).

de l'espérance est moindre que celui de la présence réelle du bien, parce que l'union avec l'objet par l'imagination est moins positive.

Le souvenir, lui aussi, est délectable, parce que par la mémoire le bien est encore en quelque façon présent. Cependant, le souvenir cause moins de plaisir que l'espérance, parce qu'il donne seulement une représentation, tandis que l'espérance y joint l'appréciation de la possibilité d'acquisition réelle.

Et la tristesse ? N'est-il pas surprenant que la tristesse soit cause de plaisir ? Eh ! qui n'a bien des fois pris un amer plaisir à verser des larmes ? Quelle est la cause de cette singulière délectation ? Il est intéressant de le rechercher.

Saint Thomas remarque qu'on aime à pleurer un ami absent, parce qu'on trouve du plaisir à penser à lui en le regrettant : c'est la mémoire qui mêle de la joie aux larmes.

Il y a un autre point de vue : le souvenir d'une tristesse passée rend plus délectable le plaisir présent (1). On a été triste, mais on ne l'est plus,

(1) Tristitia quidem in actu existens est causa delectationis, inquantum facit memoriam rei dilectæ, de cujus absentia aliquis tristatur, et tamen de sola ejus apprehensione delectatur. Memoria autem tristitiæ fit causa delectationis propter subsequen-

et le contraste donne de la joie. Saint Thomas cite cette maxime de saint Augustin : « Plus grand a été le péril dans le combat, plus grande est la joie dans le triomphe ». Il y a certaines époques, dans la vie et dans l'histoire, où cette parole s'applique d'une manière trop visible. Plus on a souffert, plus on a lutté, plus on aime à arriver au bout de la lutte, à ce que saint Augustin appelle le triomphe.

Les opérations, les actions d'autrui sont aussi une cause de plaisir (1).

tem evasionem; nam carere malo accipitur in ratione boni! unde, secundum quod homo apprehendit se evasisse ab aliquibus tristibus et dolorosis, accrescit ei gaudii materia; secundum quod Augustinus... in VIII *Confess.* dicit, cap. III ante med., quod *quanto majus fuit periculum in prælio, tanto majus erit gaudium in triumpho* (I-II, q. XXXII, a. 4).

(1) Ad delectationem duo requiruntur : scilicet consecutio proprii boni et cognitio proprii boni consecuti. Tripliciter ergo operatio alterius potest esse delectationis causa. Uno modo, inquantum per operationem alicujus consequimur aliquod bonum.... Alio modo, secundum quod per operationes aliorum efficitur nobis aliqua cognitio vel aliqua æstimatio proprii boni. Et propter hoc homines delectantur in hoc quod laudantur vel honorantur ab aliis, quia scilicet per hoc accipiunt æstimationem in seipsis aliquod bonum esse...: et quia amor est alicujus boni et admiratio est alicujus magni, idcirco amari ab aliis et in admiratione haberi est delectabile, inquantum per hoc fit homini æstimatio propriæ bonitatis vel magnitudinis, in quibus aliquis delectatur. Tertio modo, inquantum ipsæ ope-

C'est, d'abord, lorsque les autres hommes nous font du bien.; dans ce cas, leurs actions mêmes nous font plaisir, pour le bien qu'elles nous procurent.

D'autres fois, les actions humaines ne semblent pas augmenter notre bien, comme par exemple celle de nous louer, de nous faire des compliments. Comment se fait-il que cette action fasse plaisir à celui que l'on complimente ?

Ici, nous retrouvons ce que je vous ai signalé : l'amour de soi se cache au fond de toute inclination. Nous aimons la louange parce qu'elle nous fait paraître, à nos yeux, plus excellents que les autres ; et saint Thomas fait observer que certains hommes aiment à être loués même par ceux qu'ils n'estiment guère.

L'amour d'un ami pour nous est aussi une opération. Pourquoi nous fait-il plaisir ?

Saint Thomas, avec sa simplicité, ne craint pas de dire qu'il nous est agréable parce que nous nous complaisons dans la préférence que

---

rationes aliorum, si sint bonæ, æstimantur ut bonum proprium propter vim amoris, qui facit æstimare amicum quasi eumdem sibi ; et propter odium, quod facit æstimare bonum alterius esse sibi contrarium, efficitur mala operatio inimici delectabilis (I-II, q. XXXII, a. 5).

cet ami nous donne sur les autres hommes. Vous surprenez encore cet amour de soi, qui est au fond de toute amitié, même la plus respectable.

De même, l'admiration nous fait plaisir, parce qu'elle nous donne la persuasion que nous sommes vraiment grands.

Allons plus loin. Les bonnes actions, considérées en elles-mêmes, d'une personne que nous aimons, les vertus actives de quelqu'un que nous estimons, pourquoi nous font-elles plaisir ?

Eh bien ! ici encore, l'amour de soi n'est pas étranger à la délectation. C'est parce que nos amis sont comme d'autres nous-mêmes, que nous aimons leurs vertus, leurs qualités, comme un prolongement de notre propre être. On est heureux et fier d'avoir des amis vertueux ; il semble qu'on en est soi-même grandi. Cela n'est pas mauvais ; c'est un mouvement naturel, mais il faut reconnaître qu'il cache cet amour de soi, que nous avons plusieurs fois remarqué.

Inversement, les mauvaises actions d'un homme que nous haïssons nous sont délectables, parce que son mal est notre bien, de même que son bien est notre mal.

La bienfaisance est, par un motif analogue, une cause de plaisir.

Saint Thomas dit qu'au point de vue de l'effet, au point de vue de la fin, au point de vue du principe, nous éprouvons du plaisir à la bienfaisance (1). Au point de vue de l'effet, parce que faire du bien à un homme que nous aimons, c'est en quelque sorte nous faire du bien à nous-mêmes, toujours pour cette raison que l'ami est un autre nous-mêmes. Ainsi, à la joie même de la bienfaisance l'amour de soi n'est pas étranger. La bienfaisance est délectable, au point de vue de la fin, lorsque nous en espérons une récompense. Enfin, au point de vue du principe, lorsque nous avons l'a-

---

(1) Benefacere alteri potest tripliciter esse delectationis causa. Uno modo, per comparationem ad effectum, quod est bonum in altero constitutum ; et secundum hoc, inquantum bonum alterius reputamus quasi nostrum bonum propter unionem amoris, delectamur in bono quod per nos fit aliis, præcipue amicis, sicut in bono proprio. Alio modo, per comparationem ad finem ; sicut quum aliquis, per hoc quod alteri benefacit, sperat consequi aliquod bonum sibi ipsi... Tertio modo, per comparationem ad principium ; et sic hoc quod est benefacere alteri potest esse delectabile per comparationem ad triplex principium : quorum unum est facultas benefaciendi... ; aliud principium est habitus inclinans... ; tertium principium est motivuum (I-II, q. XXXII, a. 6).

bondance suffisante pour faire du bien, nous sommes heureux, nous jouissons du plaisir de la bienfaisance, parce que nous estimons que notre richesse nous donne une supériorité. Il y a aussi des dispositions naturelles qui portent à faire le bien ; des hommes viennent au monde plus inclinés à la bienfaisance : la satisfaction de ce penchant naturel est un plaisir. On peut encore prendre plaisir à la bienfaisance parce qu'on fait plaisir à un ami en obligeant une autre personne : le plaisir de ceux que nous aimons est, par l'amitié, notre propre plaisir.

Faire le mal même d'un ennemi n'est pas délectable, en soi, en tant qu'opération nuisible. Ce n'est pas le mal, à proprement parler, que nous aimons, car l'homme n'aime pas faire le mal ; c'est le bien qui en résulte pour nous (1). Quand deux ennemis sont en présence, ils espèrent l'emporter l'un sur l'autre, ils soupirent après la victoire, non pas pour le plaisir de détruire, mais pour la joie de vaincre. Or, vaincre,

(1) Vincere, redarguere et punire non est delectabile inquantum est in malum alterius, sed inquantum pertinet ad proprium bonum, quod plus homo amat quam odiat malum alterius... Et sic patet quod benefacere alteri per se potest esse delectabile ; sed malefacere alteri non est delectabile, nisi inquantum videtur pertinere ad proprium bonum (I-II, q. xxxii, a. 6, ad 3).

c'est être supérieur : c'est son propre bien qu'on cherche, et non pas le mal d'autrui.

Saint Thomas conclut que la bienfaisance est plus directement délectable que l'action de faire le mal.

Une autre cause de plaisir se rapporte directement à l'amour, c'est la similitude. Nous prenons plaisir à ce qui nous ressemble, parce que nous aimons ce qui nous ressemble (1).

Nous avons vu, en parlant de l'amour, que l'homme aime son semblable, et aime tout ce qui a un rapport de conformité avec la nature humaine. Or, le plaisir est le terme des passions d'amour. Il est donc naturel que la similitude soit une cause de plaisir. En effet, nous voyons les jeunes rechercher les jeunes et, dans une certaine mesure, les hommes doués d'aptitudes particulières rechercher ceux qui ont des aptitudes pareilles. Je dis : dans une certaine mesure,

---

(1) Similitudo est quædam unitas : unde id quod est simile, inquantum est unum, est delectabile, sicut et amabile, ut supra dictum est, q. xxvii, a. 3. Et si quidem id quod est simile proprium bonum non corrumpat, sed augeat, est simpliciter delectabile, puta homo homini et juvenis juveni. Si vero sit corruptivum proprii boni, sic per accidens efficitur fastidiosum vel contristans, non quidem inquantum est simile et unum, sed inquantum corrumpit id quod est magis unum (1-II, q. xxxii, a. 7

parce que, nous l'avons remarqué à propos de l'amour, certaines ressemblances produisent une concurrence entre les hommes, et engendrent une jalousie opposée à l'amour et accompagnée de tristesse plutôt que de plaisir.

A un autre point de vue, la similitude ne produit pas toujours le plaisir. En effet, nous savons trop bien que l'augmentation par similitude des plaisirs corporels amène facilement la satiété, et même le dégoût. Donc, il y a une limite, il y a une mesure, dans cet accroissement. Cette mesure, c'est celle qu'indique la disposition même du sujet humain. Si l'on dépasse cette proportion que la nature commande, ce n'est plus le plaisir qu'on recueille, c'est la peine.

Il est une autre circonstance où le plaisir naît plutôt de la dissimilitude que de la ressemblance. N'est-il pas vrai que la tristesse recherche la distraction, une diversion à la peine qu'éprouve l'homme triste (1)? Cette distraction n'est pas

---

(1) Id in quo delectatur tristatus, etsi non sit simile tristitiæ, est tamen simile homini contristato; quia tristitiæ contrariantur proprio bono ejus qui tristatur, et ideo appetitur delectatio ab his qui in tristitia sunt, ut conferens ad proprium bonum, inquantum est medicativa contrarii (I-II, q. XXXII, a. 7, ad 2).

une ressemblance, tout au contraire. Vous voyez qu'ici la similitude augmenterait la douleur, au lieu de la diminuer. La tristesse est contraire à la nature humaine, et tout ce qui serait dans le même sens provoquerait de la douleur dans l'âme, et non pas du plaisir.

Il faut donc, quand on est dans la peine, chercher à se distraire ; il faut chercher autre chose que ce qu'on éprouve, changer, faire diversion. C'est le contraire de la similitude. De là vient que les hommes et même les animaux, dans leur jeunesse, aiment la distraction, aiment le changement, parce qu'il se produit en eux un travail pénible pour le développement de la vie. Voilà l'explication de cette recherche du plaisir par variation, au lieu de la recherche par similitude. Il est aussi des hommes qui, par tempérament, ont une mélancolie naturelle, d'où naît dans leur âme un désir constant de variation, de changement. Cette disposition interne leur donne une tristesse qui, loin de leur faire rechercher le semblable, les porte toujours à la diversion.

Une dernière cause du plaisir est l'admiration (1). C'est celle qui produit surtout la délec-

---

(1) Admiratio est causa delectationis, inquantum habet adjunctam spem consequendi cognitionem ejus quod scire deside-

tation esthétique dans les arts. Le principe profond du plaisir dans l'admiration, c'est le désir et l'espoir de connaître ce qu'on ignore, la joie d'exercer notre connaissance en comparant entre elles les choses rares.

Nous avons vu que le plaisir du beau réside dans la jouissance que nous donne l'action même de connaître, plutôt qu'il ne nous vient des objets eux-mêmes. Par conséquent, lors même que, dans un spectacle, nous avons une émotion de douleur, si nous aimons à analyser, par notre connaissance intelligente, les péripéties de ce drame qui se déroule devant nous, si nous goûtons intimement la joie toute humaine de comparer entre elles les circonstances qui nous émeuvent, nous pouvons éprouver du plaisir dans cette douleur (1). Aimer à pleurer au théâtre est une passion en appa-

---

rat. Et propter hoc omnia admirabilia sunt delectabilia, sicut quæ sunt rara, et omnes representationes rerum, etiam quæ in se non sunt delectabiles : gaudet enim anima in collatione unius ad alterum ; quia conferre unum alteri est proprius et connaturalis actus rationis, ut Philosophus dicit in sua *Poetica*, cap. IV (I-II, q. XXXII, a. 8).

(1) Dolor ipse potest esse delectabilis per accidens, inquantum scilicet habet adjunctam admirationem, ut in spectaculis (III, q. XXXV, a. 3, ad 2).

rence contradictoire, et néanmoins tout à fait conforme à notre nature, précisément par le sentiment d'admiration qui est au fond de cette émotion de l'homme. Cette douleur, accompagnée de plaisir, dans la contemplation des spectacles, a aussi une autre cause, qu'analyse fort bien saint Thomas : c'est que nous nous intéressons, par sympathie, par amour, aux personnages représentés devant nous dans le drame (1). Bien qu'elle soit une émotion pénible, cette sympathie, qui est de l'amour, produit un certain plaisir, comme tout amour engendre une délectation.

Voilà, si je ne me trompe, les principales causes de la joie qui naît dans l'admiration, et de ce plaisir mêlé de douleur, qui nous charme dans les spectacles émouvants.

III. — Quels sont maintenant les effets du plaisir ?

Le premier effet est une certaine dilatation de l'être. Mais qu'est-ce à dire ? Faut-il l'entendre au sens propre ou au sens figuré ?

(1) Et propter hoc etiam dolores in spectaculis possunt esse delectabiles, inquantum in eis sentitur aliquis amor conceptus ad illos qui in spectaculis commemorantur (I-II, q. XXXV, a. 3, ad 2).

En ce qui concerne l'âme, saint Thomas ne craint pas de dire que ce mot, dilatation, est une métaphore. Il analyse avec sa sagacité ordinaire les faits qu'elle exprime(1). L'homme se dilate, dit-il, quand il est dans la joie, dans le plaisir, parce qu'il sent augmenter son être par l'addition de ce bien qui le réjouit. Il saisit par la connaissance une majoration, apparente du moins, de sa valeur personnelle. Voilà comment l'homme se dilate en lui-même, quand il est joyeux. Il y a une autre explication de cette métaphore : c'est au point de vue de l'affection. Sous ce rapport, l'âme se dilate, comme pour embrasser plus largement le bien qu'elle aime, et dans lequel elle se complaît. Elle ouvre toutes ses puissances, en quelque manière, pour se reposer dans la possession de ce bien, dont elle est joyeuse. C'est ainsi que l'homme, dans le plaisir, se **sent agrandi et dilaté.**

Le plaisir produit la soif de lui-même : expliquons ces mots.

(1) Latitudo est quædam dimensio magnitudinis corporalis; unde in affectionibus animæ non nisi secundum metaphoram dicitur. Dilatatio autem dicitur quasi motus ad latitudinem, et competit delectationi secundum duo, quæ ad delectationem requiruntur: quorum unum est ex parte apprehensivæ virtutis... aliud autem est ex parte appetitivæ virtutis (I-II, q. xxxIII, a. 1)

On peut considérer le plaisir en acte, le plaisir actuel, ou bien le plaisir en souvenir. Il y a une certaine actualisation dans tout souvenir ; mais l'objet n'est pas présent réellement, il ne l'est que par la mémoire.

Comment le plaisir en acte cause-t-il la soif de lui-même ?

On peut entendre par soif le désir d'un plaisir, et cela de deux façons : soit comme une soif de ce qu'on n'a pas encore ; soit, par extension, comme un amour, sans satiété, de ce qu'on possède.

Au premier sens, le plaisir produit la soif de lui-même toutes les fois qu'il est imparfait, qu'il est susceptible d'être augmenté, ou, du moins, d'être suivi par un plaisir semblable plus grand ; et cette augmentation peut se produire, soit que l'objet soit imparfait, soit que le sujet, l'homme, par exemple, soit lui-même imparfait (1).

---

(1) Sed contingit rem præsentem non perfecte haberi ; et hoc potest esse vel ex parte rei habitæ vel ex parte habentis. Ex parte quidem rei habitæ, eo quod res habita non est tota simul, unde successive recipitur, et, dum aliquis delectatur in eo quod habet, desiderat potiri eo quod restat... Ex parte autem ipsius habentis, sicut quum aliquis aliquam rem in se perfectam existentem non statim perfecte habet, sed paulatim acquirit, sicut in mundo isto percipientes aliquid imperfecte de divina cogni-

L'imperfection de l'objet se présente toutes les fois qu'une chose commencée donne un commencement de plaisir. Saint Augustin avait remarqué que, lorsqu'on entend lire un vers, à l'audition duquel on se délecte, on attend avec impatience la fin de la lecture. Il en est de même dans tous les plaisirs corporels. Vous avez vu l'enfant, quand il prend une boisson qui lui plaît : il a soif de continuer ce plaisir, et l'on voit que cette soif est la conséquence même du plaisir qu'il éprouve.

Si c'est le sujet qui est imparfait et incapable de saisir tout à la fois l'objet qui le délecte, il a soif d'en prendre une plus ample possession. C'est ainsi que l'homme, n'ayant qu'une connaissance imparfaite de Dieu, a soif de le connaître davantage.

J'ai dit que le plaisir en acte cause la soif de lui-même au point de vue d'une affection sans satiété ; ici, il faut distinguer entre les plaisirs spirituels et les plaisirs sensibles (1).

tione delectamur, et ipsa delectatio excitat sitim vel desiderium perfectæ cognitionis... (I-II, q. xxxiii, a. 2).

(1) Si vero per sitim vel desiderium intelligatur sola intensio affectus tollens fastidium, sic delectationes spirituales maxime faciunt sitim vel desiderium ipsarum (I-II, q. xxxiii, a. 2).

Les plaisirs spirituels donnent vraiment cette soif. Plus on en jouit, plus on veut en jouir ; là, point de dégoût, mais une complaisance croissante dans l'objet qui délecte.

Dans les plaisirs sensibles, au contraire, la satiété arrive vite, parce que ces plaisirs, liés au corps, n'ont pas dans leur objet la capacité d'un développement indéfini ; ils ont un apogée qu'ils atteignent rapidement : un degré de plus donne la peine à la place du plaisir.

Si l'on considère maintenant le plaisir dans la mémoire, celui dont l'objet est dans le souvenir, on voit qu'il donne la soif, le désir de lui-même, à la condition que l'on revienne dans la même disposition où l'on était lorsqu'on a éprouvé le premier plaisir (1). Si, au contraire, la disposition est changée, le souvenir engendre une tristesse, un dégoût, au lieu d'une délectation et d'un désir. Voyez, par exemple, ce qui arrive lorsque l'homme vicieux, converti au bien, se rappelle le plaisir désordonné qu'il a pris dans la première partie de sa vie ; il éprou-

(1) Si vero consideretur delectatio prout est in memoria et non in actu, sic per se nata est causare sui ipsius sitim et desiderium, quando scilicet homo redit ad illam dispositionem in qua erat sibi delectabile quod præteriit (I-II, q. xxxII, a. 2).

ve un regret, une douleur intérieure, au lieu du plaisir goûté d'abord. Il faut donc, pour que le souvenir du plaisir passé soit délectable, que l'on soit encore dans la même disposition.

Voici maintenant un effet terrible du plaisir : c'est l'empêchement qu'il apporte à l'usage de la raison.

Comme je tiens à vous faire connaître, en toute occasion, ce que j'appellerai la manière de saint Thomas, vous me permettrez ici encore d'exposer, aussi exactement que je pourrai, l'analyse délicate qu'il fait des causes de cet empêchement.

Comment se fait-il que le plaisir, qui est conforme à la nature humaine, soit un obstacle à l'usage de la raison ? Il semble qu'il y ait là contradiction.

N'oublions pas que cet effet ne se produit que lorsqu'il s'agit de plaisirs sensibles, dépendant des puissances animales de l'homme, et par conséquent de la vie corporelle.

Or, le plaisir déplace le mouvement vital (1). Pour le bien comprendre, il faut se rappeler que

---

(1) Sed delectationes corporales impediunt usum rationis triplici ratione. Primo quidem, ratione distractionis, quia, sicut jam dictum est, q. IV, a. 1, ad 3, ad ea in quibus delectamur, multum attendimus (I-II, q. xxxIII, a. 3).

toutes les facultés de l'homme prennent leur source première dans un principe unique, qui est l'âme elle-même. Mais l'homme n'a qu'une certaine dose d'énergie à sa disposition. Si cette énergie, qui vient de l'âme, est portée d'une manière excessive d'un côté, cette pauvre âme en manquera de l'autre. C'est ce qui arrive dans le plaisir ; si, par cette complaisance, l'âme applique trop sa vie au sensible, elle n'a plus assez de vitalité, d'énergie, pour faire usage de sa raison. Par cette déviation d'activité, le plaisir sensible exagéré empêche l'usage convenable des facultés rationnelles.

Il y a une autre explication, qu'Aristote avait nettement aperçue, avec cette finesse dont nous avons déjà cité plusieurs exemples. Cette explication, la voici : Le plaisir par lui-même diminue, corrompt dans l'homme l'appréciation de prudence, ce jugement qui dirige l'action pratique (1). Pourquoi ? Parce que celui qui s'adonne à un plaisir exagéré, aime l'objet de ce plai-

---

(1) Secundo, ratione contrarietatis ;... et per hunc modum Philosophus dicit, in VI *Ethic.*, cap. v, quod *delectationes corporales corrumpunt existimationem prudentiæ* (I-II, q. xxxiii, a, 3).

sir d'une affection démesurée ; dès lors, par la concordance qui lie entre elles les facultés de l'âme, les proportions sont changées dans la connaissance, l'homme n'a plus la prudence nécessaire pour se bien conduire ; impressionnée par le désordre de la jouissance, la raison pratique est troublée et obscurcie.

Une dernière explication est plus grave encore : le plaisir sensible excessif arrête l'activité intellectuelle, en blessant les facultés de connaissance liées à l'organisme (1). Voyez l'homme en état d'ivresse, pour s'être trop abandonné à une jouissance corporelle qui, dans une certaine mesure, pouvait être la satisfaction raisonnable d'un besoin de la nature. Son imagination divague, sa mémoire ne lui donne que des images incohérentes ou ordonnées toujours dans le même sens, son appréciation des rapports entre les choses est pleine de confusion. Comment la raison pourrait-elle se reconnaître au milieu d'un

---

(1) Tertio modo, secundum quamdam ligationem, inquantum scilicet ad delectationem corporalem sequitur quædam transmutatio corporalis, major etiam quam in aliis passionibus, quanto vehementius afficitur appetitus ad rem præsentem quam ad rem absentem : hujusmodi autem corporales perturbationes impediunt usum rationis, sicut patet in vinolentis, qui habent usum rationis ligatum vel impeditum (I-II, q. xxxiii, a. 3).

pareil chaos? Elle est troublée elle-même et s'immobilise, ne sachant plus comment débrouiller cet écheveau du cerveau humain. Bien plus, si l'homme s'avance encore dans le plaisir, ce n'est plus un homme, il devient semblable à la bête ; son intelligence est comme anéantie.

Pour nous soulager, contemplons un effet heureux du plaisir. Le plaisir perfectionne l'opération (1).

D'abord, il est lui-même une perfection. Nous avons vu que le plaisir est surajouté aux actions de l'être sensible, comme un complément heureux, à la façon de la jeunesse, qui embellit de sa fleur le développement de l'être humain : c'est la comparaison d'Aristote.

D'autre part, le plaisir perfectionne toute opération, en facilitant l'action elle-même. Si nous prenons plaisir à agir, la jouissance, qui nous

---

(1) Delectatio dupliciter operationem perficit. Uno modo, per modum finis...; et secundum hoc dicit Philosophus, in X *Ethic.*, cap. IV, quod *delectatio perficit operationem sicut quidam superveniens finis*... Secundo modo, ex parte causæ agentis;... indirecte autem, inquantum scilicet agens, quia delectatur in sua actione, vehementius attendit ad ipsam et diligentius eam operatur; et secundum hoc dicitur in X *Ethic* cap. v, quod *delectationes adaugent proprias operationes et impediunt extraneas* (I-II, q. XXXIII, a. 4).

captive, nous fait donner plus d'attention à notre action même, et nous la faisons mieux. Voilà comment le plaisir, achèvement de l'amour, perfectionne l'opération elle-même.

Aussi, n'est-il nullement nuisible, tout au contraire, de prendre plaisir à l'exercice des facultés intellectuelles. Si l'homme prend plaisir à contempler la vérité, à rechercher le vrai, le beau et le bien, il perfectionne ses puissances vraiment humaines ; ses joies spirituelles augmentent l'activité de sa raison et de sa volonté.

Voilà ce que j'avais à vous dire sur la nature, les causes et les effets du plaisir.

II

LA DOULEUR.

I. — Nature de la douleur. Comparaison avec le plaisir. La joie de la contemplation n'a pas de douleur contraire.
II. — Causes de la douleur. 1° Le mal présent, cause objective. 2° Le désir, lorsqu'il trouve un retard ou un obstacle. 3° Une force dominante contraire à l'inclination.
III. — Effets de la douleur. 1° Obstacle à l'intelligence, par déviation des forces de l'âme. 2° Appesantissement de l'âme : métaphore. 3° Affaiblissement de l'action. 4° Diminution de la vie du corps. — Remèdes à la douleur.

I. — Examinons maintenant la passion contraire au plaisir, la douleur.

La douleur est à l'égard du mal ce que le plaisir est à l'égard du bien(1). Le plaisir est l'émotion qui naît dans l'âme en face d'un bien pré-

(1) Sicut ad delectationem duo requiruntur, scilicet conjunctio boni et perceptio hujusmodi conjunctionis; ita etiam ad dolorem duo requiruntur, scilicet conjunctio alicujus mali, quod ea ratione est malum quia privat aliquo bono, et perceptio hujusmodi conjunctionis (I-II, q. XXXV, a. 1).

sent. La douleur est l'émotion produite dans l'âme par un mal présent.

La tristesse est par rapport à la douleur ce que la joie est par rapport au plaisir (1). C'est une douleur intérieure, due à la présence d'un objet affligeant dans les facultés internes de l'homme, l'imagination, la mémoire ou l'entendement. De même, on peut appeler joie tout plaisir de l'âme suscité par la présence d'un objet agréable dans ces facultés internes.

Il est très important de se rendre bien compte de la contrariété, de l'opposition, qui existe entre le plaisir et la douleur.

Par l'objet, nous voyons que ces deux passions sont contraires (2) ; d'un côté un bien, de l'autre un mal : la contrariété est manifeste.

Eu égard à la direction du mouvement passionnel, l'opposition est aussi évidente. Le plaisir correspond à la poursuite du bien ; la jouissance marque le terme de ce mouvement. La

---

(1) Sola igitur illa delectatio quæ ex interiori apprehensione causatur, gaudium nominatur, ut supra dictum est, q. xxxı, a. 3; et similiter ille solus dolor qui ex apprehensione interiori causatur, nominatur tristitia (I-II, q. xxxv, a. 2).

(2) Quum objecta delectationis et tristitiæ seu doloris sint contraria, scilicet bonum præsens et malum præsens, sequitur quod dolor et delectatio sint contraria (I-II, q. xxxv, a. 3).

douleur implique un mouvement en sens inverse, un éloignement.

Il y a donc différence de genre entre ces deux passions. Dans l'une, l'âme va vers l'objet ; dans l'autre, elle se retire.

Il s'ensuit que, si elles ont rapport au même objet, considéré, par exemple, comme un bien d'abord, comme un mal ensuite, ces deux passions sont contraires et opposées.

Mais, s'il s'agit de deux objets disparates, non pas contraires, le plaisir et la douleur ne sont pas, à proprement parler, contraires (1). Ainsi, s'attrister de la mort d'un ami et prendre joie à la contemplation de la vérité ne sont pas deux

(1) Tristitia autem et delectatio, quum sint passiones, specificantur ex objectis, et quidem secundum genus suum contrarietatem habent: nam unum pertinet ad prosecutionem, aliud vero ad fugam; quæ se habent in appetitu sicut affirmatio et negatio in ratione, ut dicitur in VI *Ethic.*, cap. II in princ. Et ideo tristitia et delectatio quæ sunt de eodem, habent oppositionem ad invicem secundum speciem. Tristitia vero et delectatio de diversis (siquidem illa diversa non sunt diversa opposita, sed disparata), non habent oppositionem ad invicem secundum rationem speciei, sed sunt etiam disparata: sicut tristari de morte amici et delectari in contemplatione. Si vero illa diversa sunt contraria, tunc delectatio et tristitia non solum non habent contrarietatem secundum rationem speciei, sed etiam habent convenientiam et affinitatem: sicut gaudere de bono et tristari de malo (I-II, q. xxxv, a. 4).

émotions opposées, mais complètement disparates. Évidemment le même homme peut, à la fois, se réjouir de contempler le vrai et s'attrister de l'absence ou de la mort de celui qu'il aime.

Par rapport à deux objets contraires, y a-t-il opposition ? Il n'y a pas opposition proprement dite dans ce cas, mais plutôt une certaine affinité, entre le plaisir et la douleur.

Entendons-nous bien ; je ne suppose pas que le même objet soit considéré à deux points de vue contraires : comme si, par exemple, la vertu était d'abord aimée, puis détestée. Il y aurait alors contradiction et contrariété entre le plaisir et la douleur. Mais, si c'est le même homme qui, n'ayant pas changé, voit les choses telles qu'elles sont et apprécie avec leur véritable opposition la vertu et le vice, il est certain que, plus cet homme aura d'amour pour le bien, plus il aura de haine pour le mal ; en lui, la joie de la vertu aura une affinité naturelle avec la tristesse que lui donne le vice.

La contrariété du plaisir et de la douleur, eu égard au mouvement passionnel, fait que tout plaisir est un remède à toute douleur : l'âme, en cédant à l'attrait d'un plaisir, est distraite de sa peine, et sa douleur est diminuée. Inversement, toute douleur tend à affaiblir toute délectation.

Cependant, la distraction est plus grande, lorsque c'est le même objet qu'on arrive à juger différemment (1). Si, par exemple, après s'être persuadé que les misères de la vie humaine sont des maux véritables et définitifs, on en vient, au contraire, et par des considérations supérieures, qui sont propres à la nature humaine, à les voir telles qu'elles sont dans l'économie générale de la Providence, il est certain que ce même objet peut être aimé en quelque manière, comme étant la condition d'un bonheur plus grand pour l'homme. Dans ce cas, l'appétit change de sens, et sa délectation est d'autant plus vive qu'il s'applique au même objet.

Nous avons nommé, parmi les genres de plaisirs, la joie vraiment humaine de contempler la vérité. Saint Thomas se demande si cette joie de la contemplation a une douleur contraire. Non, répond-il, s'il s'agit du plaisir causé par l'acte

---

(1) Et ideo ex parte subjecti quælibet delectatio est medicina contra quamlibet tristitiam, et quælibet tristitia est impeditiva cujuslibet delectationis; præcipue tamen quando delectatio tristitiæ contrariatur etiam secundum speciem (I-II, q. xxxv, a. 4, ad 2).

même de contempler (1). En effet, contempler des objets contraires ne met pas de contrariété dans la contemplation, parce que la raison de l'un fait comprendre la raison du contraire. Par exemple, la vertu fait comprendre le vice, la grandeur fait entendre la petitesse, et considérer l'un après l'autre ces objets opposés n'est que développer par l'intelligence ce que contient implicitement la première considération. C'est ainsi que Dieu peut, par un seul et même acte, contempler les contraires.

Il peut y avoir, cependant, une certaine douleur dans la contemplation des choses opposées à la nature, qui font de la peine et donnent le contraire du plaisir, la douleur (2). Mais, remar-

---

(1) Puta quum aliquis delectatur de hoc ipso quod contemplatur.... Objecto autem contemplationis nihil est contrarium ; contrariorum enim rationes, secundum quod sunt apprehensæ, non sunt contrariæ, sed unum contrarium est ratio cognoscendi aliud. Unde delectationi quæ est in contemplando, per se loquendo, non potest esse aliqua tristitia contraria (I-II, q. xxxv, a. 5).

(2) Tunc delectatio non est de ipsa contemplatione, sed de re contemplata. Contingit autem contemplari aliquid nocivum et contristans, sicut et aliquid conveniens et delectans. Unde, si sic delectatio contemplationis accipiatur, nihil prohibet delectationi contemplationis esse tristitiam contrariam (I-II, q. xxxv, a. 5).

quez bien que ce n'est pas l'acte de contempler qui fait de la peine; c'est la chose elle-même.

Saint Thomas semble tenir beaucoup à analyser ces caractères de la contemplation de la vérité. Il poursuit son œuvre et dit : Il n'y a même pas de tristesse contraire annexée, comme accessoire, au plaisir qui naît de l'acte même de la contemplation (1). Et pourquoi ? Parce que cette tristesse ne pourrait venir que de deux causes : ou d'un empêchement à la contemplation, ou de la lassitude qui accompagne une contemplation trop prolongée ou trop intense. Or, la tristesse engendrée par la première cause n'est pas contraire à la joie de la contemplation ; elle a de l'affinité avec ce plaisir, puisque c'est précisément parce qu'on est heureux de contempler, qu'on s'attriste d'en être empêché. Quant à la lassitude qui peut résulter d'une contemplation trop intense ou trop prolongée, c'est une fatigue cor-

---

(1) Sed nec etiam habet tristitiam annexam, sicut corporales delectationes, quæ sunt ut medicinæ quædam contra aliquas molestias... Delectatio enim contemplationis non causatur ex hoc quod excluditur aliqua molestia, sed ex hoc quod est secundum seipsam delectabilis... Per accidens autem admiscetur tristitia delectationi apprehensionis. Et hoc dupliciter: uno modo, ex parte organi; alio modo, ex impedimento apprehensionis... Sed neutro modo tristitia contemplationi adjuncta per accidens contrariatur delectationi ejus (1-II, q. xxxv, a. 5).

porelle, par conséquent tout à fait extrinsèque à l'acte intellectuel de contempler la vérité, et d'un tout autre genre.

Considérée dans sa nature propre, la joie de la contemplation ne vient pas de la guérison d'un besoin pénible par la satisfaction de ce besoin, comme boire guérit la soif : la contemplation est délectable en elle-même, comme opération parfaite en soi.

II. — Quelles sont les causes de la douleur ?

La cause objective est le mal présent. La douleur est l'émotion que fait naître dans l'âme la présence du mal.

Remarquez que c'est plutôt le mal présent que le bien absent, qui est la cause propre de cette émotion pénible.

Vous allez peut-être me dire : C'est là une subtilité d'école. — Point du tout.

Il est évident que, si les passions de l'âme étaient produites directement par des causes extérieures, comme les effets physiques sont produits dans le corps par les forces de la nature, ce serait identique de considérer le bien absent ou le mal présent comme cause de la douleur, puisque le mal n'existe pas et qu'il est seulement une privation de bien.

Mais rappelons-nous que les passions animales suivent la connaissance. Or, au point de vue de la connaissance, une privation du bien n'est pas tout à fait identique à l'absence du bien : le caractère privatif peut être connu comme tel (1).

En considérant le mouvement de passion animale, on doit dire que c'est en tant que mal, en tant que privation de bien, que la cause objective détermine le mouvement d'éloignement que nous appelons la douleur.

Sans doute, dans le fond intime de l'émotion passionnelle de l'âme, l'amour est ce qu'il y a de plus fondamental, de premier ; par conséquent, à cet égard, c'est le bien qui est l'objet premier de tous les mouvements de passion (2). Mais, s'il s'agit de la douleur actuelle, cette dou-

---

(1) Tristitia est motus appetitus apprehensionem sequentis; in apprehensione autem ipsa privatio habet rationem cujusdam entis, unde dicitur ens rationis; et sic malum, quum sit privatio, se habet per modum contrarii; et ideo, quantum ad motum appetitivum, differt utrum respiciat principalius malum conjunctum vel bonum amissum (I-II, q. xxxvi, a. 1).

(2) Sicut delectatio per prius respicit bonum adeptum quasi proprium objectum, ita tristitia respicit malum conjunctum; sed causa delectationis et tristitiæ, scilicet amor, per prius respicit bonum quam malum. Sic ergo, eo modo quo objectum est causa passionis, magis proprie est causa tristitiæ vel doloris malum conjunctum quam bonum amissum (I-II, q. xxxvi, a. 1).

leur étant un éloignement, doit avoir pour cause le mal, c'est-à-dire la privation du bien saisie comme telle. Si c'était simplement l'absence du bien, nous n'aurions pas une cause directe, proportionnée au mouvement.

Le désir est aussi une cause de douleur. Voyons comment (1).

D'abord, on peut entendre par désir l'amour même, en tant que l'amour est une prédisposition, qui n'est pas encore passée en acte, et que le désir est le premier mouvement actuel de cette disposition intime. Aussi, très souvent, saint Augustin confond-il ces deux passions, sans y attacher une grande importance. De même, dans le langage ordinaire, désir est pris fréquemment comme synonyme d'amour. Or,

---

(1) Quia concupiscentia vel cupiditas est primus effectus amoris, quo maxime delectamur, ut supra dictum est, q. XXXII, a. 6, ideo frequenter Augustinus cupiditatem vel concupiscentiam pro amore ponit, ut supra dictum est, q. XXX, a. 2, et hoc modo concupiscentiam dicit esse universalem causam doloris. Sed ipsa concupiscentia, secundum propriam rationem considerata, est interdum causa doloris;... concupiscentia fit causa tristitiæ inquantum de retardatione boni concupiti vel totali oblatione tristamur. Universalis autem causa doloris esse non potest, quia magis dolemus de subtractione bonorum præsentium, in quibus jam delectamur, quam futurorum, quæ concupiscimus (I-II, q. XXXVI, a. 2).

l'amour du bien est la cause profonde de la douleur, en face de la privation du bien aimé.

D'autre part, le désir, comme tendance actuelle vers un bien absent, est cause de douleur, lorsqu'un retard ou un obstacle définitif s'oppose à la possession du bien désiré. Mais il faut observer que le désir n'est pas cause de toute douleur ni de la plus grande peine; ainsi nous souffrons plus de la perte d'un bien présent qui nous délectait, que de la privation d'un bien futur que nous désirons.

On peut dire aussi que le désir de l'unité est cause de douleur(1). L'homme désire s'unir à son bien, il aime l'union avec ce qui lui est conforme, et, en ce sens, le désir de l'unité engendre la peine d'être séparé de ce qui perfectionne, de ce qu'on voudrait être uni à soi.

Une troisième cause de douleur est dans toute puissance, toute activité, qui nous contrarie, et à laquelle nous ne pouvons pas victorieusement résister (2).

(1) Bonum enim uniuscujusque rei in quadam unitate consistit... Et propter hoc, sicut amor vel appetitus boni est causa doloris, ita etiam amor vel appetitus unitatis (I-II, q. xxxvi, a. 3).

(2) Quod autem est contra inclinationem alicujus, nunquam advenit ei nisi per actionem alicujus fortioris : et ideo potestas

Ceci est manifeste, et ne se vérifie que trop souvent. L'homme est exposé à la douleur, parce que tout ce qui l'entoure est plus fort que lui, le blesse dans sa nature corporelle ou intellectuelle et morale.

Cependant, une puissance qui nous domine peut causer, non pas de la douleur, mais du plaisir, si elle est assez forte pour changer, par sa victoire sur nous, notre disposition intime (1). C'est ce que cherchent à faire souvent les médecins, lorsqu'ils ordonnent un médicament pénible à prendre ; ils espèrent guérir le corps, changer ses dispositions, et, par cette violence faite à la nature, rendre à l'homme le plaisir précieux de la santé. De même, en faisant violence à une inclination immorale, on peut arriver à la transformer en amour de la vertu, d'où découle la meilleure joie de l'âme.

III. — Quels sont les effets de la douleur ?
Un premier effet est semblable à un résultat

---

major ponitur esse causa doloris ab Augustino (I-II, q. xxxvi, a. 4).

(1) Si potestas fortior intantum invalescat, quod mutet contrariam inclinationem in inclinationem propriam, jam non erit aliqua repugnantia vel violentia (I-II, q. xxxvi, a. 4).

du plaisir : c'est d'être un obstacle à l'intelligence. Et cela, par la même raison que nous avons signalée tout à l'heure, lorsque nous avons parlé du plaisir exagéré : l'usage de la raison est empêché par distraction des forces de l'âme, dans la douleur comme dans la délectation (1). Il y a là une déviation d'énergie, qui est d'autant plus redoutable, que tout être, et spécialement l'être vivant et sensible, tend fortement à résister, à lutter, contre ce qui lui est opposé, contre ce qui le blesse. Cette inclination à la lutte accapare l'activité de la vie ; l'âme se porte tout entière du côté douloureux, et n'a plus assez de vigueur pour exercer ses opérations intellectuelles. Cet empêchement atteint d'abord la faculté d'apprendre du nouveau ; plus intense, il peut aller jusqu'à rendre impossible la con-

---

(1) Unius enim animæ non potest esse nisi una intentio ; et propter hoc, si aliquid ad se trahat totam intentionem animæ vel magnam partem ipsius, non compatitur secum aliquid aliud quod magnam attentionem requirat. Manifestum est autem quod dolor sensibilis maxime trahit ad se intentionem animæ ; quia naturaliter unumquodque tota intentione tendit ad repellendum contrarium : sicut etiam in rebus naturalibus apparet.. Et ideo, si sit dolor intensus, impeditur homo ne tunc aliquid addiscere possit ; et tantum potest intendi, quod nec etiam instante dolore potest homo aliquid considerare etiam quod prius scivit (I-II, q. xxxvii, a. 1).

sidération de ce qu'on savait déjà, tellement la douleur attire à elle les forces de l'âme. Mais, plus on aime l'étude et la réflexion, plus on peut retenir au profit de l'intelligence l'énergie de l'âme.

Si un plaisir sensible trop prononcé tend à à nous faire perdre l'usage de la raison, ou du moins l'usage convenable et complet de nos facultés rationnelles, une douleur introduite à point, à la condition qu'elle soit proportionnée, peut agir contre la délectation qui entraîne, faire retourner l'âme vers elle-même, et lui rendre la capacité qu'elle avait perdue (1). La douleur peut avoir cet effet parce qu'elle prend plus de force que le plaisir : l'âme réagit plus contre ce qui lui est contraire, qu'elle n'agit dans le sens de ce qui la flatte.

La douleur modérée est encore bienfaisante parce qu'elle concentre l'activité à l'intérieur de l'homme, par conséquent distrait l'être de ses préoccupations externes, et peut ainsi aider à la réflexion (2).

(1) Magis trahit ad se intentionem animæ dolor quam delectatio... Si ergo dolor seu tristitia fuerit moderata, per accidens potest conferre ad addiscendum, inquantum aufert superabundantiam delectationum (I-II, q. xxxvii, a. 1, ad 2).

(2) Tristitia moderata, quæ excludit evagationem animi, po-

Saint Thomas se demande si la douleur intérieure est plus douloureuse que la douleur corporelle. Oui (1), répond-il, parce que la douleur intérieure a pour cause ce qui est directement contraire à l'affection de l'âme, tandis que la cause de la douleur corporelle a besoin de blesser le corps, pour atteindre l'appétit. Au surplus, la douleur intérieure suit une connaissance plus haute, et prend par là plus de profondeur.

Cependant, la douleur corporelle est un obstacle plus grand que la douleur intérieure à l'acte de contemplation, parce que, pour cette opération supérieure, il faut une tranquillité totale, la paix dans l'être tout entier (2). L'homme

test conferre ad disciplinam suscipiendam (I-II, q. xxxvii, a. 1, ad 1).

(1) Dolor interior est ex hoc quod aliquid repugnat ipsi appetitui; exterior autem dolor ex eo quod repugnat appetitui quia repugnat corpori; semper autem quod est per se, prius est eo quod est per aliud : unde ex parte ista dolor interior præeminet dolori exteriori. Similiter etiam ex parte apprehensionis: nam apprehensio rationis et imaginationis altior est quam apprehensio sensus tactus. Unde, simpliciter et per se loquendo, dolor interior potior est quam dolor exterior (I-II, q. xxxv, a. 7).

(2) Dolor exterior accidit ex læsione corporali, et ita magis habet transmutationem corporalem adjunctam quam dolor interior... Et ideo dolor corporalis magis impedit contemplatio-

émotionné dans son corps n'est pas favorablement disposé à contempler la vérité.

On dit que la douleur cause l'appesantissement de l'âme (1). C'est une métaphore, comme la dilatation attribuée au plaisir. L'âme est appesantie, c'est-à-dire ne peut se mouvoir vers son bien, se complaire dans ce qui lui plaît.

La douleur affaiblit l'action, par la même raison que le plaisir la perfectionne (2). Comme nous n'aimons pas la douleur, nous n'aimons pas une opération qui nous est pénible. Or, pour agir, il faut que l'action nous plaise ; aussi faisons-nous moins bien ce que nous avons à faire, si nous y rencontrons de la douleur.

Cependant, quelquefois, la douleur provoque elle-même l'action, en portant à repousser le mal, s'il y a espoir de l'éloigner par la résistance.

nem, quæ requirit omnimodam quietem, quam dolor interior (I-II, q. xxxvii, a. 1, ad 3).

(1) Tristitia contingit ex aliquo malo præsenti; quod quidem, ex hoc ipso quod repugnat motui voluntatis, aggravat animum, inquantum impedit ipsum ne fruatur eo quod vult (I-II, q. xxxvii, a. 2).

(2) Voluntas est causa operationis humanæ; unde, quando operatio est de qua aliquis contristatur, necesse est quod actio debilitetur... Alio modo,... quanto aliquis magis tristatur de re aliqua, tanto magis conatur ad expellendum, dummodo remaneat spes expellendi (I-II, q. xxxvii, a. 3).

Enfin, la douleur diminue la vie du corps (1).

Il faut remarquer ici que le mouvement physique, complément direct de toutes les passions animales, suit la direction de l'appétition de l'âme. Dans les passions d'amour, cette direction est dans le sens de la vie, et c'est pour cela qu'il y a un certain épanouissement vital, même du corps, dans l'amour, le désir et le plaisir, s'ils ne dépassent point la mesure. Dans la douleur, au contraire, le mouvement de l'âme est en sens inverse de son inclination naturelle. Aussi, peut-on constater facilement que l'activité physique, au lieu de se développer par la douleur, diminue, se rétrécit. Le même amoindrissement se manifeste dans toute passion qui a pour objet le mal, dans la crainte, par exemple ; mais, il est particulièrement le résultat de la douleur, parce que cette passion vient de la présence même du mal.

---

(1) Illæ ergo passiones quæ important motum appetitus ad prosequendum aliquid, non repugnant vitali motioni secundum speciem, sed possunt repugnare secundum quantitatem... Passiones autem quæ important motus appetitus cum fuga vel retractione quadam, repugnant vitali motioni, non solum secundum quantitatem, sed etiam secundum speciem motus, et ideo simpliciter nocent: sicut timor et desperatio, et præ omnibus tristitia, quæ aggravat animum ex malo præsenti, cujus est fortior impressio quam futuri (I-II, q. xxxvii, a. 4).

Je ne vous dirai rien de détaillé sur les remèdes à la douleur : ils se ramènent tous à la compenser par le plaisir, à remplacer la fatigue pénible par la distraction ou le repos agréable. Contre la tristesse, la contemplation de la vérité est un remède excellent, pour les âmes qui aiment la sagesse, parce que dans cette action essentiellement humaine est pour l'homme la plus grande joie (1).

(1) In contemplatione veritatis maxima delectatio consistit; omnis autem delectatio dolorem mitigat, ut supra dictum est, a. præced. et a. 1 huj. q. : et ideo contemplatio veritatis mitigat tristitiam vel dolorem; et tanto magis, quanto perfectius aliquis est amator sapientiæ (I-II, q. xxxviii, a. 4).

V

L'ESPÉRANCE ET LE DÉSESPOIR

L'ESPÉRANCE ET LE DÉSESPOIR

INTRODUCTION.

L'irascibilité et ses deux premières passions : l'espérance et le désespoir.

Nous avons vu, à propos de la douleur, que l'homme sent dans son âme un mouvement de lutte très accentué contre tout ce qui est contraire à sa nature. Ce mouvement n'est pas exclusivement propre à l'homme ; il appartient à tout être sensible, même à tout être vivant ; j'allais dire — et je dois dire avec saint Thomas — qu'il se rencontre en toute créature, même dans les êtres inanimés. Les corps inorganiques possèdent, eux aussi, une tendance à repousser tout ce qui est contraire à la nature physique. La tendance est analogue dans les êtres vivants et sensibles.

Ce mouvement est le caractère spécial des

passions d'irascibilité, qui aboutiront à la colère, et dont les deux premières, l'espérance et le désespoir, vont nous occuper maintenant.

Ces deux passions ont pour objet le bien, considéré, non pas seulement comme objet d'amour, mais encore avec un caractère de difficulté à l'atteindre, à le conquérir ; c'est cette difficulté contre laquelle l'âme s'élève, pour la dominer et entrer en possession du bien qu'elle désire.

I

L'ESPÉRANCE.

I. — Nature de l'espérance. Possibilité du bien auquel elle tend. L'animal a l'espérance et, pour la même raison, le désespoir.

II. — Causes de l'espérance. 1º Le désir du bien. 2º La puissance. 3º L'expérience : à moins qu'elle ne fasse trop prévoir la difficulté. 4º La jeunesse. 5º L'irréflexion.

III. — Effets de l'espérance. 1º Le plaisir. 2º La tristesse, quelquefois. 3º Perfection de l'opération. 4º L'amour d'une personne secourable. 5º La longanimité. 6º La patience. 7º L'audace.

I. — L'espérance est une tendance actuelle vers un bien futur difficile à conquérir, mais qu'il paraît possible d'atteindre (1).

Il faut remarquer que ce caractère de possibilité n'est pas tout à fait accessoire. En effet, nous ne nous intéressons qu'à ce qui est possible, et si, dans le désespoir, nous sommes émus, c'est parce que nous avons d'abord considéré le bien comme possible, nous l'avons pour cela désiré, puis, le voyant impossible, nous nous en éloignons. La possibilité touche

---

(1) Spei objectum est bonum futurum, arduum, possibile adipisci (I-II, q. XL, a. 5).

donc à ce qui est fondamental ; elle est le contraire de ce qui produirait l'indifférence (1). Rendons-nous bien compte de ce caractère, pour comprendre l'émotion d'espérance, puis celle de désespoir. Il ne s'agit pas d'une possibilité théorique, mais d'une possibilité pratique. Il faut que notre âme considère, soit en nous-mêmes, soit en un autre être, une véritable capacité.

Nous parlons souvent de l'homme, mais n'oublions pas que nous sommes dans le chapitre des passions animales, et que l'animal lui-même doit avoir la passion d'espérance et, inversement, celle de désespoir, à moins que nous ne nous soyons trompés en les classant dans ce chapitre.

(1) Possibile autem et impossibile non omnino per accidens se habent ad objectum appetitivæ virtutis. Nam appetitus est principium motionis : nihil autem movetur ad aliquid, nisi sub ratione possibilis ; nullus enim movetur ad id quod existimat impossibile adipisci. Et propter hoc spes differt a desperatione secundum differentiam possibilis et impossibilis (I-II, q. XL, a. 1, ad 3). — Desperatio non importat solam privationem spei, sed importat quemdam recessum a re desiderata propter æstimatam impossibilitatem adipiscendi (I-II, q. XL, a. 4, ad 3). — Objectum spei non est possibile prout est quædam differentia veri, sic enim consequitur habitudinem prædicati ad subjectum ; sed objectum spei est possibile quod dicitur secundum aliquam potentiam ; sic enim distinguitur possibile in V *Metaph.*, scilicet in duo possibilia prædicta (I-II, q. XL, a. 3, ad 2).

Cependant, on peut se demander si vraiment l'animal est susceptible d'espérance ou de désespoir. Ces deux passions ont pour objet l'avenir. Or, l'animal connaît-il l'avenir ? Voilà la question qui se pose.

Si vous ouvrez les ouvrages de saint Thomas un peu au hasard, si vous lisez de cette manière notamment la *Somme théologique*, je crains que vous n'ayez quelque surprise et, comme j'ai eu l'occasion de vous l'indiquer déjà, que vous ne pensiez trop vite que l'auteur s'est contredit. Il semble affirmer, en effet, que l'animal agit par un simple instinct dont Dieu seul donne la direction. Il dit cela en plusieurs endroits. Il va même jusqu'à comparer les animaux aux horloges et à toutes les machines ingénieuses que fabrique l'homme (1). D'après ces assertions,

---

(1) Ut enim supra dictum est, q. 1, a. 2, et q. XXII, a. 1, appetitus sensitivus brutorum animalium et etiam appetitus naturalis rerum insensibilium sequuntur apprehensionem alicujus intellectus, sicut et appetitus naturæ intellectivæ, qui dicitur voluntas. Sed in hoc est differentia, quod voluntas movetur ex apprehensione intellectus conjuncti; sed motus appetitus naturalis sequitur apprehensionem intellectus separati, qui naturam instituit; et similiter appetitus sensitivus brutorum animalium, quæ etiam quodam instinctu naturali agunt. Unde in operibus brutorum animalium et aliarum rerum naturalium apparet si-

on croirait que l'animal n'a plus ce que saint Thomas appelle ailleurs une puissance interne d'appréciation sensible. Si l'on s'en tenait à certains textes, il semblerait qu'il ne s'agit plus des passions proprement animales, que nous avons définies des mouvements de l'âme déterminés par la connaissance. L'animal paraîtrait n'avoir qu'un mouvement presque mécanique. Je crois cependant cette interprétation inexacte.

Saint Thomas dit : « Les animaux ne connaissent pas l'avenir ; mais, par un instinct naturel ils se meuvent vers une chose future, comme s'ils prévoyaient l'avenir : cet instinct leur a été donné par l'intelligence divine, qui prévoit l'avenir » (1).

---

milis processus sicut in artis operibus. Et per hunc modum in animalibus brutis est spes et desperatio (I-II, q. XL, a. 3). — Et idem apparet in motibus horologiorum et omnium ingeniorum humanorum quæ arte fiunt. Sicut autem comparantur artificialia ad artem humanam, ita comparantur omnia naturalia ad artem divinam... Et ex hoc contingit quod in operibus brutorum animalium apparent quædam sagacitates, inquantum habent inclinationem naturalem ad quosdam ordinatissimos processus, utpote a summo arte ordinatos (I-II, q. XIII, a. 2, ad 3).

(1) Quamvis bruta animalia non cognoscant futura, tamen ex instinctu naturali movetur animal ad aliquod futurum, ac si

Voici, à mon avis, ce qu'il en faut penser.

L'animal ne connaît pas l'avenir, si l'on entend par connaissance de l'avenir une appréciation logique, que tel évènement doit arriver parce que tel autre a précédé ; un jugement sur la liaison rationnelle entre le présent et l'avenir, ou entre un avenir et un futur plus éloigné.

S'ensuit-il que l'animal, lorsqu'il va vers un objet éloigné, qu'il a en vue, dont la possession est future, n'ait aucune connaissance de l'avenir ? Je ne le crois point.

Dieu lui prête son intelligence, pour remplacer l'appréciation proprement rationnelle qu'a l'homme, lorsqu'il prédit que telle chose doit arriver, en considérant les lois de la nature ou de la raison. L'animal ne fait rien de pareil. Il n'a même pas l'appréciation sensible aussi perfectionnée que celle de l'homme ; il ne prévoit pas l'avenir, comme lui, par une raison particulière qui saisisse une relation en quelque sorte logique, mais seulement individuelle, entre un évènement présent ou passé et un évènement futur. Mais, son instinct le porte à poser simple-

futurum prævideret: hujusmodi enim instinctus est eis inditus ab intellectu divino prævidente futura (I-II, q. XL, a. 3, ad 1).

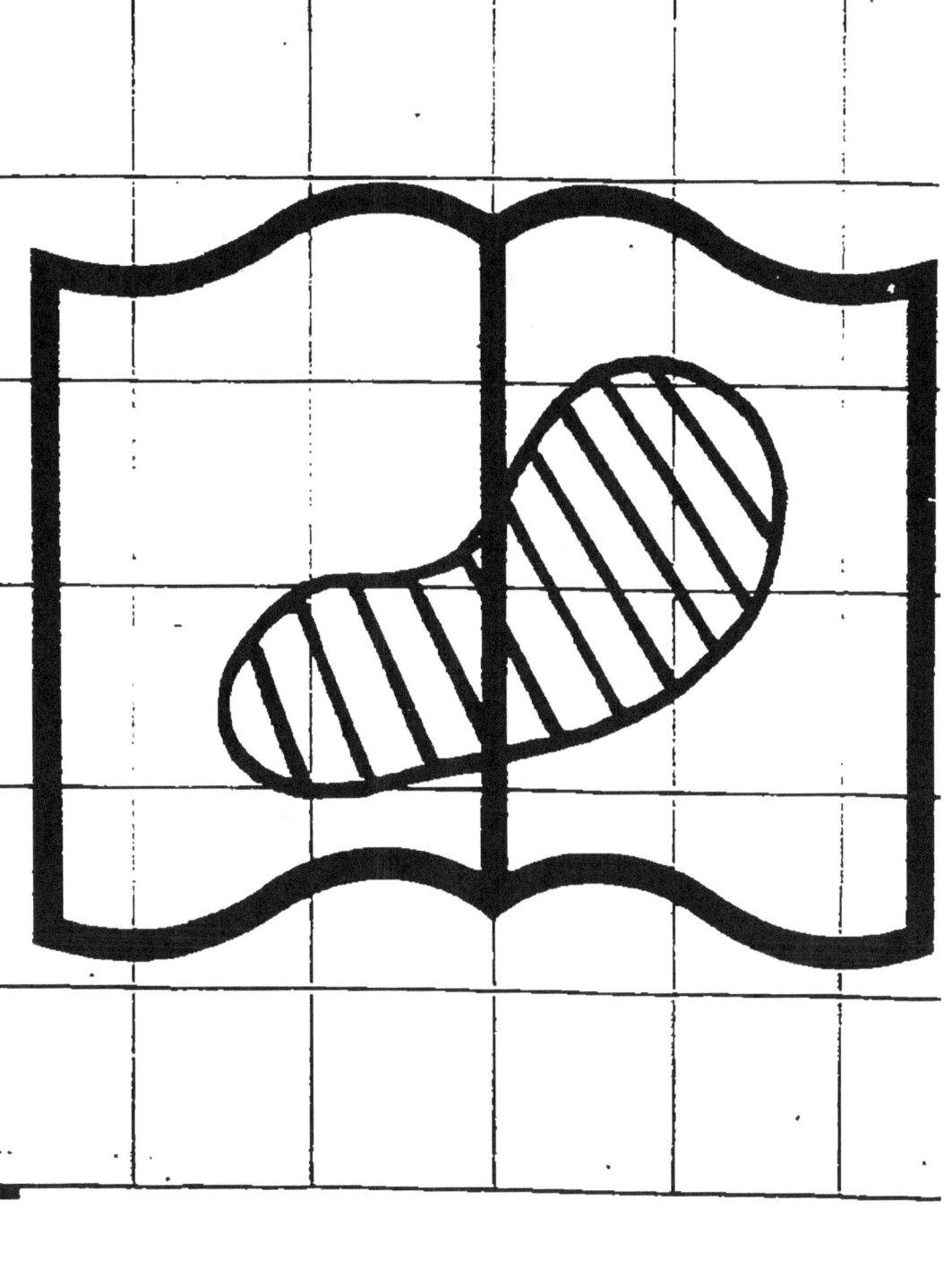

ment, en partant d'un fait présent ou d'un fait passé, que tel fait arrivera (1). Il connaît l'avenir comme il connaît le passé, en le rattachant par un jugement instinctif et subit au présent : il prévoit ainsi tel évènement convenable ou nuisible à sa nature ; il peut de même rattacher un avenir rapproché à un avenir plus lointain, et se servir de la mémoire du passé pour attendre un avenir semblable, mais sans voir aucune connexion quelque peu logique, même avec caractère purement individuel, entre les faits posés dans les diverses parties du temps (2).

(1) Alia animalia percipiunt hujusmodi intentiones solum naturali quodam instinctu, homo autem per quamdam collationem. Et ideo quæ in aliis animalibus dicitur æstimativa naturalis, in homine dicitur cogitativa, quæ per collationem quamdam hujusmodi intentiones adinvenit. Unde etiam dicitur ratio particularis, cui medici assignant determinatum organum, scilicet mediam partem capitis; est enim collativa intentionum individualium, sicut ratio intellectiva est collativa intentionum universalium (I, q. LXXVIII, a. 4). — Quædam autem agunt judicio, sed non libero, sicut animalia bruta; judicat enim ovis videns lupum eum esse fugiendum naturali judicio, et non libero; quia non ex collatione, sed ex naturali quodam instinctu hoc judicat : et simile est de quolibet judicio brutorum animalium (I, q. LXXXIII, a. 1).

(2) Licet id quod est futurum non cadat sub visu, tamen ex his quæ videt animal in præsenti, movetur ejus appetitus in aliquod futurum vel prosequendum vel vitandum (I-II, q. XL,

Voilà comment l'animal a l'espérance, par cette appréciation subite dont parle saint Thomas. « La puissance purement sensitive, dit-il, n'est pas capable de comparer ni de rechercher les circonstances singulières; mais, elle a un jugement subit » (1).

J'emprunterai deux exemples à la *Somme théologique* : « Les passions intérieures des animaux peuvent être connues par leurs mœurs extérieures. Par là, il est visible que l'espérance est dans la bête. Si, en effet, le chien voit un lièvre ou le vautour un oiseau trop éloigné, il ne va pas vers lui, indiquant ainsi qu'il n'espère pas pouvoir l'atteindre; si, au contraire, il est près, il va vers lui, apparemment avec l'espoir de l'atteindre » (2).

a. 3, ad 3). — Principium memorandi fit in animalibus ex aliqua hujusmodi intentione; puta, quod est nocivum et inconveniens (1, q. LXXVIII, a. 4).

(1) Virtus autem sensitiva non est collativa nec inquisitiva singulorum quæ circumstant rem, sed subitum habet judicium (I-II, q. XLV, a. 4).

(2) Interiores passiones animalium ex exterioribus motibus deprehendi possunt, ex quibus apparet quod in animalibus est spes. Si enim canis videat leporem aut accipiter avem nimis distantem, non movetur ad ipsam, quasi non sperans se eam posse adipisci; si autem sit in propinquo, movetur quasi sub spe adipiscendi (I-II, q. XL, a. 3).

L'animal a donc l'espérance, et de même il aura le désespoir, non pas seulement par une inclination naturelle, mais par une inclination qui suit une certaine connaissance instinctive, comme dans l'homme le mouvement de ces passions suit la connaissance de la raison particulière (1).

II. — Quelles sont les causes de l'espérance ?

Le désir est une cause d'espoir (2). En effet, pour espérer un bien à venir, il faut l'aimer d'abord, ensuite désirer qu'il arrive.

L'objet de l'espérance est un bien difficile à atteindre. Cette difficulté paraît surmontable et, à ce titre, provoque l'espoir. Cependant, ce n'est pas directement comme difficile que le bien est espéré ; c'est en tant que bien. N'oublions pas que l'espérance va au bien (3). Sans cela, nous

---

(1) Spes est motus appetitivæ virtutis consequens apprehensionem boni futuriardui possibilis adipisci, scilicet extensio appetitus in hujusmodi objettum (I-II, q. XL, a. 2).

(2) Spes præsupponit desiderium (I-II, q. XL, a. 1). — Inquantum igitur spes respicit bonum speratum, spes ex amore causatur ; non enim est spes nisi de bono desiderato et amato (I-II, q. XL, a. 7).

(3) Spes est motus in bonum secundum rationem boni, quod de sua ratione est attractivum ; et ideo est motus in bonum per

aurions une contradiction. Une difficulté étant en elle-même contraire à la nature, nous ne comprendrions pas comment l'être sensible se porte en avant, vers ce qui lui est opposé. Mais, comme accessoire au bien, la difficulté, pourvu qu'il semble possible d'en triompher, peut susciter l'énergie de l'âme, sous forme d'espérance.

Tout ce qui augmente la puissance de l'homme, augmente aussi la facilité d'acquérir le bien futur, et, partant, fait naître l'espérance de le posséder (1) : c'est ainsi que santé, richesses, force, science sont causes d'espérance.

L'expérience produit-elle l'espoir ? — Oui et non.

Elle produit l'espoir en donnant plus de capacité (2). Il est certain que généralement, plus

---

se... Arduum non est ratio accedendi vel appetendi, sed potius bonum... Appetitus primo et per se movetur in bonum sicut in proprium objectum; et ex hoc causatur quod recedat a malo. Proportionatur enim motus appetitivæ partis, non quidem motui naturali, sed intentioni naturæ, quæ per prius intendit finem quam remotionem contrarii, quæ non quæritur nisi propter adeptionem finis (I-II, q. xxv, a. 3, corp., ad 2 et ad 3).

(1) Est causa spei omne illud quod auget potestatem hominis, sicut divitiæ et fortitudo (I-II, q. xl, a. 5).

(2) Per experientiam homo acquirit facultatem aliquid de facili faciendi; et ex hoc sequitur spes (I-II, q. xl, a. 5).

on a d'expérience, plus on est capable de travail, d'efforts, de toutes les démarches nécessaires pour obtenir le bien désiré.

L'expérience peut donner aussi la persuasion de la possibilité d'acquérir ce qu'on désire, le passé répondant de l'avenir (1) : de cette manière encore, elle est **cause d'espérance**.

Mais, malheureusement, l'expérience peut aussi diminuer l'espoir, parce qu'elle fait mieux connaitre les difficultés, et même nous donne souvent la conviction de l'impossibilité d'atteindre ce que nous souhaitons (2).

Voilà pourquoi Aristote lui-même avait remarqué que les vieillards n'ont presque plus d'espérance (3). Ils ont trop vécu, pour croire aisément que le bien soit possible ; ils n'espèrent

---

(1) Sic etiam experientia est causa spei, inquantum scilicet per experientiam fit homini existimatio quod aliquid sit sibi possibile, quod impossibile ante experientiam reputabat (I-II, q. XL, a. 5).

(2) Sed per hunc modum experientia potest esse causa defectus spei, quia ... per experientiam fit homini existimatio quod aliquid non sit sibi possibile, quod possibile existimabat (I-II, q. XL, a. 5).

(3) Οἱ δὲ πρεσβύτεροι... δυσέλπιδες διὰ τὴν ἐμπειρίαν (Ῥητορ., II, XIII). — In senibus est defectus spei propter experientiam, inquantum experientia facit existimationem impossibilis (I-II, q XL, a. 4, ad 2).

plus parce qu'ils ont eu trop de déceptions. C'est ainsi que, dans la vieillesse, une trop longue expérience des échecs de la vie arrête l'essor de l'espérance.

La jeunesse, au contraire, incline à l'espérance. D'abord, dit saint Thomas, elle a peu de passé, et voilà pourquoi elle vit dans l'avenir ; toutes les forces des âmes jeunes se dirigent vers le futur, étant peu employées à revenir en arrière. Du reste, comme les jeunes n'ont pas beaucoup de souvenirs, ils ne se rappellent pas beaucoup de déceptions, et tout leur paraît moins difficile (1). La jeunesse est l'âge de l'espoir.

Il y a aussi une raison physiologique à ce mouvement en avant de la jeunesse. A ce propos, permettez-moi de vous faire remarquer encore que saint Thomas ne néglige jamais ce point de vue. On aurait pu supposer que, du moins dans la *Somme théologique*, il omettrait

(1) Juvenes enim multum habent de futuro et parum de præterito ; et ideo, quia memoria est præteriti, spes autem futuri, parum habent de memoria, sed multum vivunt in spe... Similiter etiam illi qui non sunt passi repulsam nec experti impedimenta in suis conatibus, de facili reputant aliquid sibi possibile. Unde et juvenes, propter inexperientiam impedimentorum et defectuum, de facili reputant aliquid sibi possibile, et ideo sunt bonæ spei (I-II, q. XL, a. 6).

quelquefois de considérer les analogies entre l'homme et les êtres inférieurs, ou les causes qui résultent de la nature physique. Tout au contraire, il a constamment en vue le corps pour expliquer, soit par analogie, soit par causalité accessoire, les effets qui se produisent dans l'âme. Il dit ici que la chaleur du tempérament juvénile augmente la force et lance la vie en avant (1). La jeunesse a l'audace parce qu'elle a l'espérance ; elle a l'espoir parce que son énergie vitale est excitée vers l'avenir difficile par la chaleur du sang et la dilatation du cœur.

Enfin l'irréflexion est une cause d'espérance, parce qu'elle empêche de voir les difficultés (2) : c'est encore une raison qui donne l'espérance à la jeunesse. Mais, la jeunesse n'est pas seule à en profiter : les hommes inintelligents manquent aussi de réflexion, et sont ainsi portés à espérer.

(1) Juvenes etiam propter caliditatem naturæ habent multos spiritus, et ita in eis cor ampliatur; ex amplitudine autem cordis est quod aliquis ad ardua tendat ; et ideo juvenes sunt animosi et bonæ spei (I-II, q. xl., a. 6).

(2) Et iterum inconsideratio periculorum vel defectuum : et propter eamdem rationem etiam omnes stulti et deliberatione non utentes omnia tentant, et sunt bonæ spei (I-II, q. xl., a. 6).

III. — Quels sont les effets de l'espérance ?

Le premier effet est le plaisir, la joie, parce que l'espérance rend présent, par imagination, le bien espéré.

Cependant, il peut y avoir de la tristesse dans l'espérance, parce que ce bien, présent par l'imagination, est, en réalité, absent (1).

L'espérance perfectionne l'opération. D'abord, en raison de son objet : c'est un bien difficile et possible ; or, la difficulté surexcite l'attention, et fait mieux agir ; la persuasion de la possibilité encourage l'effort pour surmonter l'obstacle. D'autre part, le plaisir que donne l'espérance facilite naturellement l'action (2).

L'espérance produit encore l'amour de la personne par le secours de laquelle nous espérons obtenir le bien désiré : nous reportons sur cette

---

(1) Spes, inquantum habet præsentem æstimationem boni futuri, delectationem causat; inquantum autem caret præsentia ejus, causat afflictionem (I-II, q. XXXII, a. 3).

(2) Existimatio enim ardui excitat attentionem; existimatio vero possibilis non retardat conatum : unde sequitur quod homo intense operetur propter spem. Secundo vero... spes... causat delectationem, quæ adjuvat operationem... : unde spes operationem adjuvat (I-II, q. XL, a. 8).

personne bienfaisante l'amour de notre propre bien (1).

On peut enfin citer, parmi les effets de l'espérance, la longanimité dans l'attente, la patience à supporter le travail, l'audace à affronter le danger en prévision de la victoire.

(1) Ex hoc enim quod per aliquem speramus nobis posse provenire bona, movemur in ipsum sicut in bonum nostrum; et sic incipimus ipsum amare (I-II, q. XL, a. 7).

II

LE DÉSESPOIR.

I. — Nature du désespoir. Il est contraire à l'espérance par le sens de son mouvement à l'égard du bien ardu.
II. — Causes du désespoir. 1º Le désir. 2º L'expérience, quelquefois. 3º La faiblesse. 4º L'irréflexion ou la réflexion.
III. — Effets du désespoir : la douleur et l'abattement.

I. — Je n'ajouterai que quelques mots sur la passion de désespoir, dont j'ai été amené à parler déjà en traitant de l'espérance. Ces deux émotions sont tellement connexes que saint Thomas les étudie ensemble dans la même question, cependant peu étendue, de la *Somme théologique*.

Le désespoir est une répulsion produite par l'impossibilité apparente ou réelle d'obtenir un bien ardu. Il n'a pas pour objet le mal, mais, comme l'espérance, le bien difficile à atteindre. Seulement, ici, le bien est prévu, non pas uniquement comme difficile, mais comme impossible à acquérir (1).

(1) Objectum autem spei, quod est bonum arduum, habet

Ainsi, le désespoir est contraire à l'espérance, non par son objet fondamental, qui est le bien ardu comme pour l'espoir, mais par le sens inverse du mouvement de l'âme à l'égard de ce bien : l'espérance va au bien ardu, estimé possible; le désespoir s'en éloigne, parce qu'il est jugé impossible.

Le désespoir, il est vrai, peut avoir indirectement en vue le mal, en tant que le mal rend le bien impossible à atteindre ; mais non directement, en tant que le mal est mal, c'est-à-dire en le considérant en lui-même comme privation de bien (1). Pour se convaincre que l'objet propre du désespoir, comme de l'espérance, c'est le bien, il suffit d'observer que le déses-

quidem rationem attractivi, prout consideratur cum possibilitate adipiscendi ; et sic tendit in ipsum spes, quæ importat quemdam accessum. Sed, secundum quod consideratur cum impossibilitate obtinendi, habet rationem repulsivi, quia, ut dicitur in III *Ethic.*, cap. iii a med., *quum ventum fuerit ad aliquid impossibile, tunc homines discedunt*; et sic respicit hoc objectum desperatio. Unde importat motum cujusdam recessus; et propter hoc contrariatur spei, sicut recessus accessui (I-II, q. XL, a. 4).

(1) Desperatio non respicit malum sub ratione mali ; sed per accidens quandoque respicit malum, inquantum facit impossibilitatem adipiscendi ; potest autem esse desperatio ex solo super excessu boni (I-II, q. XL, a. 4, ad 2).

poir peut naître par la persuasion qu'un bien est inaccessible comme trop élevé au dessus de nous : dans ce cas, il est manifeste que cette passion s'adresse au bien.

II. — Le désespoir suppose le désir comme l'espérance (1). L'indifférence ne serait pas cause de désespoir.

L'expérience produit le désespoir lorsqu'elle détruit l'espérance, en faisant ressortir la difficulté insurmontable d'atteindre le bien.

Toute faiblesse qui rend impossible l'acquisition du bien, porte à désespérer.

L'irréflexion amène aussi le désespoir en grossissant l'apparence d'impossibilité ; et, en sens inverse, la réflexion fait désespérer, en mettant en relief une impossibilité réelle.

III. — Les effets du désespoir sont la douleur et l'abattement.

L'âme, en s'éloignant de ce bien qu'elle ne voit pas possibilité d'atteindre, éprouve une

---

(1) Desperatio præsupponit desiderium, sicut et spes; de eo enim quod sub desiderio nostro non cadit, neque spem neque desperationem habemus ; et propter hoc etiam utramque eorum est de bono, quod sub desiderio cadit (I-II, q. XL, a. 4, ad 3).

douleur, comme si l'impossibilité, qui la prive de ce qu'elle désire, était un véritable mal présent. Cette douleur peut aller jusqu'à l'abattement complet, jusqu'à anéantir les forces de l'âme et même les forces du corps : c'est alors une véritable stupeur (1).

L'espérance et le désespoir sont les deux premières passions de l'appétit irascible, parce que ces émotions ont trait au bien. L'objet le plus primitif de passion est, en effet, le bien, puisque le mal n'en est que la privation. Les mouvements d'irascibilité qui se rapportent au bien, espérance et désespoir, viennent donc avant ceux qui ont en vue le mal, crainte, audace, colère. Or, le mouvement premier que suscite le bien, est une tendance vers lui : voilà pourquoi l'espérance, qui va au bien malgré la difficulté, est avant le désespoir, qui se détourne du bien, parce qu'il est trop ardu (2).

---

(1) Si vero superexcrescat vis mali in tantum ut spem evasionis excludat, tunc simpliciter impeditur etiam interior motus animi angustiati, ut neque hac neque illac divertere valeat; et quandoque etiam impeditur exterior motus corporis, ita quod remaneat homo stupidus in seipso (I-II, q. XXXVII, a. 2).

(2) Oportet quod passiones quarum objectum est bonum, sci-

Dans la prochaine leçon, nous verrons les deux passions d'irascibilité qui ont trait au mal absent et imminent : la crainte, qui s'en éloigne; l'audace, qui l'attaque pour en triompher. Nous étudierons, à ce propos, les rapports du désespoir avec la crainte, et de l'espérance avec l'audace : ce que nous aurons à dire de l'irascibilité relative au mal imminent, achèvera d'éclairer ce que nous avons dit des émotions que le bien provoque dans l'appétit irascible.

licet spes et desperatio, sint naturaliter priores passionibus quarum objectum est malum, scilicet audacia et timore: ita tamen, quod spes est prior desperatione ; quia spes est motus in bonum secundum rationem boni, quod de sua ratione est attractivum, et ideo est motus in bonum per se; desperatio autem est recessus a bono, qui non competit bono secundum quod est bonum, sed secundum aliquid aliud, unde est quasi per accidens (I-II, q. xxv, a. 3).

VI

LA CRAINTE ET L'AUDACE

LA CRAINTE ET L'AUDACE

INTRODUCTION.

Les deux passions d'irascibilité qui ont pour objet le mal futur : la crainte et l'audace.

Nous allons continuer l'étude des passions d'irascibilité.

Nous avons examiné les deux premières, l'espérance et le désespoir. Ces passions ont pour objet le bien futur difficile à atteindre.

Après cet objet vient naturellement, par contraste, le mal futur difficile à éviter. Je dis : difficile à éviter, parce que ce caractère de difficulté est la marque propre de toutes les passions d'irascibilité ; c'est ce qui les distingue, vous le savez, des passions de désir ou de concupiscence.

De même que le bien futur provoque deux mouvements dans l'appétit irascible : l'un de tendance vers lui, l'espérance ; l'autre d'éloignement, le désespoir, si la difficulté est telle que le bien paraisse impossible à atteindre ; de même le mal futur, difficile à vaincre ou à éviter, peut causer dans l'âme deux mouvements : l'un direct, de retrait, d'éloignement, dans le cas où la difficulté semble à peu près insurmontable, c'est la crainte ; l'autre, dans un sens opposé à la répulsion que produit par lui-même le mal, je veux dire dans le sens d'attaque, d'agression, contre le mal menaçant, c'est l'audace.

Ce sont ces deux passions, crainte et audace, que nous allons étudier dans cet entretien.

LA CRAINTE.

I. — Nature de la crainte. L'animal a cette passion. Crainte naturelle, crainte non naturelle.
II. — Causes de la crainte. 1° Le mal, cause objective. La dépendance, même à l'égard d'un être bon, est cause de crainte. Explication de la crainte de la mort. Peut-on craindre de mal faire? Peut-on craindre de craindre? Caractères du mal qui augmentent la crainte. 2° L'amour, par l'intermédiaire du désir et de l'aversion. 3° La faiblesse de celui qui craint. 4° La force de ce que l'on craint.
III. — Effets de la crainte. 1° Contraction de la vie. 2° Trouble dans le jugement. 3° Réflexion et prudence, si la crainte est modérée. 4° Empêchement à l'action.

I. — La crainte est une répulsion produite par un mal absent et imminent, qu'il est difficile d'éviter, auquel on ne voit guère possibilité de résister (1).

Si nous n'avions pas rencontré déjà des passions qui ont pour objet ou le bien ou le mal ab-

---

(1) Sicut enim objectum spei est bonum futurum, arduum, possibile adipisci, ita objectum timoris est malum futurum, difficile, cui resisti non potest (I-II, q. XLI, a. 2). — Objectum timoris est malum imminens, quod non de facili repelli potest (I-II, q. XLII, a. 5).

sent, vous me demanderiez peut-être comment un objet absent peut produire une passion dans l'âme. Il semble que, pour causer cet effet, il faille quelque chose de présent. Mais, si l'objet en lui-même est réellement absent, il est présent dans l'âme par la prévision, par l'imagination (1). C'est par cette présence dans l'être passionné que le mal absent peut produire la passion de crainte.

Nous nous sommes demandés, à propos du bien futur difficile à atteindre, si l'animal avait l'espérance. Nous pouvons ici poser une question analogue : L'animal a-t-il la crainte ?

Nous résoudrons ce problème comme celui qui a trait à l'espérance : l'animal a la crainte, par l'appréciation qu'il fait du mal futur au moyen de ce jugement instinctif dont je vous ai parlé plusieurs fois, jugement qui s'exerce à l'occasion d'une perception présente (2). L'ani-

---

(1) Sicut passio corporalis naturalis provenit ex corporali præsentia agentis, ita passio animæ provenit ex animali præsentia agentis absque præsentia corporali vel reali, inquantum scilicet malum, quod est futurum realiter, est præsens secundum apprehensionem animæ (I-II, q. xli, a. 1, ad 2).

(2) Sensus non apprehendit futurum ; sed, ex eo quod apprehendit præsens, animal naturali instinctu movetur ad speran-

mal lie ce qu'il voit à ce qui peut arriver par un instinct que lui a donné la nature ; par une appréciation subite et non raisonnée il juge qu'un mal le menace, et c'est ainsi que naît en lui la crainte.

Nous avons distingué, au sujet des passions de concupiscence, des désirs naturels et des désirs non naturels. Les désirs naturels sont ceux qui ont pour objet la satisfaction des besoins ordinaires de la nature tels que les animaux les ont ; et les désirs non naturels sont ceux que l'homme ajoute à ses besoins naturels : ainsi, il désire le luxe, les honneurs, la considération, la gloire.

Y aura-t-il de même des craintes naturelles et des craintes non naturelles ?

Vous conclurez facilement qu'il y a aussi des craintes de ces deux sortes (1). En effet, le mal

dum futurum bonum vel timendum futurum malum (I-II, q. XLI, a. 1, ad 3).

(1) Est enim, ut Philosophus dicit, in II *Rhet.*, cap. v, timor de malo corruptivo, quod natura refugit propter naturale desiderium essendi ; et talis timor dicitur esse naturalis ; et iterum de malo contristativo, quod non repugnat naturæ, sed desiderio appetitus ; et talis timor non est naturalis ; sicut etiam supra, q XXX, a. 3, et q. XXI, a. 7, amor, concupiscentia et delectatio distincta sunt per naturale et non naturale (I-II, q. XLI, a. 3).

est le contraire du bien. Si nous désirons un bien non naturel, nous pouvons craindre de ne pas le posséder, et avoir ainsi une crainte non naturelle. Évidemment, comme on désire la richesse, on craint aussi de ne pas l'obtenir. De même, on craint de ne pas avoir les honneurs, de ne pas conquérir la considération des autres hommes.

Suivant l'ordre d'exposition que nous avons employé jusqu'ici, nous avons à nous demander quelles sont les causes et ensuite quels sont les effets de la crainte : cet ordre est celui même de saint Thomas, et j'ai à cœur de vous faire connaître, non pas seulement ses idées, mais encore sa manière de les présenter.

II. — La cause objective de la crainte est l'objet même que nous avons indiqué tout à l'heure, le mal futur auquel on ne peut guère résister.

Mais, est-ce à dire que l'objet de la crainte soit nécessairement un mal ? Ne peut-on pas craindre un bien, une chose bonne ou un sujet bon en soi ? Oui, on peut craindre un être bon, s'il peut causer à celui qui est passionné un mal imminent et difficile à vaincre (1). Par exemple, s'il s'agit d'un homme puissant, sous la dépendance duquel on se trouve ; évidemment, on peut craindre les effets de sa puissance ; et, toute créature dépendant naturellement de Dieu, nous pouvons, nous devons même, craindre la puissance divine.

Aristote avait bien saisi que le principe de la crainte, dans le cas dont il s'agit, est la dépendance dont nous venons de parler.

Tout homme qui dépend d'un autre, qui s'appuie d'une certaine manière sur un autre homme ou sur un être plus élevé, est sujet à redouter les effets de cette dépendance, que saint Thomas désignait par une expression traduite d'Aristote : « *Super alium esse*, être sur un autre » (2).

---

(1) Comparatur bonum ad malum ut causa ipsius, inquantum scilicet aliquod bonum sua virtute potest inducere aliquod nocumentum in bono amato. Et ideo... timor ad duo respicit, scilicet ad malum quod refugit, et ad illud bonum quod sua virtute potest infligere malum. Et per hunc modum Deus timetur ab homine, inquantum potest infligere pœnam vel spiritualem vel corporalem ; et per hunc etiam modum timetur potestas alicujus hominis, maxime quando est læsiva, vel quando est injusta, quia sic in promptu habet nocumentum inferre (I-II, q. XLII, a. 1).

(2) Φοβερὸν ὡς ἐπὶ τὸ πολὺ τὸ ἐπ' ἄλλῳ αὐτὸν εἶναι ('Ρητορ., II, v.). — Item etiam timetur *super alium es-*

Aussi le meilleur moyen de se préserver de la crainte des hommes est d'être indépendant par situation ou tout au moins par caractère.

Aristote avait remarqué que cette dépendance se rencontre dans le mal comme dans le bien. Si deux hommes ont commis un crime ensemble, ils sont complices et se craignent l'un l'autre ; chacun d'eux tremble que l'autre ne le trahisse et ne livre le secret du crime : les voilà donc enchaînés ensemble par la peur.

Peut-on craindre un mal naturel ?

Il semble au premier abord que non. La nature ne se contredit pas d'ordinaire : or, quand elle amène elle-même un mal, il paraît contradictoire qu'elle fasse naître dans les passions des hommes ou des animaux une crainte pour ce mal naturel. Cependant, il est manifeste que l'on craint la mort.

Aristote a inscrit dans l'*Éthique à Nicomaque* une sentence que saint Thomas traduit par ces mots : « *Inter omnia terribilissimum est mors* ; entre toutes choses, ce qu'il y a de plus

---

se, id est inniti alii, ut scilicet in ejus potestate sit constitutum nobis nocumentum inferre; sicut ille qui est conscius criminis, timetur ne crimen revelet (I-II, q. XLII, a. 1).

terrible, c'est la mort » (1). Et pourquoi ? Évidemment, parce que la mort prive du bien naturel auquel nous tenons le plus : la vie.

Ce n'est pas, à proprement parler, la crainte de la mort qui est difficile à comprendre : c'est la mort elle-même ; c'est là qu'est le mystère. Il semble que tout ce qui existe devrait vivre.

Remarquons ici que la mort n'est pas toujours l'effet d'une loi naturelle ; ainsi, elle peut nous être imposée par un autre homme, un ennemi, qui en veut à notre vie (2). Dans ce cas, il est manifeste qu'on peut craindre la mort, sans violer une loi de la nature.

Mais, même pour la mort simplement naturelle, saint Thomas a bien vu que le principe de la crainte est que, si la mort est conforme aux lois de la nature universelle, néanmoins l'être particulier y répugne (3). La nature de chaque

(1) Φοβερώτατον δ' ὁ θάνατος ('Ηθικ. Νικομ., III, VI). — Sed contra est quod Philosophus dicit, in III *Ethic.*, cap. VI, a med., quod *inter omnia terribilissimum est mors, quæ est malum naturæ* (I-II, q. XLII, a. 2).

(2) Aliquando vero malum naturæ provenit ex causa non naturali, sicut mors quæ violenter infertur a persecutore (I-II, q. XLII, a. 2).

(3) Mors et alii defectus naturæ proveniunt a natura universali, quibus tamen repugnat natura particularis, quantum po-

vivant est propre à ce vivant ; l'être de celui-ci lui appartient ; il a une loi de sa conservation individuelle, qui a sa place marquée dans l'ensemble de l'univers. Voilà comment les lois générales de la nature peuvent être contraires à l'inclination particulière d'un être. C'est ainsi que la mort est objet de crainte pour chaque vivant.

Comment échappe-t-on à la crainte de la mort ? Un moyen fréquemment employé, c'est de n'y point penser. Qu'est-ce à dire ? Suffit-il de détourner son attention, pour ne plus voir un mal si naturel qu'on ne peut éviter ? Oui, par distraction, le mal le plus naturel, dont on croit l'échéance éloignée, ne semble plus futur, et, partant, plus de crainte (1).

A l'opposé, le mal de la mort peut ne plus paraître futur parce qu'il est trop présent. Ainsi, Aristote avait observé que les condamnés à mort, quelquefois, même au moment où ils vont

test ; et sic ex inclinatione particularis naturæ est dolor et tristitia de hujusmodi malis, quum sunt præsentia, et timor, si imminent in futurum (I-II, q. xlii, a. 2, ad 3).

(1) Ut enim Philosophus dicit, in II *Rhet.*, cap. v, circ. princip., *quæ valde longe sunt non timentur : sciunt enim omnes quod morientur ; sed, quia non prope est, nihil curant* (I-II, q. xlii, a. 2).

mourir, perdent la crainte (1). Ils peuvent avoir de la douleur, mais ils n'ont plus cette passion qui s'adresse à un mal absent difficile à éviter : il n'y a plus difficulté, mais impossibilité absolue, parce qu'il est évident que, pour eux, ce mal est inévitable ; et il est comme présent, parce qu'il va immédiatement arriver.

Il faut donc que le mal soit vraiment futur et qu'il soit prévu comme tel, pour exciter la crainte.

Poursuivons l'exposition des objets de la crainte, en nous inspirant de saint Thomas qui, lui-même, commente souvent Aristote, même dans la *Somme théologique*, en le complétant par les principes chrétiens.

Peut-on craindre le mal d'une faute? Pouvons-nous craindre de mal faire au point de vue moral ?

La solution de saint Thomas va peut-être vous étonner. Il répond : A proprement parler, nous ne pouvons pas craindre de commettre

---

(1) Alio modo æstimatur aliquod malum, quod est futurum, ut non futurum, propter necessitatem quæ facit ipsum æstimare ut præsens. Unde Philosophus dicit, in II *Rhet.*, cap. v, circ. med., quod *illi qui jam decapitantur, non timent, videntes sibi necessitatem mortis imminere* (I-II, q. XLII, a. 2).

nous-mêmes une faute. Pourquoi ? Parce que nous restons maîtres de bien ou de mal faire. Nous ne pouvons pas craindre d'abuser ainsi de notre liberté, puisqu'il dépend absolument de nous d'en user convenablement. Mais, ce que nous pouvons craindre, c'est une tentation venant d'une influence extérieure, par exemple de la société des méchants (1). Alors, ce n'est pas précisément la faute, comme dépendant de notre volonté libre, que nous craignons, c'est l'entraînement causé par une séduction du dehors. Il faut qu'il y ait une cause extrinsèque, pour que la crainte puisse naître dans l'âme.

Je me permettrai d'ajouter, bien que saint Thomas ne le dise pas d'une manière précise, qu'à mon avis, nous pouvons craindre nos propres inclinations : soit nos passions sensibles, capables de nous pousser au mal, parce qu'elles

---

(1) Id quod omnino subjacet potestati et voluntati nostræ, non habet rationem terribilis ; sed illud solum est terribile, quod habet causam extrinsecam. Malum autem culpæ propriam causam habet voluntatem humanam, et ideo proprie non habet rationem terribilis. Sed, quia voluntas ab aliquo exteriori potest inclinari ad peccandum, si illud inclinans habeat magnam vim ad inclinandum, secundum hoc poterit esse timor de malo culpæ inquantum est ab exteriori causa, puta quum aliquis timet commorari in societate malorum, ne ab eis ad peccandum inducatur (I-II, q. XLII, a. 3).

ne sont pas absolument subordonnées à notre volonté libre ; soit même les penchants de notre volonté, qui amoindrissent notre libre arbitre, sans le détruire complètement. Ces tendances sont, au point de vue de la maîtrise de nous-mêmes, des causes en quelque façon extrinsèques, et nous pouvons craindre qu'elles ne nous portent à mal faire.

Il y a donc une différence notable entre l'espoir et la crainte. Nous pouvons avoir l'espérance de faire une bonne action. C'est là un bien futur, qui peut être difficile, mais qui n'est pas impossible, puisqu'il dépend de notre volonté. Or, le bien futur et possible, quoique difficile, est l'objet propre de l'espérance, nous le savons. Au contraire, nous ne pouvons pas directement et proprement craindre de mal faire(1). En effet, pour provoquer la crainte, il faut un mal imminent qui nous menace malgré nous et que nous ne voyions guère possibilité d'éviter. Or, une faute volontaire est un mal qu'il est mani-

---

(1) Spes potest esse de actu virtutis, qui est in potestate nostra constitutus ; sed timor est de malo quod non subjacet nostræ potestati ; et ideo semper malum quod timetur, est a causa extrinseca ; bonum autem quod speratur, potest esse et a causa intrinseca et a causa extrinseca (I-II, q. XLII, a. 3, ad 3).

festement possible d'éviter, puisque nous sommes toujours libres de bien faire.

Mais, nous pouvons craindre certaines conséquences de nos fautes, comme la honte, comme la séparation d'avec Dieu, si nous croyons en Dieu (1). Ces effets viennent de causes qui sont extérieures à nous-mêmes : l'opinion des autres hommes, pour la honte ; la justice et la puissance divines, pour la séparation d'avec Dieu.

Dans le même ordre d'idées, demandons-nous s'il est possible de craindre la crainte elle-même. Peut-on craindre de craindre ?

Oui : en effet, l'on craint, non pas parce qu'on le veut, mais parce que l'on est dans une situation qui détermine la crainte. C'est la prévision d'un mal imposé du dehors qui nous force à éprouver cette émotion de frayeur. Il s'agit d'un mal qui vient d'une cause extérieure et que nous ne pouvons pas facilement éviter. Donc, nous pouvons craindre de craindre (2).

---

(1) Separatio a Deo est quædam pœna consequens peccatum, et omnis pœna aliquo modo est ab exteriori causa... Verecundia non est timor de actu ipso peccati, sed de turpitudine vel ignominia quæ consequitur ipsum, quæ est a causa extrinseca (I-II, q. XLI, a. 3, ad 1 et ad 4).

(2) Timor autem partim provenit ex causa extrinseca, et partim subjacet voluntati. Provenit quidem ex causa extrinseca in-

Observons que, pour apaiser cette crainte de la crainte elle-même, nous n'avons qu'à considérer l'empire que notre volonté libre possède sur nos propres passions. En pensant que nous avons le pouvoir de dominer nos mouvements passionnels, nous ne craindrons plus ou nous craindrons moins d'avoir peur.

Quels sont les caractères du mal qui le rendent le plus terrible ?

D'abord, un mal qui fait irruption rapidement, subitement, est plus redoutable qu'un autre prévu de loin (1) : parce qu'un mal subit

---

quantum est passio quædam consequens phantasiam imminentis mali ; et secundum hoc potest aliquis timere timorem, ne scilicet immineat ei necessitas timendi propter ingruentiam alicujus excellentis mali. Subjacet autem voluntati inquantum appetitus inferior obedit rationi ; unde homo potest timorem repellere ; et secundum hoc timor non potest timeri, ut dicit Augustinus, in lib. LXXXIII quæst., q. 33 (I-II, q. XLII, a. 4).

(1) Objectum timoris est malum imminens quod non de facili repelli potest. Hoc autem ex duobus contingit, scilicet ex magnitudine mali et ex debilitate timentis. Ad utrumque autem horum operatur quod aliquid sit insolitum et repentinum. Primo quidem facit ad hoc quod malum imminens majus appareat... Secundo aliquid esse insolitum et repentinum facit ad debilitatem timentis, inquantum subtrahit remedia quæ homo potest præparare ad repellendum futurum malum, quæ esse non possunt quando ex improviso malum occurrit (I-II, q. XLII, a. 5).

paraît plus grand, étant moins connu ; en outre, parce qu'il ne nous donne pas le temps de nous préparer à la défense et nous laisse plus faibles à repousser l'attaque.

Aristote avait déjà observé que les hommes calmes et rusés sont plus à craindre que les caractères emportés et violents (1), parce que les premiers cachent leur colère et nous menacent tout à coup, au moment où l'on ne s'y attend point ; pour les seconds, au contraire, on prévoit leur emportement, on a le temps de se prémunir ; aussi, dédaigne-t-on leur colère.

Cependant, quelquefois, plus un mal nous menace lentement, plus il paraît terrible, parce que nous en considérons longuement tous les caractères qui nous épouvantent (2) : mieux vaudrait être assailli de suite que d'avoir cette crainte

---

(1) Illi qui habent iram acutam, non occultant eam ; et ideo nocumenta ab eis illata non ita sunt repentina quin prævideantur. Sed homines mites et astuti occultant iram ; et ideo nocumentum quod ab eis imminet, non potest prævideri, sed ex improviso advenit ; et propter hoc Philosophus dicit quod tales magis timentur (I-II, q. XLII, a. 5, ad 2).

(2) Sed potest propter aliquod accidens contingere quod magnitudo alicujus mali lateat, puta quum hostes se insidiose occultant ; et tunc verum est quod malum ex diligenti consideratione fit terribilius (I-II, q. XLII, a. 5, ad 3).

prolongée, qui n'en est que plus troublante.

Et les maux qui n'ont pas de remèdes, sont-ils plus terribles ? Oui, parce qu'ils paraissent sans fin (1). Tout se multiplie dans le temps, à mesure que le temps augmente. Un mal dont la durée nous paraît indéfinie, nous semble le plus grand des maux et le plus redoutable.

Continuons d'examiner les causes de la crainte.

En voici une générale : c'est l'amour. Nous savons que l'amour est la source de toute passion d'irascibilité, comme de concupiscence. C'est parce que l'on a quelque amour, que l'on peut avoir quelque désir ou crainte, et ainsi des autres passions. La crainte vient de l'amour, par l'intermédiaire du désir et de l'aversion (2). On

---

(1) Ea enim quæ sunt in tempore, secundum durationem temporis quodammodo mensurantur. Unde, si pati aliquid in tempore tanto est malum, pati idem in duplo tempore apprehenditur ut duplatum ; et secundum hanc rationem pati idem in infinito tempore, quod est perpetuo pati, habet quodammodo infinitum augmentum. Mala autem quæ, postquam advenerint, non possunt habere remedium, vel non de facili, accipiuntur ut perpetua vel diuturna ; et ideo maxime redduntur timenda (I-II, q. XLII, a. 6).

(2) Ex hoc enim quod aliquis amat aliquod bonum, sequitur quod privativum talis boni sit ei malum ; et per consequens quod timeat ipsum tanquam malum (I-II, q. XLIII, a. 1). — Sicut spes causatur vel oritur a desiderio boni, ita timor est ex

désire le bien, on fuit le mal. La simple aversion pour ce qui est nuisible fait qu'on s'éloigne d'un mal qui se présente avec le caractère de difficulté propre aux objets des passions irascibles.

Tout défaut, toute faiblesse, qui rend le mal difficile à éviter ou à vaincre, est une cause de crainte (1) : c'est une cause d'infériorité pour le sujet craintif ; de là vient une disposition à redouter d'être blessé.

De même, la force, la puissance, dans celui qui peut nuire ou dans une chose qui peut faire du mal, est cause de crainte (2).

N'y a-t-il pas, cependant, un défaut, dans l'être ou l'objet extérieur, qui puisse nous être particulièrement nuisible et, par conséquent, augmenter notre crainte ? Oui, si ce défaut augmente, au moins en apparence, la puissance, la force, de ce que nous craignons (3). Dans un autre

---

fuga mali ; fuga autem mali oritur ex desiderio boni (I-II, q. XLI, a. 2, ad 3).

(1) Defectus per se loquendo est causa timoris ; ex aliquo enim defectu virtutis contingit quod non possit aliquis de facili repellere imminens malum (I-II, q. XLIII, a. 2).

(2) Ex hoc enim quod aliquid quod apprehenditur ut nocivum, est virtuosum, contingit quod ejus effectus repelli non potest (I-II, q. XLIII, a. 2).

(3) Contingit tamen per accidens quod aliquis defectus ex

homme, un défaut moral, iniquité, mauvais penchant, nous fait spécialement craindre d'être lésé. Un dommage éprouvé ou redouté par une autre personne peut la porter à la vengeance ou à l'attaque et, par là, nous donner de la crainte.

III. — Quels sont les effets de cette passion ?

C'est d'abord un effet physique ou physiologique. La crainte produit une contraction de la vie (1). Dans l'appétit, la faiblesse de l'âme, d'où naît la crainte, diminue l'extension de sa faculté d'agir : à l'imitation de l'âme, les forces du corps se rétrécissent, la chaleur abandonne les extrémités et se porte dans les régions internes.

Saint Thomas entre dans les détails les plus précis, au sujet de ces mouvements physiolo-

---

ista parte causat timorem, inquantum ex aliquo defectu contingit quod aliquis velit nocumentum inferre, puta propter injustitiam, vel quia ante læsus fuit, vel quia timet lædi (I-II, q. XLIII, a. 2).

(1) Quod autem aliquid difficile possit repelli, provenit ex debilitate virtutis, ut supra dictum est. Virtus autem, quanto est debilior, tanto ad pauciora se potest extendere. Et ideo ex ipsa imaginatione, quæ causat timorem, sequitur quædam contractio in appetitu... Et secundum similitudinem hujus contractionis, quæ pertinet ad appetitum animalem, sequitur etiam in timore ex parte corporis contractio caloris et spirituum ad interiora (I-II, q. XLIV, a. 1).

giques. Je ne vous dirai pas qu'il faut suivre à la lettre toutes ses descriptions scientifiques : certaines paraissent assez vieilles ; c'est à peu près la physique d'Aristote, et naturellement ce n'est pas tout à fait la science moderne. Vous me permettrez, cependant, d'en dire quelques mots, pour montrer avec quel soin saint Thomas étudie à la fois les mouvements physiques du corps et les mouvements passionnels de l'âme, avec la conviction que les uns et les autres ont leur racine dans la même substance, dans le même fond de l'être.

La pâleur, qui est visible dans la crainte, est produite, d'après saint Thomas, par le retrait de la chaleur vitale dans les régions internes, et il ajoute : dans les régions inférieures du corps.

Dans la colère et l'audace, au contraire, la chaleur monte vers le cœur, et il en résulte une dilatation de la vie, au lieu de ce resserrement, de cette contraction, qui est l'effet de la crainte (1).

(1) In iratis propter calorem et subtilitatem spirituum, quae proveniunt ex appetitu vindictæ, interius fit spirituum motus ab inferioribus ad superiora : et ideo congregantur spiritus et calor circa cor, ex quo sequitur quod irati redduntur prompti et audaces ad invadendum. Sed in timentibus, propter frigiditatem ingrossantem spiritus moventur a superioribus ad infe-

Saint Thomas pense même que la difficulté de parler, que l'on constate dans la peur, est due au refroidissement des esprits vitaux, qui ne peuvent plus monter jusqu'à la bouche pour former la voix (1).

La honte fait rougir et la frayeur fait pâlir : cependant, la honte est une sorte de crainte. Comment expliquer ce contraste ? Saint Thomas en a cherché la cause ; voici la raison qu'il en donne (2). Dans la crainte d'un mal contraire à la nature physique, toutes les forces du corps su-

riora ; quæ quidem frigiditas contingit ex imaginatione defectus virtutis : et ideo non multiplicantur calor et spiritus circa cor, sed magis a corde refugiunt ; et propter hoc timentes non prompte invadunt, sed magis refugiunt (I-II, q. XLIV, a. 1, ad 1).

(1) In timentibus fit motus interioris caloris et spirituum a corde ad inferiora, ut dictum est : et ideo timor contrariatur formationi vocis, quæ fit per emissionem spirituum ad superiora per os ; et propter hoc timor tacentes facit (I-II, q. XLIV, a. 1, ad 2).

(2) Sic enim disponitur animal ex imaginatione mortis contrahens calorem ad interiora, sicut quando naturaliter mors imminet ; et inde est quod *timentes mortem pallescunt,* ut dicitur in IV *Ethic.*, cap. VIII parum a princ. Sed malum quod timet verecundia, non opponitur naturæ, sed solum appetitui animali : et ideo fit quædam contractio secundum appetitum animalem, non autem secundum naturam corporalem ; sed magis anima, quasi in se contracta, vacat ad motionem spirituum et caloris ; unde fit eorum diffusio ad exteriora ; et propter hoc verecundati rubescunt (I-II, q. XLIV, a. 1, ad 3).

vent naturellement le mouvement de retrait de la passion sensible ; mais, quand il s'agit d'un mal propre à l'âme, comme dans la honte, l'âme se concentre en elle-même et emploie son énergie à mettre en mouvement les esprits vitaux, à pousser la chaleur de la vie vers l'extérieur.

La même contraction de vie dont nous avons parlé, produit le tremblement, par refroidissement des membres ; le cœur lui-même tremble, parce que la chaleur vitale descend, au lieu de monter vers le cœur, et tous les organes liés à la poitrine participent à ce tremblement (1).

J'ai voulu donner ces détails pour faire voir combien saint Thomas s'applique à décrire et à expliquer les modifications physiques qui accompagnent les émotions de l'âme : vous trouverez des développements encore plus complets dans la *Somme théologique*.

(1) Sicut supra dictum est, in timore fit quædam contractio ab exterioribus ad interiora ; et ideo exteriora frigida remanent : et propter hoc in eis accidit tremor, qui causatur ex debilitate virtutis continentis membra ; ad hujusmodi autem debilitatem maxime facit defectus caloris, qui est instrumentum quo anima movet, ut dicitur in II *de Anima*... Quia in timore calor deserit cor, a superioribus ad inferiora tendens, ideo timentibus maxime tremit cor, et membra quæ habent aliquam connexionem ad pectus, ubi est cor (I-II, q. XLIV, a. 3, corp. et ad 3).

Un autre effet de la crainte, quand elle est intense, est de troubler le jugement. Cela n'est pas particulier à la crainte. Toutes les passions violentes amènent ce trouble, dans l'appréciation de l'esprit (1). C'est que nous sommes naturellement portés à voir les choses à la manière de nos passions, à la mesure de nos impressions personnelles : cette proportion imposée entraîne un jugement faux, inexact. La peur fait paraître le danger plus terrible qu'il ne l'est en réalité.

La crainte, par elle-même, porte à chercher le moyen d'échapper au danger ; mais, si elle est intense, elle met obstacle à une délibération raisonnable ; quand elle est modérée, elle peut aider à la réflexion, en mettant en relief la grandeur du péril ; elle donne ainsi de la prudence dans la délibération et, par là, rend plus fort contre le mal (2).

(1) Homini affecto secundum aliquam passionem videtur aliquid vel majus vel minus quam sit secundum rei veritatem ; sicut amanti videntur ea quæ amat meliora, et timenti ea quæ timet terribiliora ; et sic ex defectu rectitudinis judicii quælibet passio, quantum est de se, impedit facultatem bene consiliandi (I-II, q. XLIV,. a 2).

(2) Quando timor fuerit fortis, vult quidem homo consiliari, sed adeo perturbatur in suis cogitationibus, quod consilium adinvenire non potest : si autem sit parvus timor, qui sollici-

Enfin, la crainte est un empêchement à l'action : d'abord, par suite de la contraction de vie, qui diminue les forces, et aussi par le trouble intellectuel que nous venons d'expliquer.

Toutefois, la crainte tempérée facilite l'action, puisqu'elle donne plus de réflexion, plus d'attention et de prudence dans la délibération (1).

Tels sont les effets de la crainte.

Il reste à étudier l'audace, dans sa nature, ses causes et ses effets.

tudinem consiliandi inducat sec multum rationem conturbet, potest etiam conferre ad facultatem bene consiliandi ratione sollicitudinis consequentis (I-II, q. XLIV, a. 2, ad 2).

(1) Ex parte igitur instrumentorum corporalium, timor, quantum est de se, semper natus est impedire exteriorem operationem: propter defectum caloris, qui ex timore accidit in exterioribus membris. Sed ex parte animæ, si sit timor moderatus, non multum rationem perturbans, confert ad bene operandum, inquantum causat quamdam sollicitudinem et facit hominem attentius consiliari et operari : si vero timor tantum increscat, quod rationem perturbet, impedit operationem etiam ex parte animæ (I-II, q. XLIV, a. 4).

II

L'AUDACE.

I. — Nature de l'audace. A quelle passion l'audace est-elle contraire ?
II. — Causes de l'audace. 1° L'espérance. Relations entre la crainte et le désespoir. 2° Tout ce qui provoque l'espérance ou exclut la crainte. Comment un défaut peut-il être cause d'audace ?
III. — Effets de l'audace. 1° Action vive et prompte. 2° Découragement après un début très vif, lorsque l'audace n'est pas inspirée et modérée par la raison.

I. — L'audace est une tendance agressive vers le mal imminent, difficile à vaincre.

A quelle passion l'audace est-elle contraire ?

Pour répondre à cette question, il faut savoir si l'on envisage la contrariété du côté de l'objet ou bien par rapport au sens du mouvement passionnel.

S'il s'agit du sens de la passion, l'audace est contraire à la crainte (1). Dans les deux émo-

---

(1) Timor enim refugit nocumentum futurum propter ejus victoriam super ipsum timentem ; sed audacia aggreditur periculum imminens propter victoriam sui supra ipsum periculum. Unde manifeste timori contrariatur audacia (I-II, q. XLV, a. 1).

tions, même objet : c'est un mal futur difficile à repousser ; seulement à ce mal répond, dans la crainte, un retrait, un éloignement ; dans l'audace, une agression, une attaque pour le dominer. L'objet est le même, le mouvement de passion diffère. Si nous supposons que le mal est presque impossible à repousser, il nous effraie, nous le redoutons ; si, au contraire, nous jugeons qu'il est possible de le vaincre, l'audace peut s'éveiller en nous avec l'effort agressif pour triompher du danger qui nous menace.

Au point de vue de l'objet, l'audace est contraire à l'espérance (1). En effet, quel est l'objet de l'espérance ? C'est un bien futur difficile à acquérir. Quel est l'objet de l'audace ? C'est un mal à venir difficile à repousser. D'un côté, le bien ; de l'autre côté, le mal. De chaque côté, une difficulté. Vous voyez que, sous ce rapport, l'espérance est la passion directement contraire à l'audace.

---

(1) Passiones irascibilis habent duplicem contrarietatem : unam secundum oppositionem boni et mali, et sic timor contrariatur spei ; aliam secundum oppositionem accessus et recessus, et sic timori contrariatur audacia, spei vero desperatio (I-II, q. XLV, a. 1, ad 2).

II. — Cependant, cette passion-contraire, l'espérance, est une cause de l'émotion opposée.

L'audace naît de l'espérance (1). C'est facile à entendre. Si nous n'avions pas l'espérance de vaincre la difficulté, le mal se présenterait avec son caractère répulsif et ne ferait naître en nous que la crainte : nous ne serions jamais entraînés à l'attaquer. Il faut que nous espérions la victoire, pour que l'audace s'élève dans notre âme.

Dans une autre passion, nous voyons un effet analogue. La crainte, qui est un mouvement d'éloignement par rapport au mal, est cause du désespoir, qui a pour objet le bien. C'est parce que l'on craint de ne pouvoir vaincre une difficulté, que le bien paraît impossible à atteindre ; et c'est pour cela qu'on désespère.

Permettez-moi de vous signaler deux passages de la *Somme théologique*, qui semblent formellement contradictoires, au sujet des relations entre la crainte et le désespoir. Je voudrais attirer votre attention sur ces deux textes,

---

(1) Audacia consequitur ad spem; ex hoc enim quod aliquis sperat superare terribile imminens, ex hoc audacter insequitur ipsum (I-II, q. XLV, a. 2).

pour vous épargner un étonnement et essayer de résoudre avec vous la difficulté d'interprétation.

Lorsque saint Thomas étudie l'ordre des diverses passions entre elles, il est amené à se demander si l'espérance est la première passion de l'appétit d'irascibilité. Dans l'article où cette question est traitée, il énonce positivement cette proposition : Le désespoir est cause de la crainte, et pour cette raison il est plus primitif.

D'autre part, à propos des causes de l'audace, saint Thomas dit le contraire, en apparence ; à savoir : La crainte est cause du désespoir (1).

Comment concilier ces deux assertions ? Y a-t-il eu contradiction dans la pensée de saint Thomas ? La cause du désespoir peut-elle être la crainte et, néanmoins, la cause de la crainte peut-elle être le désespoir ? Je crois que les deux relations inverses peuvent exister.

Je vais vous exposer ma manière d'entendre les deux textes, vous laissant juges de son exactitude.

---

(1) Ad timorem vero sequitur desperatio ; ideo enim aliquis desperat, quia timet difficultatem quæ est circa bonum sperandum (I-II, q. XLV, a. 2). — Timor consequitur desperationem vincendi (I-II, q. XXV, a. 3).

La crainte est vraiment cause de désespoir. En effet, le désespoir s'éloigne d'un bien difficile. Or, le bien ne peut pas directement déterminer un mouvement d'éloignement, parce que l'homme, comme tout être sensible, aime naturellement le bien. Pour qu'il y ait par rapport au bien une passion d'éloignement, il faut qu'un mal, une privation du bien survienne : et ainsi, pour causer le désespoir, il faut une passion qui ait pour objet le mal. Cette passion sera la crainte ; c'est parce que nous craignons de ne pouvoir surmonter l'obstacle au bien, que nous désespérons. Vous voyez que le désespoir naît après une certaine crainte.

D'autre part, n'est-il pas certain que, si nous craignons un mal futur, c'est parce que nous ne voyons pas possibilité de le dominer ; en d'autres termes, parce que nous désespérons d'en triompher.

Or, quel est le genre de passions vraiment primordial dans l'être sensible ? C'est le genre des passions qui ont trait au bien, avant celles qui se rapportent au mal, parce que l'amour est la source première de tout mouvement passionnel. Voilà pourquoi, à l'origine d'une passion déterminée par le mal, est toujours une passion qui s'adresse au bien (1). Ici, c'est parce que nous désespérons de vaincre le mal, que nous le craignons; et, à mon sens, cette liaison qui fait remonter jusqu'à un certain désespoir la cause de la crainte, est plus fondamentale que la relation inverse, précisément parce que les passions qui ont pour objet le bien sont primitives dans l'être sensible.

Le bien n'est pas plus l'objet direct de l'audace qu'il ne l'est de la crainte. Dans la génération de l'audace, le bien de la victoire est l'objet de l'espérance. Quant à l'objet propre de l'audace, c'est le mal à vaincre (2). N'oublions pas, en effet, que cette passion s'adresse à un danger qui menace et, que, si un bien prévu s'y ajoute, il éveille une passion collatérale d'un autre genre, l'espérance.

(1) Quod autem spes et desperatio sint naturaliter priores quam timor et audacia, ex hoc manifestum est quod, sicut appetitus boni est ratio quare vitetur malum, ita etiam spes et desperatio sunt ratio timoris et audaciæ : nam audacia consequitur spem victoriæ, et timor consequitur desperationem vincendi (I-II, q. XXV, a. 3).

(2) Audacia, licet sit circa malum cui conjunctum est bonum victoriæ secundum æstimationem audacis, tamen respicit malum; bonum vero adjunctum respicit spes : ... inde proprie loquendo audacia non est pars speciei, sed ejus effectus (I-II, q. XLV, a. 2, ad 3).

Comme corollaire de ce que nous venons de dire, il est manifeste que tout ce qui provoquera l'espérance ou exclura la crainte, sera cause naturelle d'audace (1).

Au point de vue de l'appétit de l'âme, l'espérance est favorisée par tout ce qui donne confiance en soi-même : la force physique, l'expérience, toutes les capacités, la fortune. L'espérance sera aussi facilitée par la confiance en autrui, et principalement par la confiance en Dieu. Je nomme Dieu ici à l'imitation d'Aristote lui-même : Tous les hommes, dit-il, qui sont bien avec la Divinité, ont de l'espérance et, par suite, de l'audace (2).

Du côté de l'âme, la crainte est exclue par ce qui supprime la prévision de l'imminence du

(1) Sicut supra dictum est, audacia consequitur spem et contrariatur timori ; unde quæcumque nata sunt causare spem vel excludere timorem, sunt causa audaciæ. Quia vero timor et spes et etiam audacia, quum sint passiones quædam, consistunt in motu appetitus et in quadam transmutatione corporali, dupliciter potest accipi causa audaciæ, sive quantum ad provocationem spei, sive quantum ad exclusionem timoris : uno modo quidem ex parte appetitivi motus ; alio vero modo ex parte transmutationis corporalis (I-II, q. XLV, a. 3).

(2) Unde *illi qui se bene habent ad divina, audaciores sunt*, ut etiam Philosophus dicit, in II *Rhet.*, cap. v, sub fine (I-II, q. XLV, a. 3).

mal : par exemple, absence d'ennemis, conscience de n'avoir nui à personne.

Au point de vue de la passion physique, la chaleur du sang, un tempérament vif, ardent, comme dans la jeunesse, activent l'espérance, chassent la crainte et excitent l'audace: saint Thomas le remarque après Aristote. L'entraînement des forces physiques facilite l'entraînement de la passion. C'est ainsi que l'ivresse est cause d'audace.

Aucun défaut de capacité, aucune faiblesse ne cause l'audace directement, parce que cette passion demande de l'énergie, de la puissance; mais, indirectement, un défaut peut disposer à l'audace, en donnant une excellence vraie ou imaginaire, soit à l'audacieux, soit à une autre personne qui peut secourir la faiblesse (1). L'inexpérience, par exemple, produit l'audace, surtout chez les jeunes gens. Un malheur immérité fait naître la confiance en un Dieu protecteur

---

(1) Sicut Philosophus dicit, in II *Rhet.*, cap. v, in fine, *injustum passi redduntur audaciores, quia æstimant quod Deus injustum passis auxilium ferat*: et sic patet quod nullus defectus causat audaciam nisi per accidens; inquantum scilicet habet adjunctam aliquam excellentiam, vel veram vel æstimatam, vel ex parte alterius vel ex parte sui (I-II, q. xlv, a. 3, ad 3).

et vengeur, et, par là, peut rendre audacieux.

III. — Quels sont les effets de l'audace ?

Le premier effet est une action vive et prompte.

Mais, il faut remarquer que l'audace proprement sensible, celle qui n'est qu'une passion animale, après une attaque rapide et ardente, facilement conduit au découragement (1). Il est intéressant d'en rechercher les motifs: saint Thomas se donne la peine de les analyser avec assez de détails.

Lorsque l'audace est une simple passion animale, l'appréciation instinctive juge en bloc le mal imminent, sans se rendre compte avec assez d'attention de tous ses caractères (2). Dans ce cas, l'audacieux s'élance au devant du danger sans en mesurer toute la portée, sans mesurer

(1) Sed contra est quod dicitur in III *Ethic.*, cap. VII post med., quod *audaces prævolantes sunt et volantes ante pericula, in ipsis autem discedunt* (I-II, q. XLV, a. 4).

(2) Audacia, quum sit quidam motus appetitus sensitivi, sequitur apprehensionem sensitivæ virtutis : virtus autem sensitiva non est collativa nec inquisitiva singulorum quæ circumstant rem, sed subitum habet judicium... Unde, quando jam experiuntur ipsum periculum, sentiunt majorem difficultatem quam æstimaverunt ; et ideo deficiunt (I-II, q. XLV, a. 4).

non plus ses forces. Bientôt la menace approche : quand il est en plein péril, il s'aperçoit que le mal est plus terrible qu'il ne l'avait supposé, et le voilà qui se décourage ; son audace est abattue, et, perdant l'espoir de vaincre, au lieu d'attaquer, il s'enfuit.

Si, au contraire, l'audace est dirigée par la raison, l'effet primitif n'est plus le même ; il y a moins de vivacité à l'attaque, moins de promptitude dans le premier mouvement d'agression. Comment cela ? Précisément parce qu'on juge avec la raison et non par instinct, on prend le temps de réfléchir, on délibère. Mais aussi, en face du danger, on n'a plus cette surprise qu'avait l'autre audacieux ; au contraire, le péril, considéré d'abord avec attention, paraît moindre qu'on ne l'avait pensé. Aussi, l'audace raisonnable a-t-elle plus de solidité, plus de constance, quoiqu'elle attaque avec moins de rapidité (1).

(1) Sed ratio est discursiva omnium quæ afferunt difficultatem negotio : et ideo fortes, qui ex judicio rationis aggrediuntur pericula, in principio videntur remissi, quia non passione, sed cum deliberatione debita aggrediuntur ; quando autem sunt in ipsis periculis, non experiuntur aliquid improvisum, sed quandoque minora illis quæ præcogitaverunt ; et ideo magis persistunt. Vel etiam quia propter bonum virtutis pericula ag-

Ajoutons avec saint Thomas: si c'est pour le bien de la vertu que l'audace entreprend de repousser le mal, l'amour intellectuel de ce bien ne s'affaiblit pas en face du péril; tout au contraire, il ne fait que se fortifier. Voilà pourquoi le vaillant dont la hardiesse est inspirée par la noble passion du bien moral, est plus constant dans son audace que celui dont le courage est un simple élan d'inclination sensible. Toutefois, rappelons-nous que l'homme a une puissance sensitive d'appréciation plus parfaite que celle des autres animaux. Donc, même par cette faculté, il pourra mieux considérer, mieux juger les caractères du danger imminent, et avoir ainsi l'audace plus constante au milieu du péril. Du reste, cette raison particulière de l'homme sert d'instrument à sa raison universelle, pour diriger la passion, sous l'empire de la volonté.

Vous le voyez, l'audace, qui naît à cause même du mal imminent, ne croît, cependant, pas proportionnellement au danger. C'est que, dans les passions d'irascibilité, un bien est mêlé au mal, un mal est mêlé au bien. Ici, le bien de la victoire éveille l'espérance et l'audace la suit. Mais,

grediuntur, cujus boni voluntas in eis perseverat, quantacumque sint pericula (I-II, q. XLV, a. 4).

si la victoire paraît plus difficile, l'espérance est diminuée et l'audace en même temps. Si la victoire paraît impossible, c'est uniquement le désespoir.

Je me contenterai de ces considérations sur les passions de crainte et d'audace.

Dans la prochaine leçon, nous aurons à examiner la dernière passion d'irascibilité : la colère. Elle a pour objet, non pas un mal futur, comme l'audace et la crainte, mais un mal présent. En face de ce mal, la colère ne s'éloigne pas; elle attaque, elle aussi, et s'efforce de triompher : nous verrons sous quel aspect particulier se présente le mal qui la provoque.

VII

LA COLÈRE

LA COLÈRE

INTRODUCTION.

La colère, dernière passion de l'appétit d'irascibilité.

Nous avons encore une passion d'irascibilité à étudier : la colère. Elle a pour objet un mal présent difficile à dominer, à vaincre.

Ce n'est pas, nous le savons, la dernière de toutes les passions, si l'on considère le mouvement passionnel dans sa génération d'ensemble. De même que toutes les passions d'irascibilité naissent des passions de concupiscence ou de désir, de même elles se terminent à l'objet final de ces passions d'amour, c'est-à-dire à la possession du bien, qui donne le plaisir. C'est donc le plaisir qui, dans la génération de toutes les passions, est la dernière émotion.

Mais, la colère est la dernière des passions de

l'appétit irascible. En effet, son objet n'est pas à venir, il est là, il est présent. Cette passion regarde donc bien le terme du mouvement d'irascibilité. En outre, elle est la plus manifeste des passions de ce genre. A cause de son importance évidente, elle a donné son nom à l'appétit dont elle dépend (1). C'est du mot latin *ira*, en français colère, qu'on a appelé l'appétit s'adressant au bien difficile ou au mal difficile **appétit irascible** ou **appétit d'irascibilité**.

C'est donc de la colère que nous allons nous entretenir.

---

(1) Vis irascibilis denominatur ab ira, non quia omnis motus hujus potentiæ sit ira, sed quia ad iram terminantur omnes motus hujus potentiæ, et inter alios ejus motus iste est manifestior (I-II, q. XLVI, a. 1, ad 1).

LA COLÈRE.

I. — Nature de la colère. Deux objets : le bien de la vengeance et l'auteur du mal dont on veut se venger. Chacun de ces objets a le caractère de difficulté. Comment la colère écoute la raison ; Aristote et saint Thomas. Les animaux ont cette passion. La colère est-elle plus naturelle que la concupiscence ? La colère aime la justice : comparaison avec la haine. Se met-on en colère contre soi-même ?

II. — Causes de la colère. 1º Action d'autrui nuisible à celui qui se met en colère. Qu'est-ce que la colère de Dieu ? 2º Le dédain ou le mépris : plusieurs exemples. 3º L'excellence de l'offensé. 4º L'infériorité de l'offenseur. 5º Les tempéraments.

III. — Effets de la colère. 1º Le plaisir de la vengeance. 2º L'échauffement du sang et l'agitation du cœur : comparaison avec l'amour. 3º Le trouble et l'immobilisation de la raison. 4º Une certaine magnanimité. 5º Le silence.

I. — La colère est un mouvement violent contre un mal présent dont on veut se venger.

Elle a deux objets : l'un est la vengeance du mal, vengeance appréciée comme un bien, et l'autre est l'auteur lui-même du mal, auteur qu'on veut punir pour se venger.

La colère a donc une analogie avec l'amour

d'amitié et avec la haine : comme ces deux passions, elle a pour objet quelque chose qu'on applique à quelqu'un (1).

Vous savez que l'amour d'amitié s'adresse à une personne à qui l'on veut du bien. Le bien est un complément que l'on souhaite à la personne qu'on aime. Dans la haine, c'est le contraire : on veut du mal à la personne que l'on hait. Dans l'amour d'amitié, un bien s'applique à une personne jugée bonne. Dans la haine, c'est un mal que l'on destine à une personne jugée mauvaise, nuisible.

Dans la colère, les deux objets ont un caractère opposé : d'un côté, un bien ; de l'autre côté, un mal. La vengeance qu'on espère, est considérée comme un bien que l'on désire. La personne sur laquelle on veut exercer sa vengeance, est considérée comme un mal : c'est un homme qui nous a nui, sur lequel va s'emporter notre

---

(1) Amamus enim aliquem inquantum volumus ei inesse aliquod bonum ; odimus autem aliquem inquantum volumus ei inesse aliquod malum. Et similiter est in ira. Quicumque enim irascitur, quærit vindicari de aliquo, et sic motus iræ tendit in duo : scilicet in ipsam vindictam, quam appetit et sperat sicut quoddam bonum, unde et de ipsa delectatur ; tendit etiam in illum de quo quærit vindictam, sicut in contrarium et nocivum, quod pertinet ad rationem mali (I-II, q XLVI, a. 2).

colère. Vous ne vous étonnerez pas du contraste entre ces deux objets, si vous vous rappelez que, précisément, les passions d'irascibilité ont pour caractère spécifique d'être à la fois des passions dérivées de l'amour, c'est-à-dire de l'inclination fondamentale vers le bien, et en même temps des mouvements passionnels à l'égard d'un mal, d'une difficulté à vaincre.

Aussi la colère suppose-t-elle d'autres passions : la tristesse du mal que l'on a reçu, le désir et l'espoir de la vengeance que l'on veut tirer de ce mal (1). Ces passions ne sont pas comprises dans la colère comme des espèces, par rapport à un genre ; elles sont pour elle des principes d'excitation.

Ajoutons que l'audace mène aussi à la colère en entraînant à la vengeance (2). Nous avons vu, dans la dernière leçon, que l'audace est la pas-

---

(1) Non enim insurgit motus iræ nisi propter aliquam tristitiam illatam et nisi adsit desiderium et spes ulciscendi... Ira includit multas passiones, non quidem sicut genus species, sed magis secundum continentiam causæ et effectus (I-II, q. XLVI, a. 1, corp. et ad 3).

(2) Ex præsentia mali causatur passio iræ... Ira autem consequitur audaciam : *nullus enim irascitur vindictam appetens, nisi audeat vindicare*, secundum quod Avicenna dicit in VI *de Naturalibus* (I-II, q. XXV, a. 3).

sion qui s'élève contre un mal absent, mais imminent, que l'on veut éloigner ou dominer. C'est cette tendance agressive contre le mal qui excite à la colère, lorsque ce mal est présent et que l'on a immédiatement à lutter contre lui.

Chacun des objets, dans la colère, a ce caractère de difficulté ardue qui est la note propre des passions d'irascibilité (1). On ne se met guère en colère pour très peu de chose, ni pour une punition facile à infliger. On reste assez calme ; on punit, si on le juge à propos, mais on ne s'emporte pas violemment pour si peu. Pour enflammer une véritable colère, il faut que l'injure soit grave ou jugée grave, et que la punition soit difficile, la vengeance ardue : alors l'âme est soulevée par ce mouvement spécial de passion.

Aristote avait fort bien remarqué que « la colère écoute quelque chose de la raison ». Ce sont ses propres termes. La raison apprécie et

---

(1) Ira respicit duo objecta: scilicet vindictam quam appetit et eum de quo vindictam quærit. Et circa utrumque quamdam arduitatem ira requirit : non enim insurgit motus iræ nisi aliqua magnitudine circa utrumque existente; *quæcumque enim nihil sunt aut modica valde, nullo modo digna æstimamus*, ut dicit Philosophus, in II *Rhet.*, cap. II parum a princip. (I-II, q. XLVI, a. 3).

montre l'injure ou le mépris digne de vengeance.

Serait-ce que la colère est vraiment raisonnable, toujours et essentiellement raisonnable ?

Sans doute, elle écoute l'indication, par la raison, d'une injure à punir, d'une injustice dont il convient de se venger. Cette injustice est présente, soit de fait, soit au moins en imagination. Mais, comme l'observe très spirituellement Aristote dans la suite du texte dont j'ai cité le commencement : « La colère, en écoutant la raison, n'écoute qu'à moitié » (1) ; et voici les deux jolies comparaisons qu'il ajoute, pour mettre en relief sa pensée : « Comme les serviteurs étourdis et trop vifs qui, avant d'avoir entendu tout ce qu'on leur dit, s'en vont brusquement et font de travers ce qu'ils ont à faire ; ou bien comme les chiens de garde qui, avant d'avoir fait atten-

---

(1) Ἔοικε γὰρ ὁ θυμὸς ἀκούειν μέν τι τοῦ λόγου, παρακούειν δέ, καθάπερ οἱ ταχεῖς τῶν διακόνων, οἳ πρὶν ἀκοῦσαι πᾶν τὸ λεγόμενον ἐκθέουσιν, εἶτα ἁμαρτάνουσι τῆς προστάξεως, καὶ οἱ κύνες, πρὶν σκέψασθαι εἰ φίλος, ἂν μόνον ψοφήσῃ, ὑλακτοῦσιν· οὕτως ὁ θυμὸς διὰ θερμότητα καὶ ταχυτῆτα τῆς φύσεως ἀκούσας μέν, οὐκ ἐπίταγμα δ' ἀκούσας, ὁρμᾷ πρὸς τὴν τιμωρίαν (Ἠθικ. Νικομ., VII. vi).

tion si c'est un ami, dès que quelqu'un frappe à la porte, se mettent à aboyer ».

Vous reconnaissez là le génie grec avec sa grâce naturelle et familière.

Et pourquoi, d'après Aristote, la colère fait-elle comme un serviteur étourdi ou comme un chien de garde ? « C'est par suite de la chaleur et de la vivacité de sa nature qu'elle n'écoute pas le commandement de la raison et s'emporte trop vite à la vengeance ».

Saint Thomas ne craint pas de citer ce passage d'Aristote, même dans la *Somme théologique* (1). Cependant, je dois dire que je n'y ai pas trouvé les comparaisons avec les serviteurs et les chiens de garde. Il aurait pu les reproduire : à cause de sa simplicité habituelle, personne ne serait étonné de les rencontrer dans son grand ouvrage de théologie.

Au sujet de la colère, saint Thomas est un commentateur constant d'Aristote ; il le cite à cha-

---

(1) Sicut dicitur in VII *Ethic.*, cap. VI circa princ., *ira audit aliqualiter rationem, sicut nuntiantem quod injuriatum est ei, sed non perfecte audit, quia non observat regulam rationis in rependendo vindictam: ad iram ergo requiritur aliquis actus rationis, et additur impedimentum rationis* (I-II, q. XLVI, a. 4, ad 3).

que article, pour ainsi dire, et prend des textes dans divers ouvrages, notamment l'*Éthique à Nicomaque*, la *Rhétorique*, même le livre des *Problèmes*. Complétant la pensée du philosophe, il explique pourquoi la colère ne suit pas comme il conviendrait les indications de la raison jusqu'au bout : c'est que, par sa nature, l'appétit sensitif n'obéit pas à la raison toute seule ; pour qu'il se plie à son empire, il faut que la volonté intervienne (1) ; c'est elle qui porte la raison à donner un commandement tel que toutes les puissances inférieures elles-mêmes soient obligées d'obéir. Si la volonté reste paresseuse, l'intelligence a beau raisonner, elle ne retiendra pas la vivacité exagérée de la passion ; la colère n'étant pas modérée, s'emportera trop vite.

Mais, si la raison est nécessaire pour indiquer l'objet de la colère, devons-nous en conclure que les animaux sans raison n'ont pas cette passion ? Vous vous rappelez qu'une question analogue s'est posée pour l'espérance et pour la crainte.

(1) Appetitus enim sensitivus immediate rationi non obedit, sed mediante voluntate (I-II, q. XLVI, a. 4, ad 1).

Les animaux, pour les passions qui dans l'homme supposent la raison, appliquent, au lieu de la raison, une faculté organique qui est leur intelligence à eux, et que j'appelle, d'après saint Thomas, la puissance d'estimation, l'instinct d'appréciation sensible (1). C'est donc une appréciation instinctive qui montre à l'animal qu'il se présente un mal à dominer, à vaincre. Ce jugement tout sensitif suffit pour que la colère s'éveille.

Puisque la colère suppose, dans l'homme du moins, un certain exercice de la raison, il convient de se demander si cette passion, rationnelle en apparence, est plus naturelle à l'homme que la concupiscence, l'amour et les passions qu'il engendre directement.

Cette question a été posée par Aristote lui-même, à qui saint Thomas n'a pas craint d'emprunter la proposition suivante pour indiquer sa thèse (2) : « La colère est plus naturelle que la concupiscence ».

Voici le texte complet d'Aristote : « La colé-

---

(1) Bruta animalia habent instinctum naturalem ex divina ratione eis inditum, per quem habent motus interiores et exteriores similes motibus rationis, sicut supra dictum est, q. xl., a. 3 (I-II, q. xlvi, a. 4, ad 2).

(2) Sed contra est quod Philosophus dicit, in VII *Ethic.*, cap. vi.

re, l'humeur vindicative, est plus naturelle que les concupiscneces immodérées et non nécessaires »(1).

Pourquoi la colère est-elle plus naturelle que la concupiscence, et en quoi est-elle plus naturelle ?

Ici, se montre encore l'esprit d'analyse de saint Thomas.

On peut considérer la nature de la colère au point de vue de l'objet ou du côté du sujet. Ce sont là deux causes : la cause objective et la cause subjective (2).

La concupiscence des choses nécessaires à la vie, proportionnées à la conservation de l'individu ou de l'espèce, est plus naturelle, il faut l'avouer, que la colère, parce qu'elle vise

---

quod *ira est naturalior quam concupiscentia* (I-II, q. XLVI, a. 5).

(1) Ὁ δὲ θυμὸς φυσικώτερον καὶ ἡ χαλεπότης τῶν ἐπιθυμιῶν τῶν τῆς ὑπερβολῆς καὶ τῶν μὴ ἀναγκαίων ('Ἠθικ. Νικομ., VII, VI).

(2) Naturale dicitur illud quod causatur a natura, ut patet in II *Physic*. Unde utrum aliqua passio sit magis vel minus naturalis, considerari non potest nisi ex causa sua. Causa autem passionis, ut supra dictum est, q. XXXVI, a. 2, dupliciter accipi potest : uno modo ex parte objecti, alio modo ex parte subjecti (I-II, q. XLVI, a. 5).

au bien initial de l'homme. Avant de vivre de telle et telle manière par des puissances spéciales, il faut commencer par vivre simplement, et, si l'espèce ne se reproduisait pas, les individus n'existeraient plus. La colère, par rapport à l'objet, est donc moins naturelle que cette concupiscence primitive.

Du côté du sujet, il faut distinguer.

Si l'on entend par nature, dans l'homme, le genre, l'animalité, la concupiscence est encore plus naturelle que la colère ; car, l'amour du bien sensible est l'inclination fondamentale de cette nature animale.

Si, d'autre part, on considère la nature spécifique de l'homme, ses facultés rationnelles qui le classent comme animal de telle espèce, la colère lui est plus naturelle que la concupiscence, parce que l'appréciation de la justice par la raison est plus naturelle à l'être raisonnable que la connaissance et l'amour du bien sensible. Même la concupiscence qui dépasse les besoins de la nature, les désirs de la fortune, des mets recherchés, des vêtements luxueux, cette concupiscence est moins naturelle à l'homme que la colère, parce que le jugement des degrés et des proportions, dans ces objets sensibles, est moins un acte de raison proprement humaine que l'appréciation du juste.

Enfin, si, du côté du sujet, on considère le tempérament, il faut dire que le tempérament irascible est plus porté à la colère que le tempérament de concupiscence n'est disposé à aimer le bien sensible. Préoccupé de diriger toujours ses regards, non seulement sur l'âme, mais sur le corps, sur les forces physiques, saint Thomas explique ce fait par la nature de la bile qui est, dit-il, parmi les humeurs celle qui se met le plus facilement en mouvement (1).

Vous pensez bien que je ferai bon marché, si on l'exige, de cette explication physiologique donnée par saint Thomas. Comme je vous l'ai fait remarquer, ce n'est pas en physique qu'il faut s'attacher à suivre les théologiens du moyen âge : ils étaient, non pas à l'enfance de l'art, mais à l'enfance de la science ; ils répétaient

---

(1) Est enim homo dispositus ad irascendum secundum quod habet cholericam complexionem ; cholera autem inter alios humores citius movetur, assimilatur enim igni : et ideo magis est in promptu illi qui est dispositus secundum naturalem complexionem ad iram, quod irascatur, quam ei qui est dispositus ad concupiscendum, quod concupiscat (I-II, q. XLVI, a. 5).

Aristote, parce qu'ils n'avaient rien de mieux. Et néanmoins, avec quelle finesse ingénieuse ils trouvaient encore des raisons à peu près plausibles, pour rendre compte des rapports entre les puissances de l'âme et l'activité du corps !

Quoi qu'il en soit, nous pouvons, si je ne me trompe, conserver comme exacte cette observation : le tempérament irascible est plus porté à la colère que le tempérament sensuel à la sensualité. Aussi, se transmet-il plus facilement par l'hérédité que le tempérament sensuel : avis aux parents (1).

La colère humaine, impliquant l'amour de la justice, vaut mieux que la haine (2). Celle-ci veut le mal d'une personne considérée comme nuisible, mais sans aucun jugement d'injustice à punir. L'objet propre de la haine est le mal

---

(1) Et propter hoc Philosophus dicit, in VII *Ethic.*, cap. vi ante med., quod ira magis traducitur a parentibus in filios quam concupiscentia (I-II, q. XLVI, a. 5).

(2) Appetere malum sub ratione justi minus habet de ratione mali quam velle malum alicujus simpliciter ; velle enim malum alicujus sub ratione justi potest esse etiam secundum virtutem justitiæ, si præcepto rationis obtemperetur: sed ira in hoc solum deficit quod non obedit rationis præcepto in ulciscendo. Unde manifestum est quod odium est multo deterius et gravius quam ira (I-II, q. XLVI, a. 6).

d'un autre, celui de la colère est la punition d'un coupable.

Lorsque la colère, emportée par le désir de vengeance, a dépassé la mesure et a trop puni, elle a naturellement de la miséricorde (1). La haine, au contraire, Aristote l'avait remarqué, est insatiable.

Il est vrai qu'une colère prolongée peut engendrer de la haine (2). Si trop longtemps on considère un homme comme digne de châtiment, une injure comme méritant vengeance, il est naturel que s'élève dans l'âme la haine contre cet homme et cette injure. Mais, la haine n'est pas, dans ce cas, un simple développement de la colère : c'est une passion surajoutée à une première passion.

Par amour de la justice, la colère désire que celui dont elle tire vengeance, le connaisse et en

---

(1) Quia enim odium appetit malum alterius secundum se, nulla mensura mali satiatur... Sed ira non appetit malum nisi sub ratione justi vindicativi; unde, quando malum illatum excedit mensuram justitiæ secundum æstimationem irascentis, tunc miseretur (I-II, q. XLVI, a. 6, ad 1).

(2) Ira dicitur crescere in odium, non quod eadem numero passio, quæ prius fuit iræ, postmodum fiat odium per quamdam inveterationem, sed per quamdam causalitatem : ira enim per diuturnitatem causat odium (I-II, q. XLVI, a. 3, ad 2).

souffre (1) ; sans cela, la punition n'atteindrait pas la volonté coupable. La haine n'a pas la même préoccupation : elle désire simplement le mal d'autrui.

De même, on ne se met en colère que contre l'auteur déterminé d'une offense qu'on a subie, tandis qu'on peut haïr tout un genre jugé nuisible : par exemple, les voleurs en général (2). On peut haïr aussi tous les hommes d'une même nation, et vous savez combien certains évènements douloureux peuvent engendrer de haine contre des ennemis appartenant à un même peuple.

Cependant, observe saint Thomas, il peut y avoir colère contre un groupe, même contre une

---

(1) Est autem de ratione poenae quod sit contraria voluntati, et quod sit afflictiva, et quod pro aliqua culpa inferatur : et ideo iratus hoc appetit ut ille cui nocumentum infert, percipiat et doleat, et quod cognoscat propter injuriam illatam sibi hoc provenire. Sed odiens de hoc nihil curat, quia appetit malum alterius inquantum hujusmodi (I-II, q. XLVI, a. 6, ad 2).

(2) Philosophus, in II *Rhet.*, cap. IV sub fine, assignat quam differentiam inter odium et iram, quod odium potest esse ad aliquod genus, sicut habemus odio omne latronum genus; sed ira non est nisi ad aliquod singulare... Ira causatur ex hoc quod aliquis nos laesit per suum actum; actus omnes sunt singularium : et ideo ira semper est circa aliquod singulare. Quum autem tota civitas nos laesit, tota civitas computatur sicut unum singulare (I-II, q. XLVI, a. 7, ad 3).

ville tout entière. Au moyen âge, pareils faits se produisaient souvent, dans les luttes entre les seigneurs et les municipalités naissantes. C'est qu'alors la collectivité est assimilée par la raison à un être individuel, est considérée comme un seul singulier.

La colère proprement humaine ne s'adresse ni aux choses ni aux animaux, parce que ces êtres, étant incapables d'injustice envers nous, ne paraissent mériter aucune vengeance.

A l'égard des choses inanimées, il y a encore une autre raison : c'est que la colère désire faire souffrir celui dont elle veut se venger, et que les êtres sans vie ne peuvent souffrir.

Mais, n'allons-nous pas trop loin? N'est-il pas visible que les animaux, par exemple, se mettent en colère ou s'irritent contre tout ce qui leur nuit, contre un obstacle qui les arrête? Ne voyons-nous pas aussi certains hommes s'enflammer de colère contre des animaux, même contre des objets inanimés?

Dans ces circonstances, ce n'est pas la colère dans son intégralité, c'est un diminutif de colère (1). Ainsi, une colère animale peut s'élever

---

(1) Ira, quamvis sit cum ratione, potest tamen etiam esse in

dans l'âme par la simple appréciation instinctive d'un mal à repousser : commencement de colère, qui n'a pas les caractères complets de la passion que nous étudions. De même, toute irritation, toute impatience, contre ce qui déplaît, se rattache à la colère, sans en avoir tous les éléments.

Peut-on se mettre en colère contre soi-même ?

La question est délicate. Il semble que non, car l'homme, en se regardant lui-même, n'a pas en face de lui une autre personne dont il puisse tirer vengeance. D'ailleurs, on s'aime trop pour se faire du mal à soi-même : on ne devrait donc pas s'emporter contre soi.

Cependant, n'y a-t-il pas, dans une certaine

---

brutis animalibus, quæ ratione carent, inquantum naturali instinctu per imaginationem moventur ad aliquid simile operibus rationis. Sic igitur, quum in homine sit et ratio et imaginatio, dupliciter in homine potest motus iræ insurgere. Uno modo, ex sola imaginatione nuntiante læsionem ; et sic insurgit aliquis motus iræ etiam ad res irrationales et inanimatas, secundum similitudinem illius motus qui est in animalibus contra quodlibet nocivum. Alio modo, ex ratione nuntiante læsionem ; et sic, ut Philosophus dicit, in II Rhet., cap. III circa finem, nullo modo potest esse ira ad res insensibiles neque ad mortuos; tum quia non dolent, quod maxime quærunt irati in eis quibus irascuntur ; tum etiam quia non est ad eos vindicta, quum eorum non sit injuriam facere (I-II, q. XLVI, a. 7, ad 1).

mesure, deux hommes dans le même homme : l'homme sensible et l'homme intellectuel, l'homme animal et l'homme raisonnable? Nous le savons tous. Or, l'homme intellectuel est né pour gouverner l'homme sensible, pour le maîtriser, pour le diriger vers le bien (1). Si cet homme sensible fait comme le serviteur trop étourdi dont nous avons parlé tout à l'heure, s'il s'emporte trop vite, il peut nuire à ce que la raison pense être son bien, et alors l'homme rationnel peut s'animer de colère contre l'homme sensible, pour lui infliger une punition, un châtiment que l'on juge mérité. On peut aussi s'impatienter contre soi-même, uniquement parce qu'on n'a pas bien fait ce que l'on devait faire, comme on s'impatiente contre tout ce qui déplaît.

Après ces analyses sur la nature de la colère, voyons les causes et ensuite les effets de cette passion.

---

(1) Sicut Philosophus dicit, in V *Ethic.*, circa fin. libri, quœdam metaphorica justitia et injustitia est hominis ad seipsum, inquantum scilicet ratio regit irascibilem et concupiscibilem; et secundum hoc etiam homo dicitur de seipso vindictam facere, et per consequens sibi ipsi irasci ; proprie autem et per se non contingit aliquem sibi ipsi irasci (I-II, q. XLVI, a. 7, ad 2).

II. — La cause générale de la colère est une action d'autrui contraire au bien de celui qui s'irrite et se fâche.

La colère est provoquée par l'injustice, mais n'oublions pas qu'elle n'est pas directement excitée par toute injustice. Il faut qu'il y ait quelque tort envers la personne qui se met en colère (1). Nous trouvons là cet amour de soi qui est à la source de toutes les passions : celles d'irascibilité comme les simples passions d'amour.

Remarquons, avec Aristote et saint Thomas, que nous considérons comme un prolongement de nous-mêmes tous nos goûts, tout ce que nous aimons (2). Il paraît, d'après le philosophe grec,

---

(1) Sicut enim unumquodque naturaliter appetit proprium bonum, ita etiam naturaliter repellit proprium malum. Injuria autem ab aliquo facta non pertinet ad aliquem, nisi aliquid fecerit quod aliquo modo sit contra ipsum. Unde sequitur quod motivum irae alicujus semper sit aliquid contra ipsum factum (I-II, q. XLVII, a. 1).

(2) Sicut Philosophus dicit, in II Rhet., cap. II post med., homines irascuntur praecipue contra eos qui despiciunt ea circa quae ipsi maxime student; sicut qui student in philosophia, irascuntur contra eos qui philosophiam despiciunt ; et simile est in aliis (I-II, q. XLVII, a. 1, obj. 3). — Id in quo maxime studemus, reputamus esse bonum nostrum; et ideo, quum illud despicitur, reputamus nos quoque despici, et arbitramur nos laesos (Ibid., ad 3).

que les philosophes même prennent un si grand goût à l'étude de la philosophie, qu'ils s'irritent contre ceux qui mettent obstacle à cette étude ou la méprisent. L'observation n'est pas de moi; je n'aurais peut-être pas osé publiquement l'exprimer, si j'en étais l'auteur.

Mais cependant, ne se met-on pas en colère pour venger une injure faite à un autre homme? Et, si cela est vrai, le principe que nous avons invoqué tout à l'heure comme cause générale de la colère, est donc faux. Ah! c'est que, lorsque nous nous mettons en colère pour venger un autre homme, nous considérons celui-ci comme nous appartenant plus ou moins, soit par l'amitié, soit par quelque ressemblance, quelque affinité, soit tout au moins par cette commune nature qui le fait homme comme nous (1). C'est parce que nous nous retrouvons encore nous-mêmes dans cet homme, dont le déshonneur nous intéresse, que nous nous emportons de colère à son profit.

Permettez-moi de vous signaler ici, à la suite

(1) Irascimur contra illos qui aliis nocent, et vindictam appetimus, inquantum illi quibus nocetur aliquo modo ad nos pertinent, vel per aliquam affinitatem, vel per amicitiam, vel saltem per communionem naturæ (I-II, q. XLVII, a. 1, ad 2).

de saint Thomas, une observation assez délicate, empruntée à saint Jean Chrysostôme : Pour irriter davantage un homme en colère, il suffit de rester impassible devant lui, se taire et le regarder en face (1). Voilà un fait qui paraît contradictoire avec la cause que nous venons d'indiquer. Comment se fait-il que cette inaction augmente la colère ? Dans ce cas, la cause de la colère, ce n'est pas, à proprement parler, le silence : c'est le sentiment qui fait rester silencieux en face de l'homme irrité (2). Quel est ce sentiment ? N'est-ce pas une sorte de dédain, presque du mépris, pour celui qui s'emporte ? Or, le dédain, le mépris, pour être un acte intérieur, n'en est pas moins un acte, et c'est cette action secrète que saisit très bien l'homme en colère : c'est pour cela qu'il s'indigne davantage ; il voit dans ce silence volontaire une injure plus grave que dans une parole insultante.

---

(1) *Ille qui tacet contra contumeliantem magis ipsum ad iram provocat,* ut dicit Chrysostomus (I-II, q. XLVII, a. 1, obj. 4).

(2) Tunc aliquis tacens ad iram provocat injuriantem, quando videtur ex contemptu tacere, quasi parvipendat alterius iram ; ipsa autem parvipensio quidam actus est (I-II, q. XLVII, a. 1, ad 4).

Saint Thomas, donnant à une autre objection une forme franchement chrétienne, cite ce verset du *Psaume* cv : « Le Seigneur s'est irrité de fureur contre son peuple ». Dieu, dit-il, est donc capable de colère, de fureur même, contre un peuple coupable ? Et immédiatement après, il oppose cette parole de Job : «Homme, tu as beau multiplier tes iniquités, que feras-tu contre lui ? » (1). Voici donc la dificulté : si, quelque coupable que soit un homme ou un peuple, il ne peut rien contre Dieu, pourquoi Dieu s'irrite-t-il de fureur contre lui ? N'est-ce point contradictoire, s'il est vrai qu'il faut, pour susciter la colère, un acte nuisible à celui qui s'irrite ?

La réponse est facile à comprendre. Il est bien vrai que nous ne pouvons rien enlever à la perfection de Dieu ni à son infini bonheur. Il n'y a donc, rigoureusement, aucune colère en Dieu, même si l'on entend par ce mot un mouvement de passion intellectuelle, comme en peut éprou-

---

(1) Videtur quod non semper aliquis irascatur propter aliquid contra se factum. Homo enim peccando nihil contra Deum facere potest; dicitur enim *Job.* xxxv, 6 : *Si multiplicatæ fuerint iniquitates tuæ, quid facies contra illum?* Dicitur tamen Deus irasci contra homines propter peccatum, secundum illud *Psalm.* cv, 40 : *Iratus est furore Dominus in populum suum* (I-II, q. xlvii, a. 1, obj. 2).

ver la volonté humaine. Les passions qui supposent une sorte d'amoindrissement, ne peuvent pas, même au sens large, être attribuées à Dieu. Néanmoins, on peut dire que l'homme coupable fait vraiment tout ce qu'il peut pour nuire à la Divinité (1). D'abord, il le méprise dans ses préceptes ; en outre, il se nuit à lui-même ou aux autres créatures, et tous les êtres créés appartiennent à Dieu, comme dépendant de sa Providence, comme étant sous sa protection divine et paternelle. A ces divers points de vue, l'homme coupable mérite punition. Or, la colère en Dieu est précisément l'acte simple de la volonté divine décrétant l'application de la justice, sous forme de punition, à l'homme coupable.

Une seconde cause de la colère est le dédain ou le mépris.

A vrai dire, toutes les causes de colère peu-

---

(1) Ira non dicitur in Deo secundum passionem animi, sed secundum judicium justitiæ, prout vult vindictam facere de peccato. Peccator enim peccando Deo nihil nocere effective potest. Tamen ex parte sua dupliciter contra Deum agit : primo quidem inquantum eum in suis mandatis contemnit; secundo inquantum nocumentum aliquod infert alicui, vel sibi, vel alteri; quod ad Deum pertinet, prout ille cui nocumentum infertur, sub Dei providentia et tutela continetur (I-II, q. XLVII, a. 1, ad 2).

vent, plus ou moins facilement, être ramenées à ce dédain, à ce mépris, qu'Aristote exprimait par le mot ὀλιγωρία, et saint Thomas par le mot latin *parvipensio*, calqué sur le mot grec (1). Les deux termes signifient exactement : faire peu de cas ; je les traduis par dédain, mépris, faute d'un nom meilleur.

La colère suppose une action nuisible à celui qui se fâche. Or, tous nos biens sont, à nos yeux, des éléments d'excellence pour nous. Nous nous sentons plus grands, supérieurs aux autres, à mesure que nous en possédons davantage : biens intellectuels, biens moraux ou biens physiques (2). La colère est précisément provoquée par un acte contraire à cette excellence, par une action qui marque un certain mépris pour notre supériorité.

---

(1) Sed contra est quod Philosophus dicit, in II *Rhet.*, cap. II, quod *ira est appetitus cum tristitia punitionis propter apparentem parvipensionem non convenienter factam* (I-II, q. XLVII, a. 2).

(2) Omnes causæ iræ reducuntur ad parvipensionem:... quia parvipensio excellentiæ hominis opponitur ; *quæ enim homines nullo modo putant digna esse, parvipendunt*, ut dicitur in II *Rhet.*, cap. II parum a princ. : ex omnibus autem bonis nostris aliquam excellentiam quærimus ; et ideo quodcumque nocumentum nobis inferatur, inquantum excellentiæ derogat, videtur ad parvipensionem pertinere (I-II, q. XLVII, a. 2).

Aussi, moins nous nous croyons méprisés ou dédaignés, moins la colère s'élève en nous ; inversement, tout ce qui nous paraît avoir un caractère accentué de dédain, de mépris, tend à exciter notre colère (1).

Si une injure nous est faite, non pas de propos délibéré, mais par ignorance ou par passion, c'est-à-dire avec moins d'intention de nous faire injustice, nous ne nous mettons pas en colère ou nous nous fâchons beaucoup moins.

On ne se met pas en colère quand la punition est méritée, parce qu'alors il n'y a ni injustice ni mépris. N'avez-vous pas vu quelquefois un enfant frappé par un camarade supporter le coup tranquillement, parce qu'il sait qu'il l'a bien mérité ?

Mais, dira-t-on, les animaux n'ont pas le sen-

(1) Ex quacumque alia causa aliquis injuriam patiatur quam ex contemptu, illa causa minuit rationem injuriæ; sed solus contemptus vel parvipensio rationem iræ auget, et ideo est per se causa irascendi (I-II, q. XLVII, a. 2, ad 1). — Unde dicit Philosophus, in II *Rhet.*, cap. III prope fin., quod, *si homines putaverint ab eis qui læserunt esse juste passos, non irascuntur: non enim fit ira adjustum*... Si enim putemus aliquos vel per ignorantiam vel ex passione nobis intulisse injuriam, vel non irascimur contra eos vel multo minus: agere enim aliquid ex ignorantia vel et passione diminuit rationem injuriæ (*Ibid.*, corp.).

timent de l'honneur ; ils ne peuvent donc apprécier le mépris, le dédain ; et cependant, ils se mettent en colère contre les autres animaux ou contre nous. Pourquoi donc s'irritent-ils ? C'est que, si les animaux n'ont pas la notion de l'honneur, ils ont une certaine appréciation instinctive de la supériorité (1). Ce n'est pas par simple jeu d'esprit que La Fontaine se plaît à mettre en scène l'orgueil du lion et d'autres bêtes qu'il a le génie de faire parler et agir comme nos semblables : l'animal a vraiment un instinct d'excellence, et c'est pour cela qu'il prend colère. Sans juger rationnellement qu'un acte est juste ou injuste, il sait apprécier sa supériorité sur un autre animal et même sur nous, ne fût-ce qu'au point de vue de la force.

Aristote énonce plusieurs causes de colère que saint Thomas prend soin d'expliquer en les rattachant au mépris ou dédain (2).

---

(1) Licet animal brutum non appetat honorem sub ratione honoris, appetit tamen naturaliter quamdam excellentiam, et irascitur contra ea quae illi excellentiae derogant (I-II, q. XLVII, a. 2, ad 2).

(2) Philosophus, in II *Rhet.*, cap. II, ponit multas alias causas irae, puta oblivionem, et exultationem in infortuniis, de-

Ainsi, l'oubli provoque la colère. Si l'on nous oublie, si l'on ne pense plus à nous, nous nous en irritons ; et ce n'est pas sans raison, car, d'ordinaire, ce que nous estimons beaucoup se fixe fortement dans notre mémoire.

La joie d'autrui en face de notre infortune nous indigne. Voilà bien, en effet, la *parvipensio* : celui qui rit ou sourit devant nous, quand nous sommes tristes, paraît faire peu de cas de notre bien ou de notre mal, puisqu'il ne sympathise pas avec notre douleur.

L'annonce, que l'on nous fait sans ménagement, de nouvelles affligeantes pour nous est un signe apparent que l'on a peu de souci de nous épargner une peine ; et ce défaut d'attention nous fâche.

nuntiationem malorum, impedimentum consequendæ proprio voluntatis (I-II, q. XLVII, a. 2, obj. 3). — Omnes illæ causæ ad quamdam parvipensionem reducuntur. Oblivio enim parvipensionis est evidens signum ; ea enim quæ magna æstimamus, magis memoriæ infigimus. Similiter ex quadam parvipensione est quod aliquis non veretur contristare aliquem denuntiando sibi aliqua tristia. Qui etiam in infortuniis alicujus hilaritatis signa ostendit, videtur parum curare de bono vel malo ejus. Similiter etiam qui impedit aliquem a sui propositi assecutione, non propter aliquam utilitatem sibi inde provenientem, non videtur multum curare de amicitia ejus. Et ideo omnia talia, inquantum sunt signa contemptus, sunt provocativa iræ (*Ibid.*, ad 3).

Que l'on fasse une opposition gratuite et inutile à l'exécution de nos projets : c'est l'indice qu'on se préoccupe fort peu de notre satisfaction légitime à l'accomplissement de nos désirs, et il n'est pas étonnant que ce manque d'égards nous révolte.

On pourrait multiplier ces exemples, où se montre, sous une forme ou sous une autre, la *parvipensio*, le dédain, le peu de cas, le mépris.

Une troisième cause de colère se lie à la précédente : c'est précisément l'excellence chez celui qui se met en colère.

Mais, ici, remarquons deux causes opposées. D'une part, l'excellence engendre la colère, parce que plus un homme est supérieur, plus il mérite le respect et la considération, plus, par conséquent, il est injuste de le mépriser : par exemple, le riche dans sa fortune, le professeur dans son enseignement, l'orateur dans son éloquence. Dans ces professions ou ces états, il paraît qu'on se met facilement en colère, si l'on se croit dédaigné ou méprisé. D'autre part, la faiblesse et l'infériorité disposent à la colère (1).

(1) Constat autem quod, quanto aliquis est excellentior, injustius parvipenditur in hoc in quo excellit; et ideo illi qui sunt in aliqua excellentia, maxime irascuntur, si parvipendan-

Il est certain que les hommes qui souffrent ou ont quelque infirmité de corps ou d'esprit, se mettent facilement en colère, parce qu'ils sont facilement blessés dans leur amour-propre, dans leurs autres sentiments ou leur bien-être.

Il y a là deux causes en apparence contradictoires. Mais, au fond, cette homme inférieur ou faible n'a qu'une disposition plus grande à la colère: ce qui l'irritera en définitive, ce sera une atteinte à ce qu'il considère comme sa propre valeur.

Si l'excellence est trop manifeste, on ne se fâche plus (1). Pourquoi? Parce qu'on ne se croit plus lésé ; on reste indifférent à une injure qui n'entame pas une dignité trop supérieure.

Il faut le remarquer, l'excellence, dans cette

---

tur : puta si dives parvipenditur in pecunia, et rhetor in loquendo ; et sic de aliis... Manifestum est autem quod nihil movet ad iram nisi nocumentum quod contristat ; ea autem quæ ad defectum pertinent, maxime sunt contristantia, quia homines defectibus subjacentes facilius læduntur ; et ista est causa quare homines qui sunt infirmi vel in aliis defectibus, facilius irascuntur, quia facilius contristantur (I-II, q. XLVII, a. 3).

(1) Ille qui despicitur in eo in quo manifeste multum excellit, non reputat se aliquam jacturam pati ; et ideo non contristatur, et ex hac parte minus irascitur (I-II, q. XLVII, a. 3, ad 2).

hypothèse, ne fait qu'accidentellement opposition à la colère. En soi, toute excellence tend à susciter cette passion. C'est un fait accidentel, si l'on juge qu'on ne peut être atteint dans cette excellence même.

Cependant, a-t-on dit, l'excellence donne la joie : la satisfaction de l'amour-propre est un des plaisirs les plus naturels à l'homme. Or, la joie, comme l'avait bien vu Aristote, ne prédispose pas à la colère ; tout au contraire, quand on est joyeux, on s'irrite moins facilement (1). Il semble donc que l'excellence soit plutôt contraire que favorable à la naissance et au développement de la colère.

Sans doute, la tristesse, nous l'avons dit, engendre naturellement la colère : la joie, étant contraire à la tristesse, n'est donc pas en elle-même, pour la colère, une cause d'excitation. Mais, ne vous y fiez pas trop (2). Si vous voyez

---

(1) Ea quœ ad excellentiam pertinent, maxime faciunt homines jucundos et bonæ spei esse ; sed Philosophus dicit, in II *Rhet.*, cap. III a med., quod *in ludo, in risu, in festo, in prosperitate, in consummatione operum, in delectatione non turpi et in spe optima, homines non irascuntur* (I-II, q. XLVII, a. 3, obj. 3).

(2) Omnia illa impediunt iram, inquantum impediunt tristitiam ; sed ex alia parte nata sunt provocare iram, secundum

un homme joyeux, ne croyez pas qu'il ne soit plus susceptible d'amour-propre, et qu'il soit incapable de se fâcher, si vous le dédaignez ou le méprisez. Sa joie pourra bien ne pas le prédisposer facilement à s'irriter ; mais néanmoins, s'il se juge blessé, il s'emportera. Il pourra même s'indigner d'autant plus aisément que vous aurez l'air de ne pas prendre part à sa joie : l'injure ne lui paraîtra que plus déplacée.

Une cause qui est la contre-partie de l'excellence, c'est la faiblesse, l'infériorité de celui qui nous fait tort. Plus petit est l'offenseur, plus grande, par rapport à lui, est l'excellence de l'offensé et, par conséquent, plus injuste et plus indigne est l'offense ; plus aussi elle est de nature à soulever l'indignation (1). Rappelons, toutefois, l'exception que nous avons indiquée : si l'excellence est trop grande, elle rend indifférent l'homme supérieur, parce qu'il

quod faciunt hominem inconvenientius despici (I-II, q. XLVII, a. 3, ad 3).

(1) Sicut enim, quanto aliquis est major, tanto indignius despicitur ; ita, quanto aliquis est minor, tanto indignius despicit : et ideo nobiles irascuntur, si despiciantur a rusticis, vel sapientes ab insipientibus, vel domini a servis (I-II, q. XLVII, a. 4).

ne se croit pas atteint. Mais ordinairement, et par une conséquence naturelle, les inférieurs, en faisant injure à ceux qui sont au dessus d'eux, s'attirent leur colère. Saint Thomas cite la colère des seigneurs contre les paysans, des sages contre les sots, des maîtres contre les serviteurs.

Mais, peut-on objecter en s'inspirant d'Ariste, celui qui avoue ses torts, s'humilie, demande pardon et montre du repentir, calme la colère(1). Or, cette humiliation est une faiblesse, une infériorité; donc, semble-t-il, la faiblesse, l'infériorité, n'est pas directement cause de colère.

Il est facile de répondre que ce repentir et cette humiliation impliquent le contraire du mépris (2), c'est-à-dire la considération, le respect, pour l'offensé à qui l'on demande pardon; et c'est ce respect qui fait tomber la colère, comme le mépris l'avait soulevée.

On peut dire encore: La mort du coupable fait cesser la colère; et cependant, c'est la plus grande des faiblesses que la mort. Saint Thomas

---

(1) Dicit enim Philosophus, in II *Rhet.*, cap. iii parum a princip., quod *his qui confitentur et pœnitent et humiliantur, non irascimur, sed magis ad eos mitescimus*;... sed hæc pertinet ad parvitatem et defectum (I-II, q. XLVII, a. 4, obj. 1).

(2) Tales videntur non despicere, sed magis magnipendere eos quibus se humiliant (I-II, q. XLVII, a. 4, corp.).

répond (1) : Celui qui n'est plus là, ne peut plus souffrir ; or, nous l'avons vu, la colère désire faire souffrir celui qu'elle entend punir. Au surplus, la mort paraît le plus grand des malheurs, si grand, que la punition semble avoir dépassé la mesure : or, quand un homme paraît puni démesurément, on ne cherche plus à le punir.

Autre objection : Plus on aime quelqu'un, plus on s'indigne des injures qu'il nous fait ; pourtant, l'amitié ne crée pas d'infériorité entre les amis. C'est que l'offense, dans ce cas, est plus grave (2), parce que l'amitié donne des droits particuliers aux égards affectueux et au sympathique respect.

Une dernière cause de la colère est dans les tempéraments. Aristote en a indiqué trois principaux (3).

---

(1) Duplex est causa, quare ad mortuos cessat ira. Una, quia non possunt dolere et sentire ; quod maxime quærunt irati in his quibus irascuntur. Alio modo, quia jam videntur ad ultimum malorum pervenisse ; unde etiam ad quoscumque graviter læsos cessat ira, inquantum eorum malum excedit mensuram justæ retributionis (I-II, q. xlvii, a. 4, ad 2).

(2) Despectio quæ est ab amicis, videtur esse magis indigna ; et ideo ex simili causa magis irascimur contra eos, si despiciant vel nocendo vel non juvando, sicut et contra minores (I-II, q. xlvii, a. 4, ad 3).

(3) Philosophus, in IV *Ethic.*, cap. v, quosdam irascentium

D'abord, le tempérament violent et emporté. Saint Thomas désigne ceux qui le possèdent, par le mot : *acuti*, les hommes aigus ; et Aristote par : ἀκρόχολοι, ceux qui ont la bile vive. Ces hommes s'irritent très vite et relativement pour peu de chose.

Un autre tempérament est le mélancolique ou chagrin. Ici, la colère demeure longtemps dans l'appétit, comme le souvenir de l'injustice est durable dans la mémoire. Saint Thomas appelle ceux qui ont ce tempérament : *amari*, des hommes amers. Aristote : πικροί, nom qui a le même sens.

Enfin, un troisième tempérament est le vindicatif ; c'est celui de ces hommes qui, une fois irrités, ne s'arrêtent que lorsqu'ils ont tiré vengeance, jusqu'au bout, de leurs ennemis. Saint Thomas les nomme *difficiles*, difficiles à contenter. C'est la traduction du mot d'Aristote : χαλεποί.

III. — Quels sont les effets de la colère ?

Un premier effet est le plaisir, la jouissance(1).

---

vocat *acutos*, quia cito irascuntur ; quosdam *amaros*, quia diu retinent iram ; quosdam *difficiles*, quia numquam quiescunt nisi puniant (I-II, q. XLVI, a. 8).

(1) Manifestum est autem ex prædictis, q. XLVII, a. 1, quod

De même que la colère est précédée par la tristesse de l'injure reçue, de même, et par contraste, la satisfaction que donne la vengeance fait naître le plaisir, la joie; et plus grande a été la douleur de l'injustice, plus intense est la délectation née de la punition.

Mais, dit-on, ce n'est pas la colère qui produit le plaisir, c'est la punition, laquelle précisément exclut la colère, puisque cette passion s'apaise quand on a puni le coupable. Saint Thomas répond (1) : Il est bien vrai que la colère s'arrête quand la vengeance est consommée; mais auparavant, l'espoir de la vengeance et la pensée constante du châtiment qu'on va infliger, donnent cette joie qui accompagne la colère: dans ce cas, la passion reste ardente et accomplit son

---

motus iræ insurgit ex aliqua illata injuria contristante, cui quidem tristitiæ remedium adhibetur per vindictam. Et ideo ad præsentiam vindictæ delectatio sequitur, et tanto major, quanto major fuit tristitia (I-II, q. XLVIII, a. 1).

(1) Si igitur vindicta fuerit præsens realiter, fit perfecta delectatio, quæ totaliter excludit tristitiam; et per hoc quietat motum iræ. Sed, antequam vindicta sit præsens realiter, fit irascenti præsens dupliciter : uno modo per spem, quia nullus irascitur nisi sperans vindictam, ut supra dictum est, q. XLVI, a. 1; alio modo secundum continuam cogitationem; unicuique enim concupiscenti est delectabile immorari in cogitatione eorum quæ concupiscit (I-II, q. XLVIII, a. 1).

œuvre avec un plaisir approprié à son tempérament.

Ce plaisir de la colère est bien analysé par Aristote, et il le juge si grand pour l'homme, qu'il ne craint pas de répéter un vieux proverbe que saint Thomas, dans la *Somme théologique*, a traduit littéralement pour en faire la formule de sa thèse sur le plaisir de la colère. Voici cette antique maxime (1) : « Beaucoup plus douce que le miel qui coule, se répand la colère dans le cœur des hommes ».

Si vous connaissez quelques tempéraments irascibles, vous pourrez leur procurer quelque consolation en leur citant ce poétique aphorisme.

Un effet physiologique de la colère est l'échauffement du sang et l'agitation du cœur, par suite une surexcitation désordonnée de la vie. C'est une application de l'analogie entre les mouvements passionnels de l'âme et les mouvements de passion physique qu'ils entrainent dans le corps (2). La colère de l'âme est une

---

(1) Sed contra est quod Philosophus, in II *Rhet.*, cap. II, parum a princ., inducit proverbium, quod *ira multo dulcior melle distillante in pectoribus virorum crescit* (I-II, q. XLVIII, a. 1).

(2) Corporalis transmutatio, quæ est in passionibus animæ,

excitation, un élan, contre l'injure présente : à l'imitation de ce mouvement, la chaleur vitale est elle-même excitée dans le sang, le cœur s'agite à l'excès, et son trouble engendre le désordre violent qui secoue et bouleverse tout le corps. Je ne saurais mieux dépeindre ce bouleversement que par cette phrase de saint Grégoire, citée par saint Thomas : « Le cœur échauffé palpite, le corps tremble, la langue s'embarrasse, le visage est en feu, le regard exaspéré, l'homme est méconnaissable ; sa bouche forme des cris, mais il ne sait ce qu'il dit ».

Le soulèvement spécial de la colère vient précisément de ce que le mal difficile à vaincre est présent (1) : saint Thomas fait observer que

proportionatur motui appetitus... Et quia motus iræ non est per modum retractionis, cui proportionatur frigus, sed magis per modum insecutionis, cui proportionatur calor, consequenter fit motus iræ causativus cujusdam fervoris sanguinis et spirituum circa cor, quod est instrumentum passionum animæ. Et inde est quod propter magnam perturbationem cordis, quæ est in ira, maxime apparent in iratis indicia quædam in exterioribus membris; unde Gregorius dicit, in V *Moral.*, cap. XXX ante med. : *Iræ suæ stimulis accensum cor palpitat, corpus fremit, lingua se præpedit, facies ignescit, exasperantur oculi, et nequaquam recognoscuntur noti: ore quidem clamorem format, sed sensus quid loquatur ignorat* (I-II, q. XLVIII, a. 2).

(1) Quilibet appetitus, etiam naturalis, fortius tendit in id

toute inclination, même physique, tend plus fortement à lutter contre ce qui s'oppose à elle, lorsqu'elle se heurte présentement à cet obstacle.

La chaleur de la colère a pour principe fondamental la chaleur même de l'amour. Mais, l'amour est mieux senti dans la colère, parce que l'injure à l'excellence qu'on aime met en relief, par contraste, le sentiment primitif (1) ; de même, la chaleur physique de la passion d'amour acquiert une ardeur plus vive, quand elle prend la forme de la chaleur de colère activée par la lutte vengeresse. Seulement, dans l'amour simple, la ferveur est douce ; dans la colère, l'ardeur est accompagnée d'une certaine amertume.

On a opposé la colère à l'amour eu égard à l'effet du temps sur ces deux passions. La colère, a-t-on dit, s'apaise par le temps ; l'amour,

quod est sibi contrarium, si fuerit praesens (I-II, q. XLVIII, a. 2).

(1) Ferventius cor mutatur ad removendum impedimentum rei amatae, ut sic fervor ipse amoris per iram crescat et magis sentiatur. Et tamen fervor, qui consequitur calorem, alia ratione pertinet ad amorem et ad iram : nam fervor amoris est cum quadam dulcedine et lenitate ; est enim in bonum amatum... ; fervor autem irae est cum amaritudine ad consumendum, quia tendit ad punitionem contrarii (I-II, q. XLVIII, a. 2, ad 1).

au contraire, reçoit de la durée un accroissement naturel. Il faut répondre qu'il y a analogie, sous ce rapport, entre la colère et l'amour (1). Le temps calme la colère, lorsque le souvenir de l'injure reçue s'efface peu à peu. De même, l'amour diminue et se refroidit par l'absence et l'oubli de ce qu'on aime. En présence de ce qui est aimé, l'amour va croissant ; et aussi, la colère s'augmente, si l'injure présente se continue. Au surplus, si la colère s'éteint rapidement en exerçant sa vengeance, c'est une preuve de sa violence, comme un grand feu, dit saint Thomas, s'éteint vite, parce qu'il dévore tout rapidement.

Quelquefois une seconde colère en apaise une

---

(1) Major etiam videtur injuria quando primo sentitur, et paulatim diminuitur ejus æstimatio, secundum quod magis receditur a præsenti sensu injuriæ. Et similiter etiam est de amore, si amoris causa remaneat in sola memoria : unde Philosophus dicit, in VIII *Ethic.*, cap. v, non procul a princ., quod, *si diuturna fiat amici absentia, videtur amicitiæ oblivionem facere*. Sed in præsentia amici semper per tempus multiplicatur causa amicitiæ ; et ideo amicitia crescit. Et similiter esset de ira, si continue multiplicaretur causa ipsius. Tamen hoc ipsum quod ira cito consumitur, attestatur vehementi furori ipsius : sicut enim ignis magnus cito extinguitur, consumpta materia ; ita enim ira propter suam vehementiam cito deficit (I-II, q. xlviii, a. 2, ad 2).

première : par exemple, quand on s'irrite contre une personne après s'être fâché contre une autre. C'est que toute force qui se divise en plusieurs, diminue d'intensité (1). Ce résultat se produit surtout quand la seconde colère est plus violente que la première : la seconde injure, dans ce cas, paraissant plus grande, amoindrit l'importance de la précédente et, par là, affaiblit la première colère.

Une conséquence extrêmement grave de l'agitation du cœur et de l'échauffement du sang, dans la colère, est le trouble et l'immobilisation de la raison (2). Le bouleversement général des

---

(1) Omnis virtus divisa in plures partes diminuitur : et ideo, quando aliquis iratus alicui irascitur postmodum alteri, ex hoc ipso diminuitur ira ad primum ; et præcipue si ad secundum fuerit major ira ; nam injuria, quæ excitavit iram ad primum, videbitur comparatione secundæ injuriæ, quæ æstimatur major, esse parva vel nulla (I-II, q. XLVIII, a. 2, ad 3).

(2) Mens vel ratio, quamvis non utatur organo corporali in suo proprio actu, tamen, quia indiget ad sui actum quibusdam viribus sensitivis, quarum actus impediuntur corpore perturbato, necesse est quod perturbationes corporales etiam judicium rationis impediant, sicut patet in ebrietate et somno. Dictum est autem, artic. præced., quod ira maxime facit perturbationem corporalem circa cor, ita et etiam usque ad exteriora membra derivetur. Unde ira inter cæteras passiones manifestius impedit judicium rationis (I-II, q. XLVIII, a. 3).

forces du corps se communique aux puissances sensitives internes, qui agissent par le cerveau, et dont l'exercice bien ordonné est nécessaire à l'usage de la raison : de là, désordre ou arrêt dans les opérations intellectuelles elles-mêmes.

Ainsi, la colère, qui est éveillée par un jugement en quelque façon rationnel, aboutit à l'empêchement de l'action intellectuelle (1), parce qu'entraînée par l'ardeur passionnelle et physique, elle n'écoute plus la raison, et trouble le corps au point d'immobiliser, par contre-coup, l'intelligence.

Cependant, il y a dans la colère une énergie virile, même une certaine magnanimité, dont saint Thomas ne craint pas d'attribuer la cause physique à l'élargissement du cœur dans cette passion.

Cette magnanimité porte l'homme à agir ouvertement, au grand jour, à ne plus rien cacher, dans la colère : il y est disposé aussi par

---

(1) A ratione est principium iræ quantum ad motum appetitivum, qui est formalis in ira; sed perfectum judicium rationis passio iræ præoccupat, quod non perfecte rationem audiens, propter commotionem caloris velociter impellentis, quæ est materialis in ira; et quantum ad hoc impedit judicium rationis (I-II, q. XLVIII, a. 3).

l'arrêt de la raison ; celle-ci ne peut plus juger exactement ce qu'il convient de dissimuler par prudence. Aussi, la colère laisse-t-elle échapper des secrets qui n'auraient pas été surpris dans l'état de calme (1).

Dans la passion de concupiscence sensuelle, l'homme se cache plutôt, parce que souvent il y a quelque honte, quelque mollesse dégradante, dans les actes de sensualité.

Un dernier effet de la colère, qui se lie aux précédents, est le silence. Il y a deux causes possibles à ce silence (2).

(1) Iracundus dicitur esse *manifestus* (*Ethic. Nicom.*, VII, VI),... quia manifeste operatur, non quærens aliquam occultationem : quod partim contingit propter impedimentum rationis, quæ non potest discernere quid sit occultandum et quid manifestandum, nec etiam excogitare occultandi vias ; partim vero est ex ampliatione cordis, quæ pertinet ad magnanimitatem quam facit ira. Unde et de magnanimo Philosophus dicit, in IV *Ethic.*, cap. III a med., quod est *manifestus ositor et amator, et manifeste dicit et operatur*. Concupiscentia autem dicitur esse latens et insidiosa, quia ut plurimum delectabilia quæ concupiscuntur, habent turpitudinem quamdam et mollitiem, in quibus homo vult latere ; in his autem quæ sunt virilitatis et excellentiæ, cujusmodi sunt vindictæ, quærit homo manifestus esse (I-II, q. XLVIII, a. 3, ad 2).

(2) Ira, sicut jam dictum est, et cum ratione est, et impedit rationem ; et ex utraque parte potest taciturnitatem causare. Ex parte quidem rationis, quando judicium rationis in tantum

Quelquefois, la raison, qui indique les motifs de la colère, n'a pas assez d'empire pour dominer entièrement l'irritation et empêcher la passion d'éclater, mais en a assez pour suspendre la parole.

D'autres fois, au contraire, c'est l'immobilisation même de la raison qui laisse la colère s'enflammer à l'excès, et troubler tellement les forces physiques que la langue est paralysée en quelque sorte : l'homme reste muet.

En terminant le chapitre de la colère, dans la *Somme théologique*, saint Thomas décrit en quelques mots le paroxysme de la passion (1) : le trouble physique va jusqu'à immobiliser tous les membres ; la vie s'arrête ; c'est la mort.

Je m'arrêterai là.

---

viget, quod, etsi non cohibeat affectum ab inordinato appetitu vindictæ, cohibet tamen linguam ab inordinata locutione... Ex parte vero impedimenti rationis, quia, sicut dictum est, perturbatio iræ usque ad exteriora membra perducitur... : potest ergo esse tanta perturbatio iræ, quod omnino impediatur lingua ab usu loquendi ; et tunc sequitur taciturnitas (I-II, q. XLVIII, a. 4).

(1) Perturbatio cordis quandoque potest superabundare usque ad hoc quod per inordinatum motum cordis impediatur motus exteriorum membrorum: et tunc causatur taciturnitas et immobilitas exteriorum membrorum, et quandoque etiam mors (I-II, q. XLVIII, a. 4, ad 3).

Dans la prochaine leçon, nous commencerons enfin l'étude de la liberté.

Nous avons vu, avec tous les détails qui m'ont paru nécessaires, la nature, la cause et les effets de toutes les passions. Mais, voici venir le libre arbitre, qui aura à gouverner tout ce peuple d'appétits et à le faire servir aux actions proprement humaines.

Nous avons déjà pu signaler la puissance de la raison et de la volonté pour maîtriser les passions. Il va être temps d'aborder de front les doutes et les négations de nos contemporains au sujet de la liberté humaine, et de voir si nous sommes assez forts pour y répondre. Le libre arbitre de l'homme est peut-être ce qu'il y a de plus contesté aujourd'hui : nos philosophes ont prétendu démontrer, non seulement que la liberté n'existe pas, mais qu'elle n'est pas possible. Nous commencerons par établir, avec saint Thomas, qu'elle existe ; puis, nous répondrons à toutes les objections enveloppées dans la théorie générale qu'on appelle le déterminisme. Nous étudierons ensuite l'empire de la volonté, et nous terminerons par le bonheur.

VIII

LA VOLONTÉ
ET LE LIBRE ARBITRE

LA VOLONTÉ
ET LE LIBRE ARBITRE

INTRODUCTION.

La volonté dans son inclination naturelle ; le libre arbitre ou la volonté se déterminant elle-même.

Pour compléter l'étude des inclinations humaines, il nous faut examiner de près l'inclination intellectuelle qui réside dans la volonté. Nous avons eu maintes fois occasion d'en parler, en traitant des passions, et nous avons constaté dans la volonté, non pas des passions proprement dites, mais des mouvements analogues, qu'on peut appeler aussi passions au sens large.

Vous savez qu'il y a un amour, un désir, un plaisir intellectuels, sentiments qui s'adressent simplement au bien. On trouve aussi, dans l'appétit intellectuel appelé volonté, à l'égard du mal, une haine, une aversion, une tristesse. Nous pouvons ajouter qu'il y a, dans cet appétit supérieur, espoir, désespoir, crainte, audace et colère.

Il nous reste à regarder en face cette puissance volontaire, à l'interroger directement, pour préciser sa nature, pour analyser son opération, ses rapports avec les autres puissances de l'âme, enfin le terme de toutes ses tendances.

Pour aujourd'hui, je me propose spécialement d'étudier la nature et les caractères propres de la volonté et de ses actes. Or, la volonté se présente d'abord comme puissance douée d'une inclination naturelle et fondamentale, et ensuite comme activité se déterminant elle-même à l'action.

Ces deux aspects forment la division naturelle de cette leçon.

Nous verrons d'abord la volonté dans sa nature fondamentale, ce qu'on pourrait appeler, avec saint Thomas, la volonté comme nature (1).

Nous examinerons ensuite la volonté libre, le libre arbitre.

---

(1) Natura autem et voluntas hoc modo ordinatæ sunt, ut ipsa voluntas quædam natura sit, quia omne quod in rebus invenitur natura quædam dicitur. Et ideo in voluntate oportet invenire non solum id quod voluntatis est, sed etiam quod naturæ est (*De Verit.*, q. xxii, a. 5).

I

LA VOLONTÉ.

I. — La volonté est éclairée par l'intelligence : notion de la fin, rapports rationnels entre un moyen et une fin, entre telle fin et telle autre, entre les fins secondaires et la fin dernière. La liaison des fins à la fin dernière comparée à l'enchaînement des causes efficientes et à la connexion entre la conséquence et le principe dans le raisonnement.

II. — Unité de la fin dernière pour tous les hommes : cette fin est le perfectionnement complet de l'être. Toutes les autres fins sont poursuivies comme moyens de parvenir à ce perfectionnement complet.

III. — Quel est l'objet réel où l'homme peut trouver son complet perfectionnement ? Ce doit être l'objet de la meilleure opération de sa meilleure puissance. C'est donc l'absolu réel et parfait, dernier terme du mouvement de l'intelligence humaine. Conclusion : Dieu est la fin dernière de la volonté.

I. — La volonté est une puissance appétitive, une faculté d'inclination. Pour préciser sa nature, il convient donc de nous rappeler la différence entre l'inclination volontaire et les autres inclinations des êtres.

L'appétit des êtres sans connaissance est purement naturel, nous le savons : il n'agit que sous la direction et à la lumière de la providence divine.

L'appétit animal va vers un but, vers une fin que l'animal connaît, mais seulement comme un terme singulier de ses actes, de ses mouvements.

La volonté, au contraire, profite des clartés de l'intelligence humaine. Cette intelligence sait ce que c'est qu'une fin, ce que c'est qu'un moyen et le rapport d'un moyen à une fin ; aussi peut-elle ordonner les moyens au but à atteindre (1).

Le voisinage de l'entendement, à côté de la volonté, donne à cet appétit son caractère propre. L'homme, à la fois intelligent et volontaire, sait pourquoi il veut, sait le moyen à prendre pour atteindre ce qu'il veut : il a ainsi la possession de lui-même. C'est la marque de l'inclination humaine.

Remarquons, dès à présent, que les détermi-

---

(1) Illa vero quæ ratione carent, tendunt in finem propter naturalem inclinationem quasi ab alio mota, non autem a seipsis, quum non cognoscant rationem finis; et ideo nihil in finem ordinare possunt, sed solum in finem ab alio ordinantur. Nam tota irrationalis natura comparatur ad Deum sicut instrumentum ad agens principale, ut supra habitum est, I, q. XXII, a. et q. CV, a. 5 (I-II, q. I, a. 2). — Supra talia animalia sunt illa quæ movent seipsa etiam habito respectu ad finem, quem sibi præstituunt. Quod quidem non fit nisi per rationem et intellectum, cujus est cognoscere proportionem finis et ejus quod est ad finem, et unum ordinare ad alterum (I, q. XVIII, a. 3).

nistes de nos jours, en niant le libre arbitre, ne nient pas pour cela que l'homme sache pourquoi il agit; ils accordent ce point. Seulement, disent-ils, tout en connaissant le motif qui le fait agir, l'homme, sans qu'il s'en doute peut-être, obéit nécessairement à ce motif. Il connaît la fin, il connaît le moyen, il prend tel moyen pour arriver à telle fin. Ce qu'ordinairement il ne sait pas, c'est qu'il est forcé par sa nature à prendre tel moyen plutôt que tel autre. Nous aurons à discuter cette objection dans la prochaine leçon.

Dès à présent, nous pouvons dire : Tendre intelligemment vers une fin et employer des moyens appropriés au but, avec connaissance intellectuelle de cette proportion, tel est le propre de la volonté.

Mais, s'il y a pour la volonté un rapport rationnel entre le moyen et la fin, y a-t-il aussi un rapport entre telle et telle fin, une ordonnance des fins, les unes à l'égard des autres, une sorte de hiérarchie des fins?

Évidemment, nous avons plusieurs fins que nous coordonnons ensemble. Par exemple, le professeur de philosophie, qui prépare son cours, prend un livre pour y lire une thèse qu'il se propose de soutenir, et déjà les raisons examinées et développées par d'autres : il prend le livre pour lire. La fin, c'est la lecture ; le livre, c'est le moyen. Pourquoi lit-il ? Il lit pour réfléchir. Il prendra d'autres moyens internes, si vous voulez, pour réfléchir ; il se présentera la question à lui-même sous ses divers aspects ; il analysera les données du problème. Cette réflexion a un but : c'est de prendre des notes pour développer le cours. Son cours, il le fait pour instruire, parce qu'il suppose que la vérité qu'il enseigne est utile à connaître. Chaque fin est ordonnée à la fin suivante.

Mais, allons-nous ainsi indéfiniment attacher les moyens aux fins et les fins les unes aux autres, sans nous arrêter jamais ? Évidemment, il faudra s'arrêter quelque part : notre raison et notre conscience nous disent que, s'il n'y a pas une fin dernière, vue par l'intelligence et acceptée par la volonté, jamais la volonté ne commencera à poser ses premiers actes(1). C'est à bon

---

(1) In finibus autem invenitur duplex ordo, scilicet ordo inventionis et ordo executionis ; et in utroque ordine oportet esse aliquid primum. Id enim quod est primum in ordine intentionis, est quasi principium movens appetitum : unde, subtracto principio, appetitus a nullo moveretur. Id autem quod est principium in executione, est unde incipit operatio : unde, isto subtracto, nullus inciperet aliquid operari. Principium autem in-

droit que saint Thomas s'appuie sur cette maxime : Ce qui est premier dans l'intention est dernier dans l'exécution. On commence par un acte, mais ce n'est pas cet acte-là qu'on a dernièrement en vue, ou plutôt premièrement en vue de faire dernièrement. Une fin dernière existe toujours ; sans cela, on ne se mettrait jamais à l'œuvre ; cette fin est d'abord en vue dans l'intention, et le premier acte est fait pour arriver à la dernière fin.

Il y a, dans cette liaison des fins entre elles et de toutes les fins à une fin dernière, un enchaînement analogue à celui qui se produit entre les causes efficientes (1). Comme les mouvements

tentionis est ultimus finis ; principium autem executionis est primum eorum quæ sunt ad finem : sic ergo ex neutra parte possibile est in infinitum procedere ; quia, si non esset ultimus finis, nihil appeteretur, nec aliqua actio terminaretur, nec etiam quiesceret intentio agentis ; si autem non esset primum in his quæ sunt ad finem, nullus inciperet aliquid operari, nec terminaret consilium, sed in infinitum procederet (I-II, q. 1, a. 4). — Finis, etsi sit postremus in executione, est tamen primus in intentione agentis, et hoc modo habet rationem causæ (I-II, q. 1, a. 1, ad 1).

(1) In omnibus enim quæ per se habent ordinem ad invicem, oportet quod, remoto primo, removeantur ea quæ sunt ad primum. Unde Philosophus probat, in VIII *Physic.*, quod non est possibile in causis moventibus procedere in infinitum, quia

mécaniques ne commenceraient pas, s'il n'y avait pas une première cause efficiente qui fît marcher, en quelque sorte, les causes intermédiaires, jusqu'au dernier organe produisant le mouvement définitif : de même, la volonté n'aura jamais de commencement d'action, s'il n'y a point de fin dernière pour déterminer l'acte volontaire.

Aristote a eu bien raison de dire que la fin est à l'action ce que le principe est à la spéculation (1). Nous avons comparé l'enchainement des fins, par rapport à la volonté, à une série de causes efficientes. On peut comparer aussi les mouvements de la volonté aux mouvements intellectuels. Comme on ne saurait raisonner sans partir d'un principe solide, considéré comme premier, de même on ne peut agir si l'on n'a en vue une fin dernière, qui soit vraiment le principe de l'action.

II. — Tout ce que nous venons de dire est assez facile à entendre. Mais avançons. Y a-t-il

non esset primum movens ; quo subtracto, alia movere non possunt, quum non moveant nisi per hoc quod moventur a primo movente (I-II, q. 1, a. 4).

(1) Finis enim se habet in operativis sicut principium in speculativis, ut dicitur in II *Physic.* (I, q. LXXXII, a. 1).

pour la nature humaine, pour la volonté de l'homme, en général, une fin dernière unique ? Tous les hommes ont-ils la même fin dernière ?

Nous avons développé déjà cette vérité : tout être tend à sa perfection. L'homme n'échappe pas à cette loi, qui dérive de la perfection même du Créateur. Comme Dieu, parfait en soi, est cause de tout ce qui est, cause exemplaire et cause finale, ce qui est tend à son tour à imiter à sa manière la cause première, à se perfectionner pour approcher de la perfection du Créateur.

La volonté doit donc avoir pour fin dernière une fin qui perfectionne l'homme, qui le complète. S'il restait un complément à ajouter, la fin ne serait pas fin dernière (1). Notre dernière fin doit être notre entier perfectionnement. Il

(1) Quum unumquodque appetat suam perfectionem, illud appetit aliquis ut ultimum finem, quod appetit ut bonum perfectum et completivum sui ipsius... Oportet igitur quod ultimus finis ita impleat totum hominis appetitum, quod nihil extra ipsum appetendum relinquatur; quod esse non potest si aliquid extraneum ad ipsius perfectionem requiratur. Unde non potest esse quod in duo sic tendat appetitus, ac si utrumque sit bonum perfectum ipsius... Sicut autem se habet ultimus finis hominis simpliciter ad totum humanum genus, ita se habet ultimus finis hujus hominis ad hunc hominem. Unde oportet quod, sicut omnium hominum est naturaliter unus finis ultimus, ita hujus hominis voluntas in uno ultimo fine statuatur (I-II, q. 1, a. 5).

s'ensuit qu'il y a une fin dernière unique pour tous les hommes : en effet, la nature humaine est la même partout, et la nature de tel homme en particulier n'est pas autre chose que la nature en général, individuellement réalisée.

Nous pouvons donc, dès à présent, conclure que tous les hommes ont une fin dernière unique, la même fin dernière.

Mais, je vous entends m'objecter de suite : Tout ceci est fort beau, quand on reste dans la théorie ; mais, regardons dans la pratique : ne voyons-nous pas, au contraire, que chaque homme a sa fin dernière à lui ? Celui-ci met son bonheur, son complément définitif, dans le plaisir, dans la volupté ; voilà ce qu'il recherche ; c'est le but manifestement final de sa vie. Celui-là aspire aux honneurs ; c'est ce qui le met en mouvement, c'est la fin dernière de toutes ses actions. Un troisième se laisse attirer par la richesse, et l'on sait combien cet attrait est dominant de nos jours. D'autres, d'une intelligence supérieure, ne poursuivent que la science. Enfin, quelques-uns se proposent pour fin dernière la vertu : c'est le petit nombre.

Il semble donc qu'il y ait plusieurs fins dernières pour les hommes considérés isolément. Nous avons fait de la théorie ; mais ne se heurte-t-elle pas à une pratique contraire ?

Examinons cependant.

Que veut-il, le voluptueux, quand il recherche ardemment le plaisir ? N'est-ce pas le complément de son être ? Et l'homme qui ambitionne la fortune ? Et celui qui travaille à acquérir la science ? Et les autres ? Quel est le but qui les fait agir ? Vous verrez que tous cherchent à se compléter dans un repos définitif, qu'ils appellent le bonheur.

Donc, si les fins dernières ne paraissent pas les mêmes, néanmoins, par leur raison formelle, elles sont identiques (1). En d'autres termes, tous les hommes poursuivent la même fin dernière, qui est le bonheur, le complet achèvement ; mais, tous ne prennent pas les mêmes moyens pour y parvenir. La volupté, la richesse, la fortune, la science, la vertu sont, en vérité, des moyens pour atteindre le perfectionnement intégral de l'être humain.

(1) Quantum igitur ad rationem ultimi finis, omnes conveniunt in appetitu finis ultimi ; quia omnes appetunt suam perfectionem adimpleri, quæ est ratio ultimi finis, ut dictum est, a. 5 huj. q. Sed quantum ad id in quo ista ratio invenitur, non omnes homines conveniunt in ultimo fine : nam quidam appetunt divitias, tanquam consummatum bonum ; quidam vero voluptatem ; quidam vero quodcumque aliud (I-II, q. 1, a. 7).

Mais cependant, peut-on objecter encore, il semble que vraiment les hommes n'ont pas en vue la fin dernière dans tous leurs actes ; que des fins très secondaires servent de but à toutes leurs actions. Par exemple, ce n'est pas précisément la perfection générale de l'être que cherche le voluptueux : c'est telle perfection spéciale, c'est-à-dire telle fin tout à fait limitée ; il veut son plaisir.

Regardons attentivement, et nous verrons que c'est bien l'achèvement complet de l'être qui est toujours désiré.

Puisque j'ai nommé le voluptueux, ne sait-on pas qu'il ne s'arrête dans le plaisir que lorsqu'il trouve la satiété, et que par le plaisir il cherche à satisfaire entièrement sa soif de bonheur ? C'est un bonheur accompli, c'est-à-dire la plénitude de l'être, que manifestement tout homme poursuit (1). Tous les désirs sont des commen-

---

(1) Quidquid homo appetit, appetit sub ratione boni ; quod quidem si non appetitur ut bonum perfectum, quod est ultimus finis, necesse est ut appetatur ut tendens in bonum perfectum : quia semper inchoatio alicujus ordinatur ad consummationem ipsius, sicut patet tam in his quæ fiunt a natura, quam in his quæ fiunt ab arte ; et ita omnis inchoatio perfectionis ordinatur in perfectionem consummatam, quæ est per ultimum finem (I-II, q. I, a. 6).

cements d'application d'un désir intime et profond de bien-être total. Il n'est donc pas douteux que tout homme tend à la fin dernière.

III. — Mais, tout cela ne nous éclaire peut-être pas beaucoup, si nous n'y ajoutons quelques considérations. A quoi peut servir, en somme, de savoir qu'il y a une fin dernière, si chacun, en pratique, prend des moyens différents pour y arriver?

Ce qu'il faudrait savoir, c'est en quoi réside le vrai bonheur pour la nature humaine, quel est le moyen à employer pour obtenir sûrement notre véritable perfection.

A ce propos, saint Thomas fait, d'après Aristote, une remarque intelligente, spirituelle même. Quand vous voulez savoir, dit-il, si un aliment est convenable à l'homme, allez-vous consulter celui qui a le goût malade? Évidemment non. Vous prenez la réponse sur les lèvres de celui qui est sain, bien portant. Et comment jugez-vous qu'il est bien portant? En appréciant les proportions générales de sa nature d'après ce que vous savez des lois normales du développement humain. De même, pour savoir quelle est notre véritable fin dernière, il faut examiner la conduite de celui qui est un homme complet, parfait, harmonieux, dans toutes ses actions (1).

En étudiant l'homme accompli, il s'agit, maintenant, de préciser à quel objet réel, positif, est ordonnée l'inclination fondamentale de toute volonté humaine. Il ne suffit plus de dire que l'homme tend à son bonheur, à son bien parfait ; il faut déterminer quel est l'objet où il trouvera ce bien parfait, ce bonheur.

Rappelons-nous que la volonté suit l'intelligence, qu'elle est une puissance intellectuelle ; c'est ce caractère qui nous donnera la solution du problème.

Puisque la volonté est liée à l'intelligence, c'est dans la nature même de l'entendement que nous trouverons la réponse que nous cherchons. En effet, la volonté n'est point inclinée à se compléter par sa seule opération : elle est, à proprement parler, appétitive ; elle tend à un objet au dehors d'elle-même, et, pour jouir de son bien,

---

(1) Omni gustui delectabile est dulce ; sed quibusdam maxime delectabilis est dulcedo vini, quibusdam dulcedo mellis, aut alicujus talium. Illud tamen dulce oportet simpliciter esse melius delectabile, in quo maxime delectatur qui habet optimum gustum ; et similiter illud bonum oportet esse completissimum, quod tanquam ultimum finem appetit habens affectum bene dispositum (I-II, q. 1, a. 7).

il faut qu'il lui soit présent par l'opération d'une autre puissance (1). Or, la faculté qui, par son acte, lui présentera ce bien, est précisément celle qui est liée à elle, l'intelligence.

Remarquons ici, pour préparer la solution, que le bien parfait de l'homme doit être principalement la perfection entière de sa principale puissance (2). Or, celle qui le fait homme, c'est l'intelligence, puisqu'il est animal raisonnable. Donc, le bien parfait de l'homme sera dans la meilleure opération, dans l'acte suprême de l'intelligence, sa meilleure puissance, sa faculté supérieure ; et la meilleure opération est évidemment celle qui s'applique au meilleur objet.

Observons, en outre, que, la fin dernière étant la raison même de toute l'inclination volontaire, la volonté doit avoir, pour l'opération

---

(1) Primum objectum voluntatis non est actus ejus, sicut nec primum objectum visus est visio, sed visibile. Unde ex hoc ipso quod beatitudo pertinet ad voluntatem tanquam primum objectum ejus, sequitur quod non pertineat ad ipsam tanquam actus ipsius. — Ille qui habet omnia quæ vult, ex hoc est beatus quod habet ea quæ vult ; quod quidem est per aliud quam per actum voluntatis (I-II, q. III, a. 4, ad 2 et ad 5).

(2) Si beatitudo hominis est operatio, oportet quod sit optima operatio hominis. Optima autem operatio hominis est quæ est optimæ potentiæ respectu optimi objecti ; optima autem potentia est intellectus (I-II, q. III, a. 5).

de l'intelligence, non pas seulement une tendance actuelle, à tel ou tel moment, mais une inclination fondamentale, intime, ce que nous avons appelé plusieurs fois un amour naturel (1).

Vous le savez, l'amour n'est pas le désir ; il en est le principe. L'amour est une conformation intérieure, une prédisposition secrète à désirer le bien.

L'inclination fondamentale de la volonté est donc une adaptation intime au perfectionnement naturel de l'homme, et ce perfectionnement réside dans l'acte de son intelligence appliqué au meilleur objet que l'homme puisse entendre.

Avançant ainsi pas à pas, nous sommes arrivés à ce point : Quel est l'être réel qui est le meilleur objet, l'objet suprême, souverain, de notre intelligence ? Quand nous l'aurons trouvé, nous dirons que cet être est la fin dernière, réel-

---

(1) Illud dicitur esse naturale rei quod convenit ei secundum suam substantiam, et hoc est quod per se inest rei. In omnibus autem, ea quæ non per se insunt, reducuntur in aliquid quod per se inest, sicut in primum. Et ideo necesse est quod, hoc modo accipiendo naturam, semper principium in his quæ conveniunt rei sit naturale. Et hoc manifeste apparet in intellectu : nam principia intellectualis cognitionis sunt naturaliter nota. Similiter etiam principium motuum voluntariorum oportet esse aliquid naturaliter volitum (I-II, q. x, a. 1).

le, de toute inclination proprement humaine.

Permettez-moi de résumer très rapidement ce que j'ai détaillé l'année dernière au sujet des opérations intellectuelles.

Quel est l'objet propre de l'entendement humain en cette vie ? C'est l'absolu et l'universel ; mais, l'absolu et l'universel abstraits.

L'absolu est opposé au relatif ; l'universel est opposé au singulier.

Il faut remarquer que l'objet de l'intelligence est d'abord absolu, et qu'il est universel parce qu'il est absolu : car, cet absolu est essentiel, et ce qui est essentiel est nécessairement universel, c'est-à-dire réalisable en tout ce qui aura l'essence dont il s'agit.

L'intelligence humaine saisit d'abord dans les choses matérielles, dont les sens lui présentent l'image, la nature de ces choses, leur essence, caractérisée par leurs attributs propres, et ces attributs mêmes sous une forme essentielle et universelle.

Mais, ce n'est là qu'un commencement. A l'aide des principes rationnels, l'entendement s'élève des êtres sensibles, qui n'ont pas en eux-mêmes leur raison suffisante, à leur cause première, à l'Être des êtres, en qui réside la raison de toute réalité : absolu premier, principe de tout ce qui est et de tout ce qui peut être, cause efficiente, comme il est cause exemplaire et cause finale, de tout ce qui n'est pas lui.

Voilà où aboutit le mouvement intellectuel.

L'intelligence part d'un absolu abstrait des représentations sensibles, et, au moyen de l'absolu qu'elle a en elle, de ses principes premiers, elle monte jusqu'à l'affirmation d'un absolu existant par lui-même et absolument parfait. Dans tout le mouvement intellectuel, la base, c'est la connaissance, sous forme absolue et universelle, des êtres de ce monde ; les moyens, ce sont les principes rationnels ; le terme, c'est l'absolu parfait, c'est Dieu.

Si telle est bien la progression des actes de l'intelligence, c'est au terme que sera la perfection de l'entendement humain : c'est la connaissance de cet absolu parfait, qui sera l'opération la meilleure, la plus achevée, de la meilleure puissance de l'homme, de l'intelligence (1).

(1) Unius cujusque potentiæ perfectio attenditur secundum rationem sui objecti. Objectum autem intellectus est quod quid est, id est essentia rei, ut dicitur in III *de Anima* : unde in tantum procedit perfectio intellectus, inquantum cognoscit essentiam alicujus rei. Si ergo intellectus aliquis cognoscat essentiam alicujus effectus, per quam non possit cognosci essentia

LA VOLONTÉ 321

C'est donc dans cette opération portée à sa plus haute perfection possible, par la possession intelligente la plus étroite et la plus intime de son objet, c'est-à-dire de Dieu, qu'est principalement la fin dernière et le bonheur parfait de l'homme.

Nous parvenons ainsi à cette conclusion d'une importance souveraine pour la psychologie, la métaphysique, la morale : Dieu seul, par son infinie perfection, est capable de combler le désir naturel de la volonté humaine (1) ; rien

causæ, ut scilicet sciatur de causa quid est, non dicitur intellectus attingere ad causam simpliciter ; quamvis per effectum cognoscere possit de causa an sit. Et ideo remanet naturaliter homini desiderium, quum cognoscit effectum et scit eum habere causam, ut etiam sciat de causa quid est... Si igitur intellectus humanus cognoscens essentiam alicujus effectus creati non cognoscat de Deo nisi an est, nondum perfectio ejus attingit simpliciter ad causam primam, sed remanet ei adhuc naturale desiderium inquirendi causam : unde nondum est perfecte beatus. Ad perfectam igitur beatitudinem requiritur quod intellectus pertingat ad ipsam essentiam primæ causæ. Et sic perfectionem suam habebit per unionem ad Deum sicut ad objectum in quo solo beatitudo hominis consistit, ut supra dictum est, a. præced. et a. 1 huj. q. (I-II, q. III, a. 8).

(1) Ultimus hominis finis est bonum increatum, scilicet Deus, qui solus sua infinita bonitate potest voluntatem hominis perfecte implere (I-II, q. III, a. 1).

ne peut satisfaire entièrement l'inclination naturelle de l'homme, si ce n'est celui qui l'a faite, l'Absolu divin, l'Être des êtres, le Parfait existant en soi.

Nous pouvons arrêter ici la première partie de nos considérations.

En résumé, toute volonté tend à une fin, toute fin suppose une fin dernière, la fin dernière est unique et identique pour tout homme, cette fin dernière de la volonté doit être l'objet définitif de l'acte intellectuel, cet objet définitif est Dieu. Conclusion : C'est Dieu qui est la fin dernière de la volonté humaine.

II

LE LIBRE ARBITRE.

I. — L'inclination fondamentale de la volonté est nécessaire; dans le développement de son opération, la volonté est libre. Le libre arbitre prouvé par le témoignage de la conscience et par la pratique des peuples.

II. — Preuve métaphysique du libre arbitre. La liberté des actes volontaires est la conséquence nécessaire de l'inclination nécessaire de la volonté. Comparaison de la volonté à l'intelligence. C'est précisément parce que la volonté est nécessairement inclinée vers le bien absolu et parfait, qu'elle est libre à l'égard des biens particuliers et imparfaits qui ne lui apparaissent pas comme nécessairement liés au bien absolu et parfait. Caractère de non-bien et même de mal que présentent les biens imparfaits. Différence entre la volonté et l'inclination sensible.

III. — Exercice de l'activité volontaire. La volonté est libre de vouloir ou de ne pas vouloir. L'élection libre est acte de raison et de volonté.

I. — Abordons maintenant la seconde partie de notre sujet. Considérons la volonté, non plus au point de vue de son inclination fondamentale, mais dans le développement de son opération.

Ici, le caractère est tout différent, et c'est

avec raison qu'on a donné à la volonté le nom de libre arbitre (1).

Dans son amour naturel, la volonté est nécessairement mue ; elle va inévitablement à son but. Dans ses opérations détaillées, au contraire, elle est manifestement libre (2) : elle veut ou elle ne veut pas, elle choisit ceci ou elle choisit cela, elle s'arrête à tel ou tel des biens imparfaits qui la sollicitent, elle prend celui-ci ou celui-là à son gré, pour atteindre sa fin dernière.

Notre conscience nous en est un excellent témoin.

Que chaque homme se consulte lui-même, qu'il consulte son semblable. Même le déterministe, qu'on l'interroge ! Dans ses actions journalières, ne s'attribue-t-il pas le mérite de ses bonnes actions, et ne prétend-il pas punir les autres d'actes volontaires qui l'ont blessé lui-même ?

Il faut les voir à l'œuvre, ces adeptes du dé-

---

(1) Ejusdem potentiæ est velle et eligere. Et propter hoc voluntas et liberum arbitrium non sunt duæ potentiæ, sed una (I, q. LXXXIII, a. 4).

(2) Voluntas ad opposita se habet in his quæ ad finem ordinantur; sed ad ultimum finem naturali necessitate ordinatur : quod patet ex hoc quod homo non potest non velle esse beatus (I-II, q. v, a. 4, ad 1).

terminisme. Observez-les, lorsqu'ils ont reçu la moindre petite blessure d'amour-propre : ne se laisseront-ils pas aller à leur jugement naturel, et n'affirmeront-ils pas que l'homme outragé a le droit d'en appeler aux lois de l'honneur pour venger cette libre attaque à leur dignité personnelle ? D'autre part, ne se donneront-ils pas la gloire du plus petit grain de vérité qu'ils auront ajouté, par leur travail volontaire, au patrimoine de la philosophie ?

Tout homme, interrogé simplement dans la vie quotidienne, vous répondra, sinon qu'il est libre, du moins d'une façon qui vous permettra d'affirmer qu'il a conscience d'être doué de liberté, de libre arbitre.

Si l'on prend maintenant, non pas tel homme en particulier, mais les hommes réunis ensemble, les cités, les nations, il est manifeste, comme le remarque en quelques mots saint Thomas (1), que partout on trouve des délibérations, des exhortations, des lois, des tribunaux, une justice où tout au moins une apparence de justice, des récompenses et des

---

(1) Homo est liberi arbitrii ; alioquin frustra essent consilia, exhortationes, præcepta, prohibitiones, præmia et pœnæ (I, q. LXXXIII, a. 1).

châtiments, des croix d'honneur, des échafauds.

Eh bien ! tout cela montre clairement, à tous les yeux, que non seulement tout homme individuel, mais les hommes groupés ensemble reconnaissent la responsabilité humaine et la liberté des actes humains.

Donc, dès à présent, affirmons, si vous le voulez bien, que l'homme est libre.

II. — Mais cependant, c'est aujourd'hui que cette liberté de la volonté humaine est le plus contestée, et, remarquez-le bien, ce que l'on conteste surtout, avec une sorte d'acharnement philosophique, c'est le témoignage même de la conscience. Un des déterministes les plus résolus de ce temps met tout ce qu'il a d'intelligence, de perspicacité, à rechercher les défauts de cuirasse de l'argument fondé sur la conscience de notre liberté.

Permettez-moi de le dire, souvent on se contente un peu trop facilement de cette preuve par la conscience. Je crois devoir en ajouter une autre puisée à une source plus élevée ; elle donnera une confirmation de la plus haute valeur au sentiment intime de chaque homme et des hommes ensemble.

Ce que je voudrais démontrer ou montrer au moins, c'est que l'homme est libre parce qu'il doit l'être, parce qu'il ne peut pas ne pas l'être, parce que le libre arbitre est une conséquence nécessaire de l'inclination nécessaire de la volonté humaine (1). Ce que je voudrais faire voir, c'est que, par des liens étroits, serrés, indéniables, notre liberté se rattache nécessairement à notre tendance primitive vers le bonheur complet.

Et cela doit être, car, si l'homme est libre dans ses actes singuliers, il est aussi naturellement porté, incliné, vers le bien parfait. Ces deux qualités de l'homme, puisqu'elles sont dans la même volonté, doivent être liées l'une à l'autre, et, comme l'inclination naturelle est tout à fait primitive, il ne faut pas s'étonner que la liberté en soit une conséquence. Donc, tout ici est logique, tout se tient rationnellement.

Il n'en est pas moins vrai qu'il y a une anomalie apparente dans cette conclusion que je me propose d'établir : la liberté, dans l'homme, est la conséquence même de la nécessité. N'est-

---

(1) Oportet enim quod illud quod naturaliter alicui convenit et immobiliter, sit fundamentum et principium omnium aliorum; quia natura rei est primum in unoquoque et omnis motus procedit ab aliquo immobili (I, q. LXXXII, a. 1).

ce pas contradictoire? De suite, je l'espère, la contradiction disparaîtra dans vos intelligences, si vous voulez bien vous rappeler que tout contingent, tout ce qui pourrait ne pas être, suppose — ce qui peut sembler contradictoire — un nécessaire; que tout mouvement suppose — ce qui peut encore paraître contradictoire — un immobile (1); que, s'il n'y avait que des mobiles en mouvement, il n'y aurait aucune raison au mouvement même; que, si tout se mouvait, rien ne se mouvrait, qu'il faut quelque chose de fixe pour que le mouvement parte, et que, par conséquent, il n'y a pas de contradiction véritable à donner la nécessité pour origine à la liberté.

Une analogie prise dans l'homme lui-même va mettre en lumière la liaison qui existe entre les actes libres et une inclination nécessaire. L'intelligence humaine a son point de départ naturel dans les principes rationnels, les principes premiers. Mais, n'est-il pas évident que, partant de ces principes, l'intelligence se meut elle-mê-

---

(1) Si igitur omnia sunt possibilia non esse, aliquando nihil fuit in rebus... Non ergo omnia entia sunt possibilia, sed oportet aliquid esse necessarium in rebus (I, q. II, a. 3). — Moventia secunda non movent nisi per hoc quod sunt mota a primo movente... Ergo necesse est devenire ad aliquod primum movens quod a nullo moveatur (*Ibid.*).

me ? Quand j'ai affirmé les prémisses d'un syllogisme, ma raison, par son propre mouvement, en déduit les conclusions (1). Il en sera de même pour la volonté, et, pour le mieux voir, continuons à examiner l'acte intellectuel.

Nous avons parlé de conclusions. Est-ce que toutes les conclusions que déduit notre intelligence, exigent au même degré l'adhésion de notre entendement ? Affirmons-nous de la même manière toutes les conséquences que nous tirons des principes ?

Nous avons plusieurs fois, dans le cours de ces leçons, montré comment l'intelligence remonte des créatures au Créateur. Appuyé sur le principe de raison suffisante, de ce que je vois des êtres qui n'ont pas leur raison en eux-mêmes, je conclus qu'il existe un être premier qui est leur cause. Voilà un raisonnement; voilà une conséquence. J'affirme ainsi le Créateur. Jusque-là tout est bien.

Mais, du principe que j'ai posé dans ce premier

---

(1) Manifestum est autem quod intellectus, per hoc quod cognoscit principium, reducit seipsum de potentia in actum quantum ad cognitionem conclusionum, et hoc modo movet seipsum. Et similiter voluntas, per hoc quod vult finem, movet seipsam ad volendum ea quæ sunt ad finem (I-II, q. IX, a. 3).

raisonnement, pourrais-je tirer cette conclusion : la création était nécessaire? Sous une autre forme, pourrais-je raisonner ainsi : Dieu est la raison nécessaire et suffisante de toutes créatures ; donc, Dieu ne peut pas ne pas créer ? Non : je ne puis affirmer cette conclusion. Elle ne m'apparaît pas comme liée à cette première vérité : Dieu est l'auteur de toutes choses. Je ne puis conclure que ceci : s'il plaît à Dieu de créer, les choses existeront par lui. La conséquence est ici une vérité contingente : Dieu peut créer ou ne pas créer ; la création est possible, elle n'est pas nécessaire (1). Si la volonté actuelle de Dieu, qui, à un certain point de vue, est contingente, puisqu'elle pourrait ne pas être, si cette volonté n'est pas posée, la création du monde ne suivra pas. Si Dieu, en fait, veut créer, la création suivra.

De même, les principes de mathématiques, les axiomes de géométrie servent à démontrer rigoureusement les théorèmes généraux les uns à la suite des autres. Mais, par exemple, d'au-

---

(1) Causa quæ est de se contingens, oportet ut determinetur ab aliquo exteriori ad effectum; sed voluntas divina, quæ ex se necessitatem habet, determinat seipsam ad volitum ad quod habet habitudinem non necessariam (I, q. xix, a. 3, ad 5).

cun axiome de géométrie on ne peut conclure l'existence réelle d'un corps ayant forme de triangle : cette existence est contingente et n'est point nécessairement liée aux premiers principes.

Il y a donc des conséquences liées nécessairement aux principes ; d'autres n'y sont pas nécessairement enchaînées. L'intelligence affirme nécessairement les premières ; elle n'affirme pas de la même manière les conclusions qui ne sont pas liées de même aux principes nécessaires.

La volonté suit une loi semblable (1) : elle veut nécessairement le bonheur de l'homme, son bien parfait à lui, qui ne peut se trouver que dans la possession du bien essentiel et absolu ; elle veut nécessairement aussi tout ce que l'intelligence lui montre comme étant nécessai-

---

(1) Intellectus ex necessitate movetur a tali objecto quod est semper et ex necessitate verum, non autem ab eo quod potest esse verum et falsum, scilicet a contingenti, sicut et de bono dictum est, in corp. art. — Finis ultimus ex necessitate movet voluntatem, quia est bonum perfectum ; et similiter illa quæ ordinantur ad hunc finem sine quibus finis haberi non potest, sicut esse et vivere et hujusmodi ; alia vero sine quibus finis haberi potest, non ex necessitate vult qui vult finem : sicut conclusiones sine quibus principia possunt esse vera, non ex necessitate credit qui principia credit (I-II, q. x, a. 2, ad 2 et ad 3).

rement lié au bonheur parfait de l'homme. Mais, tout ce qui ne lui apparaîtra pas en connexion nécessaire avec cette dernière fin, qui est pour elle comme un premier principe, n'entraînera pas nécessairement son adhésion ; elle sera donc libre de se déterminer, soit pour accepter, soit pour refuser les biens qui ne seront pas liés nécessairement à la fin dernière. Pourquoi? Parce qu'elle y trouvera quelque chose qui peut l'acheminer vers la dernière fin ; elle pourra donc adhérer : mais elle sera libre aussi de refuser son adhésion, parce qu'elle ne verra pas là un moyen indispensable pour atteindre sa fin. Ces biens, n'étant pas nécessairement liés à la fin dernière, sont contingents. Il faudra que nous posions un autre fait contingent, un acte non nécessaire de la volonté, pour qu'il y ait adhésion, c'est-à-dire que la détermination volontaire est contingente, qu'elle pourrait ne pas être, qu'elle est libre.

Où est la force de cet argument? Elle réside en ce que la volonté ne tend pas à une amélioration quelconque, successive ou toute à la fois, de l'être humain. Elle n'est pas comme l'inclination des êtres inférieurs à l'homme, qui tendent simplement au perfectionnement. Quand ces êtres ont un commencement de perfection, ils sont incapables de concevoir le but final et dernier de toute perfection créée, l'Être absolument parfait. Aussi tendent-ils naturellement à tout ce qui peut être lié plus ou moins au perfectionnement de leur nature. La volonté humaine n'est pas ainsi faite; il faut le bien parfait en soi pour la remplir.

Il y a deux points de vue dans l'inclination de la volonté : le perfectionnement de l'homme, et la nature de l'objet qui doit perfectionner la nature humaine.

Ce perfectionnement de l'homme n'est complet que par la possession intelligente de la perfection absolue en soi. C'est là ce que veut naturellement notre volonté, bien que souvent d'une manière implicite et secrète. Elle veut aussi naturellement, avec la possession du bien parfait, le bonheur achevé de toute la nature humaine, qui en doit être la conséquence (1). Aussi veut-

---

(1) Hoc autem est bonum in communi, in quod voluntas naturaliter tendit, sicut etiam quælibet potentia in suum objectum; et etiam ipse finis ultimus, qui hoc modo se habet in appetibilibus sicut prima principia demonstrationum in intelligibilibus; et universaliter omnia illa quæ conveniunt volenti secundum suam naturam... Unde naturaliter homo vult non

elle de même naturellement tous les biens qui sont l'acheminement naturel vers ce complet bonheur, quoiqu'ils soient seulement des biens particuliers : par exemple, l'existence, la vie, la connaissance de la vérité.

Le double point de vue dont nous venons de parler sert à expliquer le mouvement de la volonté. Les biens imparfaits présentés à l'homme sont biens, sous un certain rapport, parce qu'ils tiennent quelque chose du bien parfait, par image, par similitude, et qu'ils peuvent conduire, soit au bonheur définitif, soit à un commencement de ce bonheur. Mais, si ces biens n'apparaissent pas comme nécessairement liés à la perfection définitive de l'homme dans le bien absolu, ils sont, sous ce rapport, des non-biens.

Comme ce qui est dû à l'homme, c'est son perfectionnement total dans un bien parfait en soi, les biens imparfaits, pouvant ne pas y conduire, sont non-biens par ce qui leur manque au regard de l'acheminement vers le bien défi-

---

solum objectum voluntatis, sed etiam alia quæ conveniunt aliis potentiis; ut cognitionem veri, quæ convenit intellectui; et esse et vivere et hujusmodi alia, quæ respiciunt consistentiam naturalem : quæ omnia comprehenduntur sub objecto voluntatis, sicut quædam particularia bona (I-II, q. X, a. 1).

nitif et complet. Et comme notre intelligence est capable de considérer les divers aspects des choses, nous pouvons voir dans ces biens imparfaits ce par quoi ils conduisent au bonheur ou ce qui leur fait défaut pour y conduire certainement. Par suite, la volonté peut y adhérer du côté par lequel ils sont biens : du côté où l'intelligence les montre comme étant non-biens, la volonté peut ne pas y donner son adhésion (1). Or, précisément parce qu'il leur manque quelque chose par rapport à la fin dernière, voulue naturellement, lors même qu'ils sont vus comme biens, ils ne le sont que comme biens incomplets, et, même lorsque la volonté les accepte, elle le fait sans y être forcée, c'est-à-dire que son consentement est libre.

Saint Thomas a une expression très hardie pour compléter cette théorie. Après avoir dit que tout défaut dans un bien a nature de non-

(1) Et quia defectus cujuscumque boni habet rationem non boni, ideo illud solum bonum quod est perfectum et cui nihil deficit, est tale bonum quod voluntas non potest non velle, quod est beatitudo: alia autem quælibet particularia bona, inquantum deficiunt ab aliquo bono, possunt accipi ut non bona, et secundum hanc considerationem possunt repudiari vel approbari a voluntate, quæ potest in idem ferri secundum diversas considerationes (I-II, q. X, a. 2).

bien, il va jusqu'à affirmer, quelques pages plus loin, que tout défaut dans un bien imparfait a nature de mal (1). Or, ce n'est point identique. Un non-bien, c'est une absence de bien ; un mal, c'est une privation du bien qui est dû.

Ces biens imparfaits sont non-biens, à un certain point de vue, si on les compare au bien absolu, qui est l'objet même de la béatitude humaine. Mais, comment ont-ils nature de mal ? C'est parce qu'ils ne donnent pas à l'homme la perfection qui lui est due ; et, comme cette perfection consiste dans la possession de l'Être parfait, non seulement ils présentent ce caractère de mal par rapport à l'homme, mais, en eux-mêmes, ces biens imparfaits peuvent être considérés comme ayant du mal parce qu'ils sont incapables

(1) In omnibus particularibus bonis potest considerare rationem boni alicujus et defectum alicujus boni, quod habet rationem mali ; et secundum hoc potest unumquodque hujusmodi bonorum apprehendere ut eligibile vel fugibile. Solum autem perfectum bonum, quod est beatitudo, non potest ratio apprehendere sub ratione mali aut alicujus defectus ; et ideo ex necessitate beatitudinem homo vult, nec potest velle non esse beatus aut esse miser. Electio autem, quum non sit de fine, sed de his quæ sunt ad finem, ut jam dictum est, a. 3 huj. q., non est perfecti boni, quod est beatitudo, sed aliorum particularium bonorum ; et ideo, homo non ex necessitate, sed libere eligit (I-II, q. XIII, a. 6).

de conduire infailliblement au bien parfait, qui est la fin dernière et nécessaire.

Quelquefois on définit le bien par l'être, tout bien étant quelque réalité et tout être étant bon à sa manière. Mais, même avec cette définition, c'est encore par rapport à l'être absolu et parfait qu'on peut dire : un bien particulier est de l'être, à un certain point de vue, et du non-être, à un autre (1).

En somme, la raison profonde du libre arbitre est dans l'amour naturel de la volonté pour le bien absolu et parfait : cet amour est une conformation intime à ce bien, telle que tout bien particulier est trop étroit pour remplir la volonté, et, par suite, est incapable de s'imposer nécessairement (2).

---

(1) Esse simpliciter acceptum, secundum quod includit in se omnem perfectionem essendi, præeminet vitæ et omnibus perfectionibus subsequentibus : sic igitur ipsum esse præhabet in se omnia bona subsequentia. Quia finis respondet principio, ex illa ratione probatur quod ultimus finis est primum principium essendi, in quo est omnis essendi perfectio ; cujus similitudinem appetunt, secundum suam perfectionem, quædam quidem secundum esse tantum, quædam secundum esse vivens, quædam secundum esse vivens et intelligens et beatum, et hoc paucorum est (I-II, q. II, a. 5, ad 2 et ad 3).

(2) Voluntas habet ordinem ad universale bonum ; unde nihil aliud potest esse voluntatis causa nisi ipse Deus, qui est uni-

Je voudrais, maintenant, revenir un peu sur le parallèle entre la volonté et l'inclination sensible : celle-ci appartient seule aux animaux inférieurs à l'homme, et l'homme la possède en même temps que l'inclination intellectuelle.

Les êtres purement sensibles tendent, eux aussi, à leur perfection. Pourrait-on en conclure qu'ils sont naturellement inclinés, eux aussi, vers leur perfectionnement complet, et que, par conséquent, ils peuvent accepter ou refuser, à leur gré, tous les biens imparfaits qui ne le leur donnent pas ? Toute notre démonstration semblerait alors insuffisante : car, elle paraîtrait applicable aux animaux aussi bien qu'à l'homme, et, comme il est manifeste, d'autre part, que les animaux ne sont pas libres, on pourrait dire que l'argumentation ne prouve rien.

Il faut se rappeler que l'inclination sensible tend au perfectionnement de l'être, mais à la

---

versale bonum. Omne autem aliud bonum per participationem dicitur et est quoddam particulare bonum (I-II, q. IX, a. 6). — Sufficiens motivum alicujus potentiæ non est nisi objectum quod totaliter habet rationem motivi; si autem in aliquo deficiat, non ex necessitate movebit, ut dictum est, in corp. art. (I-II, q. X, a. 2, ad 1).

manière de la connaissance sensible, dont elle est la conséquence.

Or, comment la connaissance sensible connaît-elle les choses ? Elle les connaît comme singulières. L'inclination sensible aura donc une tendance semblable ; elle tendra à tel ou tel bien singulier, et tous les biens particuliers, individuels, appropriés à l'être, seront capables de forcer son adhésion dans la mesure même où ils lui sont appropriés. Comme ni la connaissance, ni l'inclination de ces êtres inférieurs n'est faite pour le bien absolu, ceux-ci ne peuvent, ni saisir aucune raison de chercher autre chose que tel ou tel bien singulier qui se présente comme actuellement convenable pour eux, ni aimer autre chose que ce bien singulier et relatif (1).

Voilà comment l'inclination sensible, n'ayant pas de proportion, de capacité pour le bien absolu et parfait, est satisfaite par tout bien particulier qui convient actuellement à l'animal : aussi n'y a-t-il pas de libre arbitre dans la sphère des puissances sensibles.

(1) Objectum voluntatis est finis et bonum in universali: unde non potest esse voluntas in his quæ carent ratione et intellectu, quum non possint apprehendere universale; sed est in eis appetitus naturalis vel sensitivus determinatus ad aliquod bonum particulare (I-II, q. 1, a. 2, ad 3).

III. — Nous avons parlé jusqu'ici de l'objet de la volonté humaine ; je voudrais ajouter quelque mots sur l'exercice de l'activité volontaire.

La volonté peut, non seulement choisir ceci ou cela, mais encore vouloir ou ne pas vouloir. Et c'est précisément parce qu'elle est affranchie de nécessité à l'égard de tout bien particulier, qu'elle est libre même pour l'exercice positif de son activité (1) : elle peut vouloir ou ne pas vouloir par la même raison qui la fait maîtresse de vouloir ceci ou cela. En effet, si tel objet qui se présente ne lui plaît pas, elle n'y adhèrera pas, elle ne le voudra pas ; et, comme elle peut refuser son adhésion à tout autre objet particulier, elle peut ne pas vouloir du tout, ou bien vouloir, si un objet lui plaît.

Pour embrasser toute l'étendue de cette liberté, il ne faut pas craindre de poser que le libre arbitre de l'homme peut aller jusqu'à re-

---

(1) Potest enim homo velle et non velle, agere et non agere ; potest etiam velle hoc aut illud. Cujus ratio ex ipsa virtute rationis accipitur : quidquid enim ratio potest apprehendere ut bonum, in hoc voluntas tendere potest ; potest autem ratio apprehendere ut bonum, non solum hoc quod est velle aut agere, sed hoc etiam quod est non velle et non agere (I-II, q. XIII, a. 6).

fuser de penser à Dieu, même connu comme principe et fin de toute créature. Cela semble contradictoire, puisque la liberté de l'homme est naturellement inclinée à la fin dernière, qui est Dieu. C'est que cette pensée de Dieu est un acte individuel qui ne se présente pas avec une évidence irrésistible comme étant, au moment même, le moyen nécessaire de parvenir à la béatitude parfaite. Nous sommes dans une certaine ignorance à cet égard ; nous oublions facilement quelqu'une des conditions du vrai bonheur : et voilà pourquoi nous pouvons ne pas vouloir penser à Dieu ou vouloir y penser.

Mais, pouvons-nous refuser de penser même à notre bonheur en général ? Oui, car cette pensée actuelle est encore une chose singulière, qui peut ne pas nous paraître nécessairement liée à l'acquisition du bonheur parfait. Nous pouvons supposer qu'il suffira de penser à un autre moment au bonheur.

Il faut donc reconnaître que le libre arbitre s'applique à tout mouvement actuel de la volonté (1). L'homme peut, en face de tout objet, vouloir ou ne pas vouloir.

(1) Quantum ad exercitium actus, voluntas a nullo objecto

De tout ce qui précède, il résulte que le libre choix, l'élection est un acte à la fois intellectuel et volontaire. Aristote lui appliquait ces deux expressions : « L'élection est une intelligence appétitive ou un appétit intellectif ». Saint Thomas traduit ces mots littéralement dans la *Somme théologique*, et les explique avec précision (1).

L'élection est formellement un acte rationnel,

---

ex necessitate movetur : potest enim aliquis de quocumque objecto non cogitare, et per consequens neque actu velle illud (I-II, q. x, a. 2).

(1) Ad electionem autem concurrit aliquid ex parte cognitivæ virtutis, et aliquid ex parte appetitivæ. Ex parte quidem cognitivæ requiritur consilium, per quod dijudicatur quid sit alteri præferendum. Ex parte autem appetitivæ requiritur quod appetendo acceptetur quod per consilium dijudicatur. Et ideo Aristoteles, in VI *Ethic.*, cap. II, sub dubio relinquit utrum principalius pertineat electio ad vim appetitivam vel ad vim cognitivam : dicit enim quod *electio vel est intellectus appetitivus vel appetitus intellectivus*. Sed in III *Ethic.*, cap. III, in hoc magis declinat quod sit appetitus intellectivus, nominans electionem *desiderium consiliabile* (I, q. LXXXIII, a. 3). — Sic igitur ille actus, quo voluntas tendit in aliquid quod proponitur ut bonum, ex eo quod per rationem est ordinatum ad finem, materialiter quidem est voluntatis, formaliter autem rationis. In hujusmodi autem substantia actus materialiter se habet ad ordinem qui imponitur a superiori potentia ; et ideo electio substantialiter non est actus rationis, sed voluntatis : perficitur enim electio in motu quodam animæ ad bonum quod eligitur ; unde manifeste actus est appetitivæ potentiæ (I-II, q. XIII, a. 1).

un acte intellectuel, parce que l'intelligence éclaire la volonté, lui présente l'objet et les motifs ; mais, matériellement et substantiellement, elle est une opération volontaire, une appétition, parce que c'est la volonté, appétit proprement humain, qui se détermine elle-même à la suite de la délibération.

L'élection suppose une comparaison faite, au moins implicitement, par l'intelligence entre tel bien et tel autre, considérés comme moyens d'atteindre une fin, et par conséquent comme motifs de se déterminer. Elle suppose, en outre, après cette comparaison, après la délibération de l'intelligence, un jugement rationnel sur la valeur relative de tel motif, et c'est après ce jugement qu'intervient la volonté pour dire librement : J'accepte tel motif ou je le refuse. Le libre arbitre décide en dernier ressort, sur la proposition de la raison.

Il est très important de bien saisir les conditions du choix volontaire ; nous verrons, dans la prochaine leçon, qu'une objection grave contre le libre arbitre a été puisée dans l'analyse même de l'élection.

Pour réfuter cette objection et les autres qu'on

met en avant contre la liberté humaine, nous appliquerons les principes que nous venons d'exposer. Nous avons caractérisé la volonté dans son inclination naturelle, précisé et démontré la liberté de ses propres déterminations; il faudra maintenant repousser les attaques d'adversaires multiples, que l'on peut désigner tous ensemble sous le nom de déterminisme: ce sera l'objet de notre prochain entretien.

IX

RÉFUTATION DU DÉTERMINISME

RÉFUTATION DU DÉTERMINISME

INTRODUCTION.

Trois sortes de déterminisme : physique, psychologique et métaphysique.

Après avoir établi la nature fondamentale de la volonté humaine et le caractère de liberté qu'elle possède pour se déterminer elle-même, nous avons à fortifier notre thèse par la réfutation des objections qui prétendent la ruiner, la détruire. Ces objections sont groupées de nos jours sous une étiquette commune et se désignent, dans le langage philosophique de notre époque, sous le nom de déterminisme, parce qu'elles prétendent que la volonté humaine est nécessairement déterminée, non seulement dans sa tendance naturelle vers le bien, mais encore dans le développement de toutes ses opérations, dans le choix des moyens qui doivent la conduire à sa fin dernière.

Le déterminisme emprunte ses arguments à trois sources principales : il s'appuie, tantôt sur les forces physiques, tantôt sur les facultés de l'âme ; il va même jusqu'à prétendre que la raison universelle des choses est contraire à la thèse du libre arbitre.

Nous distinguerons donc trois sortes de déterminisme : le déterminisme physique, le déterminisme psychologique et le déterminisme métaphysique. Cette distinction nous donnera la division de cette leçon en trois parties.

I

DÉTERMINISME PHYSIQUE.

Le déterminisme physique a pris, de nos jours, une forme en apparence inquiétante parce qu'elle semble avoir une rigueur scientifique.

Vous savez combien, à notre époque, on est facilement ébranlé quand un savant vous oppose ce qu'il appelle une loi de la nature. On dirait que les philosophes n'ont pas le droit d'examiner la valeur rationnelle de pareilles lois.

Celle qu'invoque hardiment le déterminisme, se nomme : la conservation de l'énergie. Il est indispensable de se rendre compte de ce que l'on entend par cette loi, pour réfuter les conséquences que l'on prétend en tirer.

L'énergie pourrait se définir : l'activité physique sous ses formes diverses, mécanique, physico-chimique, physiologique ; soit en acte, soit en puissance. Les savants distinguent, en effet, l'énergie actuelle et l'énergie potentielle.

La loi de la conservation de l'énergie pourrait

donc se formuler ainsi : Dans tout système de forces soumis à ses seules actions mutuelles, il peut y avoir transformation d'énergie potentielle en énergie actuelle ou inversement, il peut y avoir aussi transformation d'une forme d'énergie en une autre forme ; mais, pendant un même temps, la somme de toutes ces énergies partielles, c'est-à-dire l'énergie totale du système, tant potentielle qu'actuelle, est constante.

Je crois reproduire exactement, en langage peut-être un peu plus philosophique qu'on ne le fait quelquefois, la formule des savants contemporains.

Or, dit le déterminisme, il est évident que l'ensemble des points matériels de l'univers forme un système soumis à ses seules actions mutuelles. Donc, à ce système est applicable la loi de la conservation de l'énergie, telle que nous venons de la formuler. Mais, ajoute-t-on, si le libre arbitre existe, il est manifeste qu'il peut se traduire par des variations dans les mouvements de ce système de l'univers. Il serait ainsi une contradiction flagrante à la loi que nous venons d'énoncer. Si le libre arbitre intervient, il pourra faire un changement dans cet ensemble tout à fait lié de forces physiques, d'énergies ; la somme totale pourra varier et, par conséquent, la loi être troublée ; ce qui n'est pas possible, d'après nos savants. Donc, le libre arbitre lui-même est impossible. Voilà l'objection qu'il s'agit de réfuter.

Je vous prie de remarquer, tout d'abord, que le premier fondement de la loi de la conservation de l'énergie est dans ce principe admis comme certain : l'univers est un système de points matériels, ou de molécules, si vous le préférez, soumis à ses seules actions mutuelles. Il faut qu'il soit un pareil système, sans cela la loi ne s'appliquerait pas : c'est seulement dans un système de cette sorte que l'énergie est dite constante en sa somme totale.

C'est là le point faible de l'argumentation qui s'appuie sur la conservation de l'énergie, pour nier le libre arbitre. Si, en effet, on considère l'univers tout entier, il est absolument arbitraire de supposer que, dans ce système, il n'y ait que des actions mutuelles de molécules matérielles. Il est impossible à la science de prouver, soit *a priori*, soit *a posteriori*, qu'il n'y ait pas quelque activité supérieure dont l'action vienne modifier l'énergie. En d'autres termes, en se fondant sur les principes rationnels, on ne peut pas démontrer l'impossibilité de l'intervention d'une cause étrangère aux forces physiques dans l'ensemble des points matériels de l'univers, et, en se fondant sur de simples observations ou expériences, il est impossible de constater qu'aucune force, aucune activité n'intervient.

En effet, les points matériels de l'univers, ou les molécules, sont de nature évidemment inférieure aux forces vitales, aux puissances sensibles, aux facultés intellectuelles : donc, par eux-mêmes, ils peuvent et doivent être soumis à quelque influence, directe ou indirecte, de ces forces, de ces puissances ou facultés, d'un ordre supérieur. En faire abstraction est facile ; mais alors, il ne faut pas prétendre avoir posé une loi véritablement générale et certaine ; et, si l'on ne se livre pas à des hypothèses arbitraires, il faut convenir que rien, dans une théorie *a priori*, ne permet d'affirmer que les activités supérieures de la vie, des sensations, des passions, de l'intelligence, de la volonté n'interviendront pas pour modifier l'action exercée par les molécules matérielles les unes sur les autres.

Ainsi donc, *a priori*, nous pouvons admettre,

au moins comme possible, une variation de l'énergie.

Voyons, maintenant, si l'observation et l'expérience peuvent démontrer l'inexistence de cette intervention d'une puissance supérieure.

Je dis que cette démonstration est impossible. Car, notez bien que nous n'avons pas ici à nous contenter des approximations scientifiques ou pratiques ; nous sommes dans le domaine de la philosophie, où tout doit être rigoureux.

Or, aucune observation, aucune expérience humaine n'est, au sens rationnel, au sens philosophique de l'expression, rigoureusement exacte. Et pour deux raisons : la première, c'est que tous les instruments d'observation et d'expérience, dont nous nous servons, sont imparfaits et ne peuvent que l'être ; la seconde, c'est que nous-mêmes nous sommes imparfaits pour constater les résultats indiqués par ces instruments. Les savants, physiciens, chimistes, astronomes, savent fort bien que leurs calculs sont toujours approximatifs, que l'on est obligé de prendre des moyennes, qui ne sont jamais des chiffres exacts, les observations partielles donnant des résultats différents des moyennes. Mais, les observations partielles portent sur des faits positifs, qu'il faudrait pouvoir mesurer exactement par des nombres. Avouez donc que l'homme ne peut, en fait, rigoureusement constater aucune loi de la nature. Les savants font leurs constatations dans la mesure où ils le peuvent, laissons-les en tirer des déductions pratiquement utiles. Mais, qu'ils ne prétendent pas y trouver des arguments certains contre les démonstrations de la philosophie.

Pour que la loi de la conservation de l'énergie pût être regardée comme absolument rigoureuse, il faudrait envelopper dans l'ensemble de l'univers, non seulement les forces physiques, mais les activités supérieures.

Si donc vous additionnez la vie, la sensation, l'intelligence et la volonté avec les forces physiques, l'énergie spirituelle avec l'énergie physique, et le potentiel avec l'actuel, alors peut-être aurez-vous le **droit de dire que la conservation de l'énergie, dans le monde, est certaine.** Mais il faut faire une **dernière réserve** : il y a une force spirituelle, éminemment supérieure, qu'il ne nous est pas **permis d'éliminer** ; c'est la force de Dieu. Puisque c'est lui qui a créé l'univers, il doit pouvoir **y intervenir.**

Les savants qui n'admettent pas ces réserves, ne

sont que des demi-savants, permettez-moi de le dire. Il faudrait comprendre en un seul système toutes les énergies qui peuvent concourir aux mouvements du monde, sans excepter l'énergie divine, pour pouvoir appliquer la loi de conservation que l'on nous oppose.

En résumé, les molécules matérielles de l'univers ne sont pas seulement soumises à leurs actions mutuelles ; elles peuvent, et même doivent être soumises aux actions que leur imposeraient, au moins indirectement, des forces supérieures : la vie, les sens, l'intelligence, la volonté, et même la force éternelle de Dieu. Donc, il est possible que la volonté soit libre, et qu'elle modifie par son intervention le jeu de l'activité matérielle.

Voilà ma réponse au déterminisme physique.

On pourrait, vous le pensez bien, varier les objections de même ordre. J'ai voulu combattre l'ennemi principal. Celui-là vaincu, les autres ne sont pas difficiles à vaincre.

II

DÉTERMINISME PSYCHOLOGIQUE.

Le déterminisme psychologique fait trois principales objections à la thèse du libre arbitre.

I. — La conscience ne peut prouver la liberté des actes volontaires. 1° Il peut y avoir au fond une force inconsciente qui rende nécessaire la détermination de la volonté. — Réponse : La conscience constate une inclination nécessaire et des actes libres, ainsi que la liaison de la liberté à la nécessité ; puisque nous atteignons par la conscience une nécessité fondamentale, il n'y a pas lieu de chercher plus loin. 2° La conscience ne peut que constater des actes ; elle ne saurait saisir un pouvoir. — Réponse : La conscience constate des actes libres, et le libre arbitre, en tant que pouvoir, est affirmé comme cause proportionnée de ces actes.

II. — La volonté doit être déterminée par un motif à préférer tel motif à un autre ; sans cela, elle ne serait pas éclairée dans son choix par la raison. — Réponse : Il suffit, pour que la préférence soit raisonnable, que le motif préféré soit une raison suffisante de vouloir, c'est-à-dire que le bien choisi soit un moyen d'obtenir quelque chose de la fin dernière ; il n'est pas nécessaire que le motif adopté soit en lui-même une raison nécessitante : c'est le choix de la volonté qui rend décisif le motif préféré.

III. — En fait, les actions humaines sont déterminées nécessairement par les influences de la vie physiologique, des passions, des penchants. — Réponse : Ces influences peuvent diminuer la liberté, quelquefois même la détruire, mais ordinairement elles laissent agir le libre arbitre.

Je passe au déterminisme psychologique : il se fonde sur les facultés de l'âme elle-même, et donne ainsi à son attaque une forme vraiment philosophique. Quoique plus redoutable, il n'est pas invincible, vous allez le voir.

Le déterminisme psychologique prétend prouver trois principales objections.

La première pose l'impossibilité de constater par la conscience une cause interne, secrète, qui pourrait être déterminante pour la volonté.

La seconde prend ses armes dans notre propre théorie, et s'appuie sur le caractère rationnel que nous tenons beaucoup à attribuer à la volonté, pour renverser toute notre thèse. Si la volonté, nous dit-elle, se détermine à la lumière de l'intelligence, il lui est donc naturel d'être éclairée par un jugement intellectuel. Mais faites attention. S'il en est ainsi, il faut qu'elle soit éclairée de même pour donner sa préférence à tel motif plutôt qu'à tel autre. Elle choisit ceci au lieu de cela : il faut qu'il y ait une raison à ce choix. Or, s'il y a une raison, la volonté n'est plus libre, car elle doit suivre nécessairement cette raison de choisir.

La troisième objection fait appel à l'observation, à l'expérience. Elle prétend qu'en fait on peut constater que les hommes ne sont pas libres. Il est manifeste, dit-elle, que les passions, les penchants, les intérêts, les dispositions héréditaires, tous ces mobiles qui nous font agir, rendent nécessaire notre action.

— Voilà les trois objections que nous allons repousser. Vous me rendrez, je l'espère, cette justice, que je n'ai pas essayé d'en déguiser la force.

I. — Commençons par le déterminisme qui récuse la conscience. Il a aujourd'hui un représentant éminent, je ne crains pas de le dire, c'est peut-être, parmi ceux qui doutent ou même qui nient, le plus fin, le plus délicat, le plus perspicace philosophe de nos jours. Voilà des années qu'il s'attaque au libre arbitre comme s'il en était l'ennemi personnel ; et cependant, nous savons bien qu'il est au dessus de toutes les préoccupations intéressées qui, trop souvent, mettent en mouvement les hommes dans les actions de la vie. C'est un vrai philosophe. Après avoir démoli le libre arbitre, il fait des efforts surhumains pour reconstruire une force équivalente. Sa bonne foi est donc évidente. Tous ceux qui ont quelque teinture de philosophie, mettront un nom connu sous les paroles que je viens de prononcer. Eh bien ! c'est à cet adversaire que je fais l'honneur de ma première réfutation sur le terrain psychologique : il le mérite.

Je vais essayer de reprendre son objection pour la mettre en relief avec toute la vigueur qu'on peut lui prêter.

L'objection n'est pas nouvelle ; on la connaît. Leibniz l'avait déjà présentée ainsi : « Nous ne pouvons pas sentir proprement notre indépendance, et nous ne nous apercevons pas toujours des causes souvent imperceptibles dont notre résolution dépend. C'est comme si l'aiguille aimantée prenait plaisir à se tourner vers le nord ; car elle croirait tourner indépendamment de quelque autre cause, ne s'apercevant pas des mouvements insensibles de la matière magnétique ».

C'est cet argument qu'on a relevé. On dit : Vous avez bien conscience d'être libres ; mais, qui sait si, au fond, il y a pas une force qui vous détermine à préférer tel motif à tel autre, tel bien à tel autre bien ? Il faudrait prouver *a priori* l'impossibilité de cette force secrète et déterminante, pour que votre thèse tînt debout.

Pour faire encore mieux ressortir l'objection, j'en emprunterai la formule même au philosophe contemporain que j'ai indiqué : il a condensé sa pensée dans une phrase très significative :

« Cette prétendue *conscience de l'indépendance*, dit-il, ne serait réellement, si on peut employer ce terme, que l'*inconscience de la dépendance* ».

Vous voyez comme c'est bien trouvé. Il semble qu'il n'y ait plus rien à répondre. On a bien démoli.

Montrons, cependant, que notre thèse est encore debout. Rappelez-vous, en effet, que nous n'avons pas seulement demandé la preuve du libre arbitre à une simple conscience de fait. L'argument de la conscience étant très contesté aujourd'hui, j'ai cru devoir recourir à une source plus haute, et donner à la démonstration du libre arbitre la consécration même des principes éternels de la raison. Eh bien ! je dis que la conscience saisit dans l'homme l'application de ces principes rationnels à la pratique humaine, et y constate la liberté comme une conséquence de la nécessité même.

Je vous invite à venir sur le terrain de l'observation intérieure. N'est-il pas vrai que, par la conscience, nous observons en nous deux opérations : un acte intellectuel et un acte volontaire ? L'un est la considération, par notre entendement, du bien absolu dans le bien relatif. C'est par la conscience que nous constatons l'appréciation, faite par l'intelligence, de l'imperfection de tous les biens qui ne sont pas le bien essentiel, et de l'incapacité radicale qu'ont tous ces biens d'être rigoureusement proportionnés au bien absolu et parfait.

Si la conscience ne nous indiquait pas cela, jamais je n'aurais pu formuler ma thèse comme je l'ai fait dans la dernière leçon. Il faut donc que la conscience ait découvert ces choses dans l'intérieur de l'âme humaine.

Oui, nous voyons, par la conscience, que l'entendement saisit par un concept abstrait ce qu'est le bien absolu, le bien parfait ; que notre volonté a l'amour de ce bien absolu ; qu'elle le cherche en aspirant à notre bonheur complet, qu'elle ne sera satisfaite que si elle le trouve, et qu'aucun des biens qu'elle choisit pour s'en approcher ne remplit l'avidité naturelle qui se manifeste dans ses actes. Voilà des faits positifs que vous constatez en vous-mêmes : je fais appel à votre propre conscience.

Nous ne sommes, vous le voyez, ni dans la théorie, ni dans l'obscurité. C'est par l'observation intérieure que je suis arrivé à poser que l'homme nécessairement veut son bonheur total. Par l'observation intérieure nous avons constaté qu'il est libre de tendre à tel bien ou à tel autre, parce que ni l'un ni l'autre ne lui apparaissent comme devant le conduire nécessairement à son bonheur parfait, qui ne peut être que dans le bien parfait en soi.

Mais on réplique. On insiste et l'on dit : Vous n'êtes pas allé jusqu'au fond ; il y a peut-être encore une force secrète que vous n'avez pu saisir.

Permettez-moi de répondre que j'ai touché au fond. Pour prouver la liberté, je suis allé jusqu'au nécessaire ; c'est donc jusqu'à la nature fondamentale que j'ai pénétré, sinon dans le fond substantiel, du moins dans sa première émanation.

Je pose la détermination nécessaire à la source même du libre arbitre. Il n'est pas besoin d'aller chercher plus loin, puisque la nécessité est l'antithèse de la liberté. De bonne foi, si je trouve une force nécessaire et que j'y établisse ma thèse, sera-t-on admis à soutenir qu'il faudrait descendre plus profondément encore, pour asseoir une théorie solide de la liberté humaine? Or, je l'ai montré, la nécessité est dans le fond de la volonté, et la liberté en découle. Il faut bien que ces caractères ne soient pas contradictoires, puisqu'ils sont dans le même être : bien plus, le premier est indispensable au second, comme une base immobile l'est à tout mouvement.

Je terminerai ma réponse à cet adversaire en l'opposant lui-même à lui-même. En effet, dans un ouvrage récent, il a écrit ceci :

« Il y a des conceptions qui s'imposent par le fait même que nous pensons et que nous agissons : quoique leur objet ne puisse être vérifié par l'expérience extérieure, ni démontré par le raisonnement, il est nécessairement conçu par toute pensée qui se rend compte d'elle-même, par toute volonté qui raisonne jusqu'au bout de ses idées directrices. Telle est, par exemple, l'idée d'un bien qui serait bon par soi, et non plus en vue de quelque autre bien à atteindre, en un mot l'idéal suprême de la volonté. Cet idéal est une thèse nécessaire de toute volonté, et, pour cette raison, le mot hypothèse ne l'exprime que d'une manière ambiguë, inexacte : c'est moins une supposition, en effet, qu'une position spontanément prise par la volonté, comme la position prise par l'aiguille aimantée dans la direction du nord ; en un mot, il y a là une orientation qui tient à notre nature même, et que l'on ne peut confondre avec les directions laissées au choix de l'individu ».

Je n'en exige pas davantage pour démontrer le libre arbitre. Car peu importe, ici, que le « bien qui serait bon par soi, et non plus en vue de quelque autre bien », soit considéré seulement comme un idéal suprême de la volonté, et non comme une réalité dont l'existence soit certaine : dès que cet idéal est posé devant la volonté comme s'il existait, il suffit pour rendre raison du libre arbitre. Or, on reconnaît que, pour la volonté, il est une thèse, plutôt qu'une hypothèse. Donc, l'idéal prouve la liberté.

L'objection contre le témoignage de la conscience a été présentée sous une autre forme par un philosophe anglais, Stuart Mill. Une constatation intérieure du libre arbitre est, prétend-il, impossible, parce que le libre arbitre est un pouvoir, une capacité. Or, « la conscience dit ce que je fais ou ce que je sens ; ce que je suis capable de faire, ne tombe pas sous son regard. La conscience n'est pas prophétique ; nous avons conscience de ce qui est, non de ce qui sera ou de ce qui peut être. Nous ne savons jamais que nous sommes capables de faire une chose qu'après l'avoir faite ou avoir fait quelque chose d'égal ou de semblable ».

La réponse est assez facile.

Évidemment, si nous prétendions que la conscience constate, dans la puissance volontaire, l'amour naturel du bien à l'état de prédisposition intime et secrète à tendre au bonheur, nous donnerions prise à l'objection. Mais, telle n'est pas notre pensée.

C'est toujours par l'observation des actes que nous remontons aux puissances qui les produisent.

La conscience saisit la tendance actuelle et nécessaire vers le bien absolu, vers le bonheur complet, dans l'acte même par lequel la volonté tend à tel ou tel bien particulier. Sans doute, elle peut constater séparément une tendance actuelle vers le bonheur. Mais, elle peut aussi, quand la volonté aime tel ou tel bien particulier, voir dans cet acte l'amour fondamental du bien absolu et parfait : de même que l'intelligence, après avoir posé les principes de son raisonnement, saisit, dans ses conclusions mêmes, la valeur des principes (1). Dans tous les cas, la conscience constate la tendance fondamentale et nécessaire vers le bonheur parfait, non pas à l'état de puissance pure, mais à l'état d'inclination actualisée. Or, la tendance actuelle a le caractère propre de l'inclination secrète dont elle n'est qu'un mouvement. Donc, la conscience peut apprécier le caractère de l'inclination cachée, en constatant celui de la tendance manifeste.

Par la même raison, la conscience peut voir, en même temps, la liberté de la détermination seconde, c'est-à-dire du choix, et la nécessité de la détermination primitive, parce que cette liberté est l'application de cette nécessité même à un objet vu par l'intelligence comme un bien

---

(1) Voluntas potest ferri in finem inquantum hujusmodi, sine hoc quod feratur in ea quæ sunt ad finem. Sed in ea quæ sunt ad finem inquantum hujusmodi non potest ferri, nisi feratur in ipsum finem... Manifestum est ergo quod unus et idem motus voluntatis est quo fertur in finem secundum quod est ratio volendi ea quæ sunt ad finem, et in ipsa quæ sunt ad finem. Sed alius actus est quo fertur in ipsum finem absolute, et quandoque præcedit tempore... Sic etiam et circa intellectum accidit. Nam primo aliquis intelligit ipsa principia secundum se, postmodum autem intelligit ea in ipsis conclusionibus, secundum quod assentit conclusionibus per principia (I-II, q. IX, a. 3).

ayant, par participation, l'essence du bien dans une bonté imparfaite. Le libre arbitre, en tant que pouvoir, est affirmé comme cause proportionnée des actes dont la conscience constate la liberté (1).

II. — Abordons maintenant la seconde objection psychologique ; elle est, en apparence, très redoutable.

On dit : Si c'est la raison qui doit éclairer la volonté et donner les motifs de la détermination libre, il doit y avoir un motif pour tous les actes de la volonté, par conséquent, et surtout, pour l'acte principal du libre arbitre. Or, cet acte principal, c'est la préférence accordée par la volonté à tel bien plutôt qu'à tel autre. Il faut donc qu'il y ait un motif pour déterminer cette préférence. Mais, si tel motif est déterminant, la liberté n'existe plus ; et, s'il n'est pas déterminant, c'est qu'il y a un autre motif qui détermine : nous allons ainsi remonter indéfiniment, si nous ne voulons nous arrêter à un motif qui déter-

---

(1) Actus voluntatis intelligitur ab intellectu et inquantum aliquis percipit se velle, et inquantum aliquis cognoscit naturam hujus actus, et per consequens naturam ejus principii, quod est habitus vel potentia (I, q. LXXXVII, a. 4).

mine le choix. Il faut donc conclure : ou que la volonté agit sans motif dans son choix de tel ou tel bien ; ou qu'elle n'est pas libre de choisir à son gré. Donc, vous ne pouvez pas établir la volonté libre sur l'intelligence, et votre thèse croule, puisque vous avez appuyé le libre arbitre sur la raison.

Vous voyez que toute la force de cette objection réside dans le principe posé d'abord : la nature de la volonté libre est d'agir toujours par un motif.

Eh bien ! je réponds que l'adversaire fait une confusion. Il est de l'essence de la volonté d'appuyer toujours son choix sur un motif ; sans cela, elle serait purement déraisonnable : ce ne serait pas une volonté humaine, mais une inclination mécanique ou tout au plus animale ; elle n'appartiendrait pas à l'homme intellectuel. Mais, voici où l'objection se trompe. Il n'est pas de l'essence de la volonté d'être nécessitée à adopter le motif que l'intelligence lui propose, plutôt que tel autre qu'elle peut lui proposer à la place. Si la volonté choisit ceci ou cela, ce n'est pas sans raison, puisqu'elle peut rendre compte de son choix ; mais l'élection reste libre, bien que raisonnablement motivée.

Les mots servent souvent à déguiser la faiblesse des arguments. Ici, l'expression « motif » facilite la confusion.

Un motif, pour la volonté, c'est une fin, un but à atteindre, qui sert de principe à l'acte volontaire, comme une proposition sert de point de départ à un raisonnement.

Mais, les propositions acceptées comme prémisses dans un raisonnement ne sont pas toutes nécessairement évidentes par elles-mêmes, ou démontrées comme rationnellement nécessaires. On peut faire un raisonnement très exact, en partant d'une proposition non certaine *a priori*, mais seulement contingente et vérifiée en fait. Par exemple, permettez-moi de le rappeler, je puis démontrer l'existence de Dieu par l'existence du monde. Je vois l'univers, le monde existe ; j'en déduis qu'il y a un créateur que j'appelle Dieu. C'est un raisonnement très solide. Ne me suis-je fondé que sur un principe évident *a priori*? Non pas : j'ai posé d'abord un fait contingent. Si le monde n'existait pas, je ne pourrais pas de cette manière prouver l'existence du Créateur. Nous avons vu qu'il en est de même pour la volonté : le motif qu'elle accepte, est une fin qu'elle pourrait ne pas adopter; mais, dès qu'elle l'adopte, son acte a une raison suffisante. Là est l'analogie entre l'intelligence et la volonté.

Développons, si vous le voulez bien, un autre exemple qui, je crois, fera encore mieux comprendre ma pensée.

Je viens à la Sorbonne pour vous expliquer la philosophie de saint Thomas. L'explication de cette philosophie, voilà le motif qui me fait venir ici ; ou mieux, voilà la fin pour laquelle je viens ici. Est-ce à dire que cette fin soit nécessaire, que je sois forcé de vous expliquer la philosophie de saint Thomas? Tous les ans, on me demande : « Êtes-vous dans l'intention de faire votre cours à la Sorbonne » ? Je puis accepter ou refuser. Évidemment je suis libre. Mais vous me direz : « Vous avez un motif pour expliquer la philosophie de saint Thomas ; vous êtes trop intelligent pour agir sans raison ». Sans doute : et ce motif, c'est de propager ce que je crois être la vérité philosophique. Mais cette raison est contingente : si vous la posez comme acceptée par ma volonté, elle sera cause de mon action ; en elle-même, cette seconde fin n'est pas plus nécessaire que la première : elle pourrait ne pas exister à mon égard, c'est-à-dire ne pas être adoptée par ma volonté.

Il en serait ainsi de toute autre fin particulière. Voilà pourquoi nous avons affirmé la nécessité d'une fin dernière, qui est le bonheur parfait. C'est là le motif définitif; il est déterminant, celui-là; il est dans toute volonté, et il suffit pour donner un point de départ inébranlable. A ce point fixe est attaché le mouvement des fins secondaires, qui semble une série indéfinie.

Mais, si toutes ces fins sont ordonnées à la fin dernière, elle peuvent aussi ne pas l'être. Pour parvenir au bonheur parfait, voulu nécessairement, bien que peut-être implicitement, je vois, au moins d'une manière enveloppée, que telle fin secondaire, appelée motif, n'est pas nécessairement exigée, mais qu'elle peut être ordonnée au but final. Cela suffit pour motiver mon choix, sans cependant le rendre nécessaire.

Ma réponse se résume ainsi : Il est vrai qu'il faut un motif pour tout acte volontaire, même pour la libre élection; la volonté n'est donc pas complètement arbitraire; mais, le seul motif qui détermine nécessairement, c'est la fin dernière. La volonté peut choisir ceci ou cela, pour atteindre cette fin.

Est-ce à dire que la préférence donnée à tel motif plutôt qu'à tel autre soit réellement sans raison d'être? Non pas : elle a deux raisons qui l'expliquent. D'abord, une raison objective : c'est le caractère mixte du motif que nous adoptons. Ce motif est un bien, il peut donc être agréé par nous ; mais, c'est un bien imparfait, il n'a rien en lui-même qui nécessite la volonté à y consentir. Enfin, une raison du côté du sujet : c'est la nature même de notre volonté, où est la cause interne du libre choix. Cette nature a un double aspect : au fond est une inclination nécessaire, et de là naît une inclination libre. La capacité intime de la volonté pour le bien absolu et parfait lui permet d'en accepter quelque image imparfaite, mais ne lui permet pas d'en être satisfaite complètement, et, par suite, lui laisse le pouvoir de s'en détourner.

Voilà les raisons d'être de notre libre choix. Vous le voyez, ce n'est pas simplement l'arbitraire ; mais, d'une nécessité nous tirons une liberté, par l'enchaînement psychologique et rationnel que je vous ai indiqué.

Il faut remarquer que l'insuffisance des fins particulières, comme moyens d'atteindre la fin dernière, peut n'être qu'apparente, et cette apparence résulter de notre ignorance, de notre erreur. Mais, dans d'autres cas, l'objet même de notre vouloir peut être réellement insuffisant. Cette insuffisance réelle pourrait être transformée en une suffisance véritable, si la volonté formelle de l'Être parfait imposait ce moyen pour parvenir à lui ; mais il n'y a généralement pas lieu de supposer une telle volonté : Dieu respecte ordinairement le libre arbitre qu'il a lui-même créé.

C'est d'après ces explications qu'il faut interpréter cette affirmation de saint Thomas : « L'élection libre suit toujours un jugement rationnel, qui est comme la conclusion du syllogisme pratique » (1). On a dit : Le choix est toujours conforme au dernier jugement pratique de la raison. C'est vrai, mais il faut ajouter que c'est la volonté elle-même qui donne à ce jugement d'être définitif ; c'est le libre arbitre qui le rend décisif en l'adoptant, toutes les fois que la cons-

---

(1) Electio consequitur sententiam vel judicium, quod est sicut conclusio syllogismi operativi (I-II, q. XIII, a. 3). — Conclusio syllogismi, quæ fit in operabilibus, ad rationem pertinet et dicitur sententia vel judicium, quam sequitur electio ; et ob hoc ipsa conclusio pertinere videtur ad electionem tanquam ad consequens (I-II, q. XIII, a. 1, ad 2).

cience constate le choix comme déterminé librement par le vouloir.

III. — Je ne m'arrêterai pas longtemps à l'objection de fait, parce qu'il me semble que vous avez maintenant ce qu'il faut pour la résoudre aisément.

On prétend que les influences de la vie physiologique, des passions, des penchants moraux nécessitent visiblement, en fait, toutes les actions de l'homme.

Cette assertion vient d'une observation incomplète. De deux choses l'une. Ou bien ces influences vont jusqu'à bouleverser tellement la nature humaine que la raison soit entièrement troublée ou immobilisée, et que la volonté ne puisse plus s'exercer comme il lui appartient de le faire ; dans ce cas, nous l'avons dit, la liberté n'existe plus. Ou bien l'usage de la raison est encore possible : alors la liberté peut être diminuée, mais elle n'est pas anéantie, et notre responsabilité subsiste, dans la mesure même de notre liberté. On voit des hommes qui perdent totalement le libre arbitre ; mais, chez d'autres, il n'est qu'amoindri, et il existe encore. La preuve, c'est qu'en faisant appel à la raison de ces hommes diminués, à leur conscience morale, on peut restaurer leur liberté.

Quant à l'objection tirée de la statistique, elle n'est vraiment pas sérieuse. La statistique ne donne que des approximations. En vain a-t-on prétendu que, si l'on connaissait parfaitement tous les antécédents, on pourrait prédire rigoureusement tous les actes futurs, même dans une société d'êtres appelés libres. C'est une illusion. Les hommes ayant en général les mêmes prédispositions naturelles et les mêmes passions, on peut avec quelque probabilité prédire leurs actions : mais ce n'est qu'approximatif, et il y aurait toujours des surprises possibles, même si l'on connaissait à fond tous les antécédents.

Au surplus, des actes identiques faits par plusieurs hommes, peuvent néanmoins être libres : plusieurs peuvent, en fait, se déterminer librement à faire la même chose.

On attache quelquefois beaucoup d'importance à l'hérédité. Il est manifeste, dit-on, que les vices transmis par l'hérédité souvent entraînent au mal au point d'annuler le libre arbitre.

Sans doute, je le reconnais, certains sujets sont moins responsables qu'on ne le suppose généralement. On voit en eux une diminution du libre arbitre par une désorganisation héréditaire de l'harmonie naturelle. Chez quelques-uns, peut-être, le libre arbitre n'existe-t-il plus. Mais, chez d'autres, où il en reste encore quelque débris, on peut intervenir pour reconstruire la puissance volontaire dans son intégrité et refaire des hommes libres.

Saint Thomas avait prévu cette objection : elle n'est certes pas nouvelle. Il y répondait en disant que la volonté peut généralement dominer les tendances corporelles, les passions, les penchants. Il allait plus loin, et soutenait avec raison qu'en général aussi l'homme peut s'élever lui-même, faire sa propre éducation et se rendre meilleur qu'il n'était d'abord (1).

(1) Qualis unusquisque est secundum corpoream qualitatem, talis finis videtur ei; quia ex hujusmodi dispositione homo inclinatur ad eligendum aliquid vel repudiandum. Sed istæ inclinationes subjacent judicio rationis, cui obedit inferior appetitus ut dictum est, q. LXXXI, a. 3 : unde per hæc libertati arbitrii non præjudicatur. Qualitates autem supervenientes sunt sicut habitus et passiones, secundum quas aliquis magis inclinatur in unum quam in alterum ; tamen istæ etiam inclinationes subjacent judicio rationis ; et hujusmodi etiam qualitates ei subjacent inquantum in nobis est tales qualitates acquirere, vel causaliter, vel dispositive, vel a nobis excludere. Et sic nihil est quod libertati arbitrii repugnet (I, q. LXXXIII, a. 1, ad 5).

III

DÉTERMINISME MÉTAPHYSIQUE.

Le déterminisme métaphysique a trois arguments principaux.

I. — Incompatibilité du libre arbitre avec l'ordre prétendu nécessaire de l'univers. 1° Théorie de l'évolution nécessaire. — Réponse : L'ordre de la nature est contingent en lui-même. 2° Optimisme de Leibniz. — Réponse : Le monde le meilleur est toujours tellement imparfait par rapport à la perfection divine, que Dieu reste libre de ne pas le créer et d'en créer un autre, même moins parfait.

II. — Le mal moral, conséquence du libre arbitre, est inadmissible dans l'œuvre d'un Dieu parfait. — Réponse : Le mal moral finira par être puni, et il est l'occasion de la vertu. D'ailleurs, toute créature intelligente est naturellement peccable. Conciliation de l'amour naturel du bien absolu avec la perversité voulue d'une faute grave.

III. — Le libre arbitre est la négation de la prescience et du gouvernement infaillibles de Dieu. — Réponse : La prescience divine n'est pas un obstacle au libre arbitre, parce que l'éternité de Dieu est présente à tous les moments du temps. Le gouvernement divin ne détruit pas le libre arbitre, mais le fait se déterminer librement.

Il nous reste à réfuter le déterminisme métaphysique. Je vais le faire brièvement, parce que cette leçon est déjà longue.

Le déterminisme métaphysique a trois arguments principaux : d'abord, l'ordre prétendu nécessaire de l'univers ; puis, l'énigme du mal moral ; enfin, l'infaillibilité de la prescience et du gouvernement de Dieu.

I. — La théorie moderne de l'évolution prétend que tout est nécessaire dans la nature.

Un autre déterminisme, celui de Leibniz, par exemple, soutient que Dieu n'a pu créer que le meilleur des mondes possibles : il paraît en résulter que le libre arbitre n'est pas admissible, car il serait capable de changer le meilleur des mondes en monde moins bon. Vous reconnaissez le système auquel on a donné le nom d'optimisme.

Il suffit de préciser avec soin l'imperfection de l'univers et la perfection du Créateur, pour répondre à ces deux déterminismes.

D'abord, l'évolution absolument nécessaire sans Dieu est tout à fait contradictoire.

Les lois du monde sont évidemment contingentes. Notre raison ne peut pas admettre que les choses auxquelles nous pouvons supposer une constitution différente soient, par elles-mêmes, nécessairement fixées comme nous les voyons. Or, nous pourrions supposer que tout ce qui existe devant nous fût autrement constitué ; et une autre constitution des choses pourrait entraîner d'autres lois des phénomènes : ce qui arrive pourrait donc ne pas arriver. Il est rationnel que le mouvement de la nature soit nécessaire, si un Dieu créateur lui impose la nécessité ; mais, par lui-même, il ne peut qu'être contingent. La série tout entière de l'évolution naturelle serait contingente, sans Dieu ; elle pourrait ne pas être, n'ayant pas en elle-même sa raison suffisante (1).

Il est donc contradictoire, opposé aux principes rationnels d'affirmer, dans cette évolution sans Dieu, une nécessité absolue, contraire au libre arbitre.

Quant à l'optimisme, il oublie que le plus parfait des mondes sera toujours imparfait par rapport à Dieu.

Supposons l'univers aussi beau que notre imagination pourra le rêver : il n'y aura aucune

---

(1) Licet iste cursus rerum sit determinatus istis rebus quæ nunc sunt, non tamen ad hunc cursum limitatur divina sapientia et potestas. Unde, licet istis rebus quæ nunc sunt nullus alius cursus esset bonus et conveniens, tamen Deus posset alias res facere et alium eis imponere ordinem (I, q. xxv, a. 5, ad 3).

proportion entre les perfections de cet univers et la perfection infinie, essentielle, de Dieu. Par conséquent, il n'est pas rationnel que Dieu soit déterminé nécessairement à créer même le monde supposé le meilleur possible. Or, s'il n'est pas déterminé à créer, il peut refuser de le faire (1). Puisqu'il n'y a aucune proportion entre le meilleur monde et lui-même, il ne saurait être forcé de choisir celui-ci plutôt qu'un autre. A plus forte raison, n'y aura-t-il pas nécessité pour lui à créer un monde moins parfait. Mais l'univers imparfait a encore quelque ressemblance avec Dieu, qui a pu y reconnaître quelque chose de lui-même par image et, par suite, y voir une raison suffisante de donner à cet univers l'être réel, par création (2).

(1) Quum bonitas Dei sit perfecta et esse possit sine aliis, quum nihil ei perfectionis ex aliis accrescat, sequitur quod alia a se eum velle non sit necessarium absolute (I, q. xix, a. 3). — Manifestum est autem quod tota ratio ordinis quam sapiens rebus a se factis imponit, a fine sumitur. Quando igitur finis est proportionatus rebus propter finem factis, sapientia facientis limitatur ad aliquem determinatum ordinem. Sed divina bonitas est finis improportionabiliter excedens res creatas: unde divina sapientia non determinatur ad aliquem ordinem rerum, ut non possit alius cursus rerum effluere (I, q. xxv, a. 5).

(2) Oportet dicere quod in divina sapientia sint rationes

Nous le voyons par là, Dieu est libre, lui aussi, et même le libre arbitre de l'homme est à l'image de celui de Dieu. L'être parfait est libre vis-à-vis de tout ce qui n'est pas lui : tout ce qui n'est pas le bien absolu par essence, qui est lui-même, est un bien trop imparfait pour nécessiter un acte de sa volonté. L'homme est libre de même : comme il est fait pour le bien absolu, c'est-à-dire pour Dieu, tout autre bien que Dieu est incapable de le contenter entièrement.

II. — Examinons maintenant la difficulté qu'on peut voir dans le mal moral.

Le libre arbitre, dira-t-on, est impossible; car, s'il existait, l'homme pourrait intentionnellement mal faire : or, ce serait un désordre absolu, qu'un Dieu parfait n'a pas pu permettre dans son œuvre.

omnium rerum, quas supra diximus, q. XV, a. 1, ideas, id est formas exemplares in mente divina existentes. Quæ quidem, licet multiplicentur secundum respectum ad res, tamen non sunt realiter aliud a divina essentia, prout ejus similitudo a diversis participari potest diversimode. Sic igitur ipse Deus est primum exemplar omnium (1, q. XLIV, a. 3).

une réponse facile se présente d'abord. Le mal moral n'est pas un acte définitif dans la vie totale, il finit par recevoir sa punition ; par conséquent, tout désordre ramène à l'ordre. Et, même, un mal moral est souvent l'occasion d'un bien : par exemple, dans certaines époques traversées par des vices de tout genre, l'héroïsme peut apparaître par réaction contre la dépravation commune. Donc, le mal moral est admissible dans le monde, et, partant, le libre arbitre est possible.

Je voudrais, en outre, vous indiquer, en m'inspirant de saint Thomas, la raison fondamentale du mal (1).

(1). Quum autem omnis actio ab agente proveniat sub ratione cujusdam similitudinis, sicut calidum calefacit ; oportet quod, si aliquod agens est quod secundum suam actionem ordinetur ad bonum aliquod particulare, ad hoc quod ejus actio naturaliter sit indefectibilis, ratio illius boni naturaliter et immobiliter ei insit ; sicut si alicui corpori inest naturaliter calor immutabilis, immutabiliter calefacit. Unde et natura rationalis, quæ ordinata est ad bonum absolute per actiones multifarias, non potest habere naturaliter actiones indeficientes a bono, nisi ei naturaliter et immutabiliter insit ratio universalis et perfecti boni ; quod quidem esse non potest nisi natura divina. Nam Deus solus est actus purus nullius potentiæ permixtionem recipiens, et per hoc est bonitas pura et absoluta. Creatura vero quælibet, quum in natura sua habeat permixtionem potentiæ, est bonum particulare. Quæ quidem permixtio potentiæ ei accidit

Pour en saisir la cause profonde, il faut considérer l'imperfection nécessaire de tout ce qui n'est pas Dieu.

Or, la créature raisonnable n'est pas ordonnée à tel ou tel bien particulier, mais au bien absolu. Pour que naturellement elle ne pût pas dévier de l'amour direct de ce bien absolu, il faudrait que l'essence absolue du bien fût fixée naturellement en elle, c'est-à-dire qu'elle fût par nature le bien absolu et parfait. Car, sans cela, tendant au bien absolu en dehors d'elle, elle a par nature une multitude indéfinie de moyens pour y tendre indirectement, parce qu'elle a une multitude de perfectionnements partiels possibles pour s'acheminer vers la possession du bien parfait en soi, à l'égard duquel elle est en puissance. De là vient qu'elle peut dévier de la bonne voie.

La créature non raisonnable, étant immédiatement ordonnée à un perfectionnement déterminé et tout relatif, peut, au contraire, avoir

---

propter hoc quod est ex nihilo. Et inde est quod inter naturas rationales solus Deus habet liberum arbitrium naturaliter impeccabile et confirmatum in bono: creaturæ vero hoc inesse impossibile est (*de Veritate*, q. XXIV, a. 7). — Cf. *Sum. theol.*, I, q. LXIII, a. 1.

une nature fixée dans une loi immuable, qui lui fasse atteindre son bien individuel infailliblement.

Ainsi, il est radicalement impossible qu'un libre arbitre créé soit naturellement impeccable. Tout libre arbitre peut s'attacher, actuellement, à tel bien qui ne le conduira pas au bien parfait, parce qu'un bien particulier n'a pas en soi une connexion nécessaire avec le bien absolu, et, cependant, tient assez de ce bien absolu, pour que la volonté adhère. L'impeccabilité du libre arbitre serait assurée par la vision directe de l'absolue perfection, mais aucune puissance naturelle n'en est capable par elle-même.

Dieu, donc, ne pouvant créer une volonté libre naturellement impeccable, devait, ou ne pas créer de libre arbitre, ou créer quelque volonté à la fois libre et capable de mal faire intentionnellement. Or, la liberté est évidemment un bien, quoiqu'imparfait, puisqu'elle implique la capacité de bien faire en se déterminant soi-même. Donc, Dieu a pu en décréter l'existence, malgré l'abus possible.

Mais, dira-t-on, Dieu pouvait confirmer, par un don spécial et supplémentaire, toute volonté libre dans le bien immuablement. Je réponds : Pourquoi y aurait-il été forcé ? La liberté, même peccable, est un bien relatif : Dieu, étant libre de créer tels biens imparfaits et relatifs qu'il lui plaît d'amener à l'être, a pu créer un libre arbitre en le laissant capable de défaillir.

A propos de la liberté du mal, on a contesté la preuve du libre arbitre fondée sur l'amour naturel du bien absolu. L'homme, a-t-on dit, dans certains cas, voit clairement le devoir, sait sans aucun doute qu'il devrait faire ceci plutôt que cela, et, cependant, il refuse de le faire. Il est des circonstances où il sait que tel bien l'éloigne certainement du bien absolu réel, de Dieu, et où, néanmoins, il choisit délibérément ce bien, voulant ainsi, en pleine connaissance de cause, ne pas se diriger vers sa fin dernière. Bien plus, ajoute-t-on, toute faute grave doit se définir : une préférence positive donnée, de propos délibéré, au mal sur le bien, par exemple à l'adultère sur la fidélité conjugale, ce mal comme ce bien tenant de la loi morale un caractère absolu.

Pour résoudre cette difficulté, il faut distinguer entre la connaissance générale d'une obligation morale et la connaissance complète, avec évidence irrésistible, du rapport nécessaire entre l'accomplissement actuel de ce devoir et le bonheur parfait de l'homme individuel qui agit.

Quand l'homme pèche, il y a toujours de sa part quelque ignorance, quelque erreur, sur la relation, au sujet de tel acte précis et individuel, entre le devoir et le contentement de tout son être (1). Il veut tel bien sensible, quoique désordonné, par exemple le plaisir de l'adultère, parce qu'il ne voit pas parfaitement, dans ce cas particulier, que la fidélité au devoir comblerait tous ses désirs naturels en le conduisant au bonheur final, et que la violation de la loi morale l'éloigne certainement de la félicité qu'il désire.

Cherchons, par les révélations de notre conscience et par les paroles échappées aux autres hommes, à connaître ce qui se passe dans l'âme coupable ; nous verrons que jamais un

(1) Peccatum mortale in actu liberi arbitrii contingit.... uno modo ex hoc quod aliquod malum eligitur, sicut homo peccat eligendo adulterium, quod secundum se est malum ; et tale peccatum semper procedit ex aliqua ignorantia vel errore ; alioquin id quod est malum, non eligeretur ut bonum. Errat quidem adulter in particulari eligens hanc delectationem inordinati actus quasi aliquod bonum ad nunc agendum, propter inclinationem passionis aut habitus, etiamsi in universali non erret, sed veram de hoc sententiam teneat (I, q. LXIII, a. 1).

homme qui commet une faute n'a la pensée actuelle que cette faute est capable de le priver absolument de son bonheur. C'est, au contraire, parce qu'il croit y trouver un moyen de suivre son inclination naturelle, qu'il se livre à cet acte qui le perd.

III. — Enfin, on objecte contre le libre arbitre qu'il serait indépendant de la prescience et du gouvernement de Dieu, et que, vis-à-vis de Dieu, l'indépendance est impossible.

Dieu, nous dit-on d'abord, doit connaître de toute éternité tout ce qui arrrivera dans l'avenir. Or, si le libre arbitre existe, ses actes futurs sont absolument indéterminés ; ils sont, avant d'être accomplis, comme s'ils ne devaient jamais être faits. Par conséquent, Dieu ne peut les connaître à l'avance : conclusion directement opposée à sa prescience infinie. Ou bien, si Dieu les connaît, comme sa prescience est infaillible, les actes sont infailliblement déterminés avant d'être émis par la volonté. Or, ce qui est infailliblement déterminé, ne peut plus être libre. Donc, le libre arbitre est inconciliable avec la prescience divine.

Je réponds : L'éternité n'est pas une durée

indéfinie, mais une indivisible existence, tout entière à la fois, sans succession. Dieu éternel connaît d'une seule vue toute la succession du temps : le passé et l'avenir lui sont aussi présents que le présent même. C'est par cette présence de son éternité à tout instant du temps successif que Dieu connaît les futurs libres (1). Le nom de prescience donné à cette connaissance divine prête à illusion: la science de Dieu étant en dehors du temps, on ne peut pas dire qu'elle précède dans le temps l'action de la volonté. Dès lors, l'objection fondée sur l'hypothèse de son antériorité dans le temps manque absolument de base : elle tombe d'elle-même.

(1) Æternitas autem tota simul existens ambit totum tempus, ut supra dictum est, q. x, a. 2 et 4. Unde omnia quæ sunt in tempore, sunt Deo ab æterno præsentia, non solum ea ratione qua habet rationes rerum apud se præsentes, ut quidam dicunt, sed quia ejus intuitus fertur ab æterno supra omnia, prout sunt in sua præsentialitate. Unde manifestum est quod contingentia infallibiliter a Deo cognoscuntur, inquantum subduntur divino conspectui secundum suam præsentialitatem; et tamen sunt futura contingentia, suis causis proximis comparata (I, q. xiv, a. 13). — Unde nobis, quia cognoscimus futura contingentia inquantum talia sunt, certa esse non possunt, sed soli Deo, cujus intelligere est in æternitate supra tempus: sicut ille qui vadit per viam, non videt illos qui post eum veniunt; sed ille qui ab aliqua altitudine totam viam intuetur, simul videt omnes transeuntes per viam (*Ibid.*, ad 3).

Dieu, de son éternité, peut voir toute la série des faits qui se déroulent dans le temps, sans que cette vision rende nécessaires les actes libres compris dans cette série, comme nous pouvons voir dans le présent les autres hommes agir devant nous, sans que notre regard ôte la liberté aux actions des autres.

On insiste, cependant, et l'on nous oppose la souveraineté du gouvernement divin. Dieu, poursuit-on, doit mouvoir jusqu'au fond toute puissance créée pour qu'elle puisse agir actuellement : si un acte quelconque est soustrait à son action, Dieu n'est plus le maître de tout, il n'est plus Dieu. D'autre part, si c'est Dieu qui meut la volonté, qui la fait vouloir, c'est lui qui la détermine : elle ne se détermine donc pas elle-même, elle n'est pas libre.

Répondons, avec saint Thomas (1) : Dieu meut

(1) Deus movet voluntatem hominis, sicut universalis motor, ad universale objectum voluntatis, quod est bonum ; et sine hac universali motione homo non potest aliquid velle ; sed homo per rationem determinat se ad volendum hoc vel illud, quod est vere bonum vel apparens bonum (I-II, q. ıx, a. 6, ad 3). — Ad providentiam divinam non pertinet naturam rerum corrumpere, sed servare. Unde omnia movet secundum eorum conditionem : ita quod ex causis necessariis per motionem divinam sequuntur effectus ex necessitate, ex causis autem contingentibus sequuntur effectus contingentes. Quia igitur volun-

la volonté libre, il la fait vouloir, mais il la fait vouloir librement. Il l'incline nécessairement vers la fin dernière par une motion actuelle ; mais, en la mouvant ainsi vers le bien absolu, qui est lui-même, il la fait se déterminer elle-même pour tel ou tel bien particulier. Il faut bien admettre cette conclusion, malgré le mystère qui l'enveloppe. En effet, nous savons, par notre conscience, que la volonté se détermine elle-même sans être nécessitée à tel acte plutôt qu'à tel autre ; or, Dieu, respectant son œuvre, meut chaque être créé selon la nature de cet être : donc, il meut la volonté de telle sorte qu'elle se détermine librement elle-même sous la motion divine.

Il reste un mystère, je l'ai dit. Mais, cela doit être, puisqu'il s'agirait de comprendre l'action de Dieu, essentiellement incompréhensible. La solution est néanmoins la plus rationnelle qu'on puisse concevoir (1).

Nous avons terminé l'étude que nous nous pro-

tas est activum principium non determinatum ad unum, sed indifferenter se habens ad multa, sic Deus ipsam movet quod non ex necessitate ad unum determinat, sed remanet motus ejus contingens et non necessarius, nisi in his ad quæ naturaliter movetur (I-II, q. I, a. 4).

(1) Voir : *le Libre arbitre*, dans notre volume : *Corps et âme*.

posions de faire de la volonté en elle-même. Nous verrons, dans la prochaine leçon, l'empire de la puissance volontaire sur les autres puissances de l'âme, combiné avec l'influence que celles-ci exercent sur la volonté.

X

L'EMPIRE DE LA VOLONTÉ

L'EMPIRE DE LA VOLONTÉ

INTRODUCTION.

L'empire de la volonté est le pouvoir qu'elle a de gouverner les puissances de l'âme.

La volonté se détermine elle-même librement. L'application de cette liberté n'est pas bornée à l'émission d'un consentement, d'une adhésion à tel ou tel acte que propose l'intelligence; la volonté a encore le pouvoir de gouverner les puissances de l'âme, de s'en servir, pour accomplir des actions bonnes ou mauvaises; c'est ce pouvoir que j'appelle : l'empire de la volonté.

Pour le caractériser nettement, il convient d'en délimiter le domaine, de montrer dans quelle mesure la volonté est dépendante des autres puissances, dans quelle proportion elle est indépendante et maîtresse.

De là, la division de cet entretien en deux

parties : d'abord, l'influence des autres puissances de l'âme sur la volonté; puis, l'influence de la volonté sur les puissances de l'âme.

I

INFLUENCE DES AUTRES PUISSANCES SUR LA VOLONTÉ.

I. — Entendement. Il propose à la volonté son objet. Communication intime entre l'intelligence et la volonté.

II. — Sens externes et internes. Ils ont de l'influence sur la volonté par l'intermédiaire de l'entendement.

III. — Appétit sensitif. 1º Déviation de l'activité vers le sensible. 2º Modifications dans les forces physiques. 3º Déformation de l'appréciation sensible.

IV. — Puissances végétatives. Influence très indirecte, par le moyen des sens et de l'appétit sensitif, attachés à l'organisme.

I. — Parmi les puissances qui ont de l'influence sur la volonté, l'entendement occupe le premier rang.

L'intelligence propose à la volonté son objet ; cet objet, l'entendement le saisit sous forme universelle, c'est-à-dire que l'intelligence connaît la raison même du bien qui sera l'objet de la volonté.

A cet égard, l'intelligence est, par nature,

supérieure à la volonté (1). En effet, c'est le bien qui est objet d'appétition : mais la faculté qui saisit la raison même pour laquelle cet objet mérite l'inclination de la volonté, est essentiellement supérieure à cette dernière faculté, car elle connaît ainsi la raison d'être de cette puissance.

Pour bien comprendre les rapports entre l'intelligence et la volonté, considérons que toute inclination a besoin d'un autre principe qui lui serve de raison, pour tendre à un but : il faut qu'il y ait un principe de direction, de tendance, et que ce principe se présente avec la même nature que l'inclination elle-même. C'est pour cela

---

(1) Si ergo intellectus et voluntas considerentur secundum se, sic intellectus eminentior invenitur ; et hoc apparet ex comparatione objectorum ad invicem. Objectum enim intellectus est simplicius et magis absolutum quam objectum voluntatis : nam objectum intellectus est ipsa ratio boni appetibilis ; bonum autem appetibile, cujus ratio est in intellectu, est objectum voluntatis. Quanto autem aliquid est simplicius et abstractius, tanto secundum se est nobilius et altius. Et ideo objectum intellectus est altius quam objectum voluntatis. Quum ergo propria ratio potentiæ sit secundum ordinem ad objectum, sequitur quod secundum se et simpliciter intellectus sit altior et nobilior voluntate (I, q. LXXXII, a. 3). — Illud quod est prius simpliciter et secundum naturæ ordinem est perfectius ; sic enim actus est prior potentia. Et hoc modo intellectus est prior voluntate, sicut motivum mobili et activum passivo ; bonum enim intellectum movet voluntatem (*Ibid.*, ad 2).

que le mouvement de l'inclination sensible est précédé par la connaissance sensible de son objet ; la forme singulière sous laquelle cet objet se présente, est la raison même de cette appétition : c'est le principe de tendance et de direction, par rapport à l'inclination sensible. De même, la connaissance du bien universel par l'intelligence est le principe moteur et directeur de la volonté vers ce bien, et la volonté a une nature intellectuelle précisément parce que l'objet connu intellectuellement est sa raison d'être.

En outre, toute inclination prend la nature même du sujet dans lequel elle réside (1).

Ainsi, au double point de vue de la cause objective et du sujet qui porte l'inclination, un rapport très intime existe entre l'entendement

---

(1) Actus voluntatis nihil aliud est quam inclinatio quædam consequens formam intellectam, sicut appetitus naturalis est inclinatio consequens formam naturalem. Inclinatio autem cujuslibet rei est in ipsa re per modum ejus. Unde inclinatio naturalis est naturaliter in re naturali ; inclinatio autem quæ est appetitus sensibilis, est sensibiliter in sentiente ; et similiter inclinatio intelligibilis quæ est actus voluntatis, est intelligibiliter in intelligente, sicut in primo principio et in proprio subjecto. Unde et Philosophus hoc modo loquendi utitur, in III *de Anima*, quod *voluntas in ratione est*. Quod autem intelligibiliter est in aliquo intelligente, consequens est ut ab eo intelligatur. Unde actus voluntatis intelligitur ab intellectu (I, q. LXXXVII, a. 4).

et la volonté. La forme de l'objet exige que ces facultés aient même nature; en outre, l'intelligence et la volonté sont des puissances de la même âme, et c'est comme principe de vie spirituelle que l'âme les possède. Par suite, tout ce qui est dans la volonté, est intelligible ; et, au moyen de la communication qui se fait par la substance même de l'âme, tout ce qui est dans la volonté, est dans l'intelligence, et réciproquement (1). De là vient que l'intelligence perçoit, à sa manière, l'acte volontaire, en connaît la nature, et ainsi parvient à déterminer la nature de la puissance volontaire elle-même. D'autre part, la volonté veut l'acte de l'intelligence, et nous verrons tout à l'heure comment elle profite de cette union étroite pour gouverner à sa manière l'entendement.

II. — Au dessous de l'entendement, se placent les facultés de connaissance sensitive : sens internes et externes, imagination, appréciation sensible, mémoire.

---

(1) Quum utrumque radicetur in una substantia animæ et unum sit quodammodo principium alterius, consequens est ut quod est in voluntate sit etiam quodammodo in intellectu (I, q. LXXXVII, a. 4, ad 1).

Ces facultés ont une influence indirecte sur la volonté par l'intermédiaire de l'intelligence.

Nous l'avons vu en détail l'année dernière, ce sont les sens et les facultés de connaissance sensitive internes qui préparent à l'entendement son objet : c'est sur leurs représentations que s'exercera son activité, pour engendrer l'abstraction et communiquer à l'intelligence réceptive la forme même qui déterminera la pensée. L'imagination combine les données des sens, l'appréciation sensible les juge particulièrement, et, suivant la façon dont les sens, l'imagination et la faculté d'appréciation, aidées de la mémoire, auront opéré, l'entendement sera plus ou moins influencé dans ses conceptions et dans ses jugements, et, à sa suite, la volonté dans ses tendances. Par le mouvement de l'intelligence, la volonté se trouvera portée à vouloir ceci ou cela; elle restera libre, bien entendu; mais sa liberté sera influencée par tel ou tel objet présenté à son adhésion et, implicitement, par la manière dont les données sensibles auront été perçues, combinées, élaborées, transformées à son usage.

Si je fais appel à votre expérience personnelle, vous reconnaîtrez sans peine cette relation entre l'inclination volontaire et la connaissance même inférieure. Combien de fois une curiosité indiscrète des sens, une vivacité trop fougueuse ou trop légère de l'imagination, une appréciation trop superficielle, une mémoire paresseuse ou trop prompte entraînent à penser et à vouloir ce qu'il ne faudrait pas, ou comme il ne faudrait pas vouloir !

Il est donc très important que les facultés sensitives soient bien ordonnées dans leur connaissance, et n'offrent à l'intelligence que des objets préparés conformément aux lois rationnelles et morales : la volonté sera ainsi dirigée doucement vers la bonne voie (1). Le sage ne néglige pas, pour faciliter la droiture et l'énergie dans le bien, le secours des sens, de l'imagination, de la raison particulière et de la mémoire.

III. — Examinons maintenant l'influence de l'appétit passionnel.

(1) Voluntas non solum movetur a bono universali apprehenso per rationem, sed etiam a bono apprehenso per sensum ; et ideo potest moveri ad aliquod particulare bonum absque passione appetitus sensitivi : multa enim volumus et operamur absque passione per solam appetitus electionem, ut patet in his in quibus ratio renititur passioni (I-II, q. x, a. 3, ad 3).

Comme nous avons étudié, à propos de chaque passion, les caractères spéciaux du mouvement de l'inclination sensible, et que nous avons eu occasion plusieurs fois de parler de la volonté au cours de cette étude, il nous suffira de rappeler ce que nous avons dit en le développant un peu.

Ainsi, en traitant du plaisir et de la douleur, nous avons reconnu que l'inclination sensible a une influence sur l'intelligence et, par elle, sur la volonté. Nous pouvons étendre cette théorie à toute passion, et dire qu'en général tous les mouvements d'appétit sensitif peuvent modifier l'exercice de la faculté de vouloir.

Et d'abord, par une sorte de déviation de l'activité humaine du côté sensible, plutôt que du côté intellectuel (1). On peut dire qu'il n'y a

(1) Quum enim omnes potentiæ animæ in una essentia animæ radicentur, necesse est quod, quando una potentia intenditur in suo actu, altera in suo actu remittatur vel etiam totaliter in suo actu impediatur ; tum quia omnis virtus ad plura dispersa fit minor ; unde e contrario, quando intenditur circa unum, minus potest ad alia dispergi ; tum quia in operibus animæ requiritur quædam intentio, quæ, dum vehementer applicatur ad unum, non potest alteri vehementer attendere : et secundum hunc modum per quamdam distractionem, quando motus appetitus sensitivi ortificatur secundum quamcumque passionem, necesse est quod remittatur vel totaliter impediatur motus proprius appetitus rationalis, qui est voluntas (I-II, q. LXXVII, a. 1).

qu'une seule vie dans l'homme, mais qu'elle a plusieurs formes. Quand l'une prédomine, l'autre diminue d'intensité. Si la vie humaine est trop entraînée vers le sensible, c'est autant de moins pour l'intelligence, et, par suite, pour la volonté. L'intelligence pourrait même rester assez lucide, surtout pour la conception spéculative, et la volonté être affaiblie par la soustraction de l'énergie vitale au profit de la passion ; car, il y a une certaine affinité entre les deux inclinations, et un excès au bénéfice de l'émotion animale est aux dépens de l'affection spirituelle. Ainsi, une rupture d'équilibre, par transport exagéré de l'activité de l'âme vers l'appétit inférieur, amoindrit la puissance volontaire. Ce détournement anormal peut même aller jusqu'à annuler complètement l'action de la volonté, en épuisant les forces intellectuelles.

Un second mode d'influence appartient aux passions : c'est par les modifications qu'elles produisent dans les forces physiques du corps humain (1).

---

(1) Hujusmodi autem immutatio hominis per passionem duobus modis contingit. Uno modo sic quod totaliter ratio ligatur, ita quod homo usum rationis non habet : sicut contingit in his qui propter vehementem iram vel concupiscentiam fu-

Je ne reviendrai pas en détail sur ce que nous avons analysé ensemble. Nous savons combien l'amour, le plaisir, le désespoir, la crainte, la colère, et de même les autres passions, communiquent leurs mouvements à l'organisme humain, parce que les passions ne sont pas indépendantes du corps, qu'elles sont liées aux organes et très étroitement associées à l'activité physique. Si donc la vie organique est troublée par elles, si elle est même bouleversée, il peut y avoir un arrêt dans les opérations intellectuelles, et, comme la volonté est intellectuelle et qu'elle tient de près à l'entendement proprement dit, elle peut être immobilisée avec lui. Tantôt les mouvements désordonnés n'iront pas jusqu'à briser son élan, mais ils pourront en fausser la direction ; tantôt ce sera une révolution totale, avec immobilisation complète de

---

riosi vel amentes fiunt, sicut et propter aliquam aliam perturbationem corporalem ; hujusmodi enim passiones non sine corporali transmutatione accidunt. Et de talibus eadem est ratio sicut et de animalibus brutis, quæ ex necessitate sequuntur impetum passionis ; in his enim non est aliquis rationis motus, et per consequens nec voluntatis. Aliquando autem ratio non totaliter absorbetur a passione, sed remanet quantum ad aliquid judicium rationis liberum ; et secundum hoc remanet aliquid de motu voluntatis (I-II, q. X, a. 3).

toute la vie spirituelle : l'homme ne sera plus qu'un animal.

Des passions légitimes, poussées à l'excès, peuvent avoir ces terribles conséquences. On peut devenir fou d'amour, si l'amour est trop emporté, s'il n'est pas modéré à temps et maintenu dans la mesure. On peut être ivre de joie. Si, par exemple, une mère revoit tout à coup son enfant qu'elle croyait perdu, il n'est pas impossible que sa douleur se transforme en une joie troublante : cette joie est très légitime ; mais, comme elle est trop violente, il arrive qu'elle détruit l'harmonie organique et sensible ; l'intelligence ne reconnaît plus ses éléments de travail, et la volonté désorientée ne sait plus vouloir.

Un autre effet des passions sur la puissance volontaire vient de la déformation qu'elles font subir à l'appréciation sensible et, par elle, au jugement de la raison : on est entraîné ainsi à vouloir avec une facilité extrême ce qu'aime la passion, ou à ne pas vouloir ce qu'elle n'aime pas (1).

---

(1) Id quod apprehenditur sub ratione boni et convenientis, movet voluntatem per modum objecti. Quod autem aliquid videatur bonum et conveniens, ex duobus contingit, scilicet ex conditione ejus quod proponitur, et ejus cui proponitur ; conve-

Toute passion a sa source dans un amour. Tout amour est une conformation, une adaptation de l'être à un sujet. Or, tout rapport suppose deux termes. Si le terme qui est le sujet humain n'est plus dans les mêmes conditions, la proportion de cet homme avec les objets à juger et à aimer ne sera plus la même. Vous le savez, suivant que l'on aime ou que l'on hait telle ou telle chose, telle ou telle personne, on est incliné à juger tout en concordance avec cet amour ou cette haine. Si c'est un homme qu'on déteste, on interprète en mal tous ses actes, tout ce qui le touche. Si c'est une personne qu'on aime, tout ce qui est d'elle, tout ce qui vient d'elle, paraît beau.

On voit ainsi avec des yeux tellement prévenus que la rectitude du jugement rationnel est déviée ou brisée : la volonté, impressionnée, fléchit à son tour ; elle veut ce qu'elle ne vou-

---

niens enim secundum relationem dicitur, unde ex utroque extremorum dependet... Manifestum est autem quod secundum passionem appetitus sensitivi immutatur homo ad aliquam dispositionem. Unde secundum quod homo est in passione aliqua, videtur ipsi aliquid conveniens, quod non videtur ei extra passionem existenti ; sicut irato videtur bonum, quod non videtur quieto. Et per hunc modum ex parte objecti appetitus sensitivus movet voluntatem (I-II, q. IX, a. 2).

drait pas sans la passion, ou elle ne veut pas comme il faut ce qu'elle veut par elle-même et doit vouloir.

Les hommes passionnés, et, vous le pensez bien, lorsque je dis les hommes, j'entends l'espèce humaine tout entière, un jour veulent une chose, le lendemain en veulent une autre, par une partialité mobile que la passion impose à la volonté en corrompant l'appréciation sensitive et intellectuelle. Nous savons que cette séduction n'est pas de nature à annuler nécessairement le libre arbitre, bien que, par instants, elle puisse aller jusque là; mais, toujours elle fait quelque brèche à la faculté de vouloir, elle en entame l'indépendance rationnelle et en fausse la direction.

Nous verrons heureusement, tout à l'heure, comment la volonté peut, à son tour, agir sur les passions pour les diriger et les maintenir dans l'équité.

IV. — Il reste l'influence des puissances végétatives sur la volonté: elle est tout à fait indirecte.

La vie végétative tient de très près à l'organisme, et, comme cet organisme vivant est aussi le support de la connaissance sensitive et des passions, c'est par là que les puissances végétatives, forces de nutrition, de croissance, de génération, ont de l'influence sur la volonté elle-même (1).

Il est certain que la manière de nous nourrir, l'exercice auquel nous soumettons notre corps, le développement physiologique de tout notre être contribuent à nous donner telle ou telle impression sensible ou imagination, telle ou telle passion, tel ou tel entraînement d'appréciation, et la volonté peut être tentée de suivre tel mouvement dont l'origine est une disposition physique.

Voilà pourquoi les médecins du corps sont indirectement des médecins de l'âme ; et, dans l'intérêt même de la vertu, il ne faut jamais négliger les soins à donner à l'élément corporel de notre personne. Notre corps, c'est encore nous-mêmes, et, si toute son activité végétative est bien réglée, nous pourrons mieux gouverner par la volonté nos diverses puissances.

(1) Usus rationis requirit debitum usum imaginationis et aliarum virium sensitivarum, quæ utuntur organo corporali (I-II, q. xxxiii, a. 3, ad 3). — Ex conditione carnis passiones animæ insurgunt in nobis, eo quod appetitus sensitivus est virtus utens organo corporali (I-II, q. LXXVII, a. 3, ad 2).

II

INFLUENCE DE LA VOLONTÉ.

I. — Entendement. 1° La volonté donne au dernier jugement pratique de l'intelligence son caractère décisif. 2° Elle fait commander par la raison aux autres puissances l'acte voulu. Explication de l'empire rationnel de la volonté. Étendue et limites du pouvoir de la volonté sur l'entendement.

II. — Empire de la volonté sur la volonté elle-même : faiblesse possible du commandement. La volonté use des autres puissances pour assurer l'exécution de ses ordres. L'action de la volonté sur l'intelligence et son action sur elle-même n'impliquent, ni l'une ni l'autre, une série indéfinie de causes causées.

III. — Facultés de connaissance sensitive : empire de la volonté sur elles ; ses limites.

IV. — Appétit sensitif. Comment et dans quelle mesure la volonté commande aux passions.

V. — Action indirecte de la volonté sur les mouvements du corps et sur les actes de la vie végétative.

I. — A tout seigneur tout honneur ; nous commencerons par l'entendement l'étude de l'influence de la volonté.

Mais, avant d'aborder le pouvoir de la volonté sur l'intelligence, posons en principe général que la volonté peut mouvoir toutes les puissances de l'homme, sauf peut-être les puissances végétatives, et nous verrons qu'indirectement elle peut même atteindre celles-ci. Cette motion de la volonté sur toutes les facultés de l'âme s'exerce par le moyen de l'intelligence, et c'est encore un motif pour débuter par l'examen du mouvement qu'imprime la volonté à l'intelligence elle-même.

Nous savons déjà que la volonté, par sa libre élection, donne la valeur décisive au dernier jugement pratique de la raison. C'est elle, à vrai dire, qui pose un point d'arrêt à la délibération rationnelle ; c'est elle qui dit : Assez, j'adopte cette conclusion, je la fais mienne (1). Dès lors, la délibération se termine, et c'est le choix volontaire qui a rendu définitif le jugement de l'intelligence.

(1) Judicium est quasi conclusio et determinatio consilii. Determinatur autem consilium primo quidem per sententiam rationis et secundo per acceptationem appetitus. Unde Philosophus dicit, in III *Ethic.*, cap. III, quod *ex consiliari judicantes desideramus secundum consilium*. Et hoc modo ipsa electio dicitur quoddam judicium, a quo nominatur liberum arbitrium (I, q. LXXXIII, a. 3, ad 2). — Radix libertatis est voluntas sicut subjectum ; sed sicut causa est ratio : ex hoc enim voluntas libere potest ad diversa ferri, quia ratio potest habere diversas conceptiones boni. Et ideo philosophi definiunt liberum arbitrium quod est *liberum de ratione judicium*, quasi ratio sit causa libertatis (I-II, q. XVII, a. 1, ad 2).

Voilà une première influence de la volonté sur l'entendement. C'est la volonté elle-même qui fait que tel jugement pratique soit le dernier jugement relatif à telle action ; c'est elle qui, par son acceptation, fait une décision finale de cette conclusion : Il convient d'agir ainsi.

En outre, la volonté a une influence sur toutes les puissances de l'âme, par l'intermédiaire de l'entendement, parce qu'elle fait commander par la raison tel ou tel acte à accomplir. Il est très important de bien saisir la pensée de saint Thomas sur cet empire rationnel de la volonté (1).

(1) Imperare autem est quidem essentialiter actus rationis : imperans enim ordinat eum cui imperat, ad aliquid agendum, intimando vel denuntiando ; sic autem ordinare per modum cujusdam intimationis est rationis. Sed ratio potest aliquid intimare vel denuntiare dupliciter. Uno modo absolute ; quæ quidem intimatio exprimitur per verbum indicativi modi, sicut si aliquis alicui dicat : Hoc est tibi faciendum. Aliquando autem ratio intimat aliquid alicui movendo ipsum ad hoc ; et talis intimatio exprimitur per verbum imperativi modi, puta quum alicui dicitur : Fac hoc. Primum autem movens in viribus animæ ad exercitium actus est voluntas, ut supra dictum est, q. IX, a. 1. Quum ergo secundum movens non moveat nisi in virtute primi moventis, sequitur quod hoc ipsum quod ratio movet imperando, sit ei ex virtute voluntatis. Unde relinquitur quod imperare sit actus rationis, præsupposito actu voluntatis, in cujus virtute ratio movet per imperium ad exercitium actus (I-II, q. XVIII, a. 1).

Il implique certainement une opération de l'intelligence. En effet, c'est le caractère propre de la raison de mettre les choses en ordre, de disposer les fins les unes par rapport aux autres, et les moyens par rapport à chaque fin. Il appartient à l'intelligence de mettre de l'ordre en tout. Or, voyez ici combien la langue est riche de sens, dans sa pauvreté apparente. Ordonner veut dire : donner un ordre ; et veut dire aussi : mettre en ordre. C'est que tout ordre de commandement ordonne un agent à une fin par le moyen d'une opération. La langue elle-même a conservé l'empreinte de la théorie du moyen âge.

Quand je commande, je fais donc acte de volonté et acte d'intelligence. L'intelligence dirige ; c'est elle qui montre quelle proportion il y a entre tel moyen et telle fin, entre telle fin et la fin dernière. Mais, qu'est-ce qui fait dire à l'intelligence : Il vous faut faire ceci ; ou bien : Faites cela ; car ce sont les deux formes du commandement ? C'est évidemment la volonté. Quand il s'agit de donner un ordre ferme, l'intelligence ne suffit pas ; elle intervient pour indiquer, disposer, mettre en ordre ; mais la faculté qui ordonne, dans le sens de mouvoir positivement à l'action, c'est la volonté : à elle, le gouvernement pratique. L'empire de la volonté est donc aussi un empire de la raison : le commandement est intimé par l'intelligence sous la motion supérieure de la volonté ; l'autorité est mixte, à la fois rationnelle et volontaire.

Si la volonté peut ainsi mouvoir la raison, c'est parce que son objet, à un certain point de vue, est plus universel que celui de l'intelligence.

Vous m'arrêterez peut-être ici pour me dire : Il y a une contradiction dans votre théorie. Vous avez posé l'entendement comme supérieur à la volonté ; vous l'avez établi au sommet de l'être humain. C'est lui, avez-vous affirmé, qui saisit la raison des choses, et, par conséquent, il est la puissance dont l'objet est le plus abstrait, le plus haut et le plus universel ; il est la faculté dominante dans l'homme. Et vous prétendez maintenant que la volonté peut mettre en mouvement l'entendement lui-même parce qu'elle a un objet plus universel.

La contradiction n'est qu'apparente. L'intelligence et la volonté se communiquent l'une à l'autre leur objet, et, suivant le point de vue auquel on se place; tantôt c'est l'une, tantôt c'est l'autre qui est supérieure (1).

Il faut, en effet, observer que, si l'objet de l'intelligence est le vrai sous forme universelle, l'acte intellectuel est un acte singulier, individuel ; l'intelligence elle-même est une puissance singulière, individuelle ; elle est l'intelligence particulière de tel homme. De même, si l'objet de la volonté est le bien sous forme universelle, l'acte volontaire est particulier, individuel, et la volonté est une faculté individuelle, singulière. Si donc, prenant l'objet universel de la volonté, le bien, je l'applique à l'acte que fait l'intelli-

(1) Si ergo comparentur intellectus et voluntas secundum rationem communitatis objectorum utriusque, sic dictum est supra, art. præc., quod intellectus est simpliciter altior et nobilior voluntate. Si autem consideretur intellectus secundum communitatem sui objecti, et voluntas secundum quod est quædam determinata potentia, sic iterum intellectus est altior et prior voluntate ; quia sub ratione entis et veri, quam apprehendit intellectus, continetur voluntas ipsa, et actus ejus, et objectum ipsius... Si vero consideretur voluntas secundum communem rationem sui objecti quod est bonum, intellectus autem secundum quod est quædam res et potentia specialis, sic sub communi ratione boni continetur, velut quoddam speciale, et intellectus ipse, et ipsum intelligere, et objectum ejus quod est verum ; quorum quodlibet est quoddam speciale bonum. Et secundum hoc voluntas est altior intellectu et potest ipsum movere (I, q. LXXXII, a. 4, ad 1).

gence, cet acte particulier deviendra un bien particulier. Ce sera un bien singulier de penser à tel moment plutôt qu'à tel autre, à telle chose ou à telle autre ; la pensée de tel ou tel homme sera aussi un bien individuel. Je puis, par mon intelligence, reconnaître que mes actes intellectuels se rangent comme des biens particuliers sous la raison universelle du bien. Inversement, l'intelligence peut considérer que toute décision de la volonté est une réalité individuelle comprise sous la raison universelle du vrai. La faculté de vouloir elle-même peut être vue par l'entendement comme une chose singulière. Voilà comment l'intelligence peut envelopper ce qui est de la volonté sous le concept du vrai, et la volonté embrasser ce qui est de l'intelligence sous la forme du bien.

Or, ce que nous attribuons à la volonté à l'égard de l'intelligence lui appartient, à plus forte raison, à l'égard des autres puissances de l'homme (1). Si ce qui est intellectuel et, par

(1) Bonum autem in communi, quod habet rationem finis, est objectum voluntatis ; et ideo ex hac parte voluntas movet alias potentias animæ ad suos actus. Utimur enim aliis potentiis quum volumus. Nam fines et perfectiones omnium aliarum potentiarum comprehenduntur sub objecto voluntatis sicut quædam particularia bona (I-II, q. IX, a. 1).

conséquent, objectivement universel par nature propre, peut être voulu comme un bien, à plus forte raison en sera-t-il de même de toutes les opérations des facultés qui, par elle-mêmes, vont à l'individuel. D'où il suit que la volonté peut comprendre, sous son objet universel, le bien, tous les actes des puissances humaines, et, par là, peut gouverner toutes ces puissances dans leurs opérations.

Ce qu'il y a de curieux, c'est que le commandement de l'intelligence sous la motion de la volonté peut s'appliquer à l'intelligence elle-même. Tout commandement de la volonté se fait par la raison, et je puis, par ma raison même, commander à ma raison de raisonner.

Ceci paraît étonnant, mais il faut savoir et se rappeler que les facultés spirituelles se réfléchissent sur elles-mêmes aussi bien qu'elles s'appliquent l'une sur l'autre (1). Je pense à ma pensée, et, pour vouloir penser, il faut que je pense à le vouloir.

(1) Quia ratio supra seipsam reflectitur, sicut ordinat de actibus aliarum potentiarum, ita etiam potest ordinare de suo actu: unde etiam actus ipsius potest esse imperatus (I-II, q. xvii, a. 6).

La conscience nous montre clairement le retour que les puissances intellectuelles font sur elles-mêmes. Nous avons dit, l'année dernière, qu'il n'en est pas tout à fait de même pour les facultés sensibles : il faut que le cerveau intervienne pour que je puisse voir que je vois par mes yeux ; l'organe externe ne se prête pas à sentir sa propre sensation.

Je puis donc volontairement commander à mon intelligence par mon intelligence elle-même. Mais détaillons un peu. Comment s'exerce ce commandement? Je puis évidemment, quand je ne pense pas, vouloir commencer à penser, et je puis aussi, quand je pense, vouloir ne plus penser (1). Dans les deux cas, il faut que j'aie une raison de vouloir : cette raison intellectuelle de penser ou de ne pas penser actuellement est vue par mon intelligence, et sert de motif à ma volonté pour faire intimer, par mon entendement, à mon entendement même, l'ordre d'opérer ou de s'abstenir.

La volonté a, en outre, une influence très délicate et d'une importance considérable.

(1) Quantum ad exercitium actus, ... actus rationis semper imperari potest, sicut quum indicitur alicui quod attendat et ratione utatur (I-II, q. xvii, a. 6).

L'intelligence n'adopte pas par nécessité toutes les conclusions qu'elle peut admettre. Il y en a qui ne sont pas liées nécessairement aux principes, soit parce que dans l'une des prémisses est un fait contingent dont l'existence peut être contestée, soit parce que les raisons qui lient aux prémisses ne sont pas visiblement nécessaires, parce qu'il y a probabilité, mais non certitude. Alors, nous pouvons accepter telle conclusion comme une opinion, mais nous ne sommes pas absolument forcés de l'affirmer comme une vérité indubitable (1).

Permettez-moi d'ajouter qu'une grande partie des pensées des hommes doivent être rangées sous cette catégorie des opinions. Il est assez rare que nous ayons des raisons absolument nécessaires de penser ceci ou cela. Ne dit-on pas : Autant de têtes, autant d'opinions différentes ? Il est vrai que la même opinion passe aisément d'un homme à un autre ; mais, s'ils sont isolés, autant d'hommes, autant d'opinions, sur bien

---

(1) Sunt autem quædam apprehensa quæ non adeo convincunt intellectum, quin possit assentire vel dissentire, vel saltem assensum vel dissensum suspendere propter aliquam causam ; et in talibus assensus vel dissensus in potestate nostra est et sub imperio cadit (I-II, q. XV, a. 6.).

des sujets. Et, remarquez-le, je vous prie, chacun soutient son opinion comme une proposition pour laquelle il a pris parti, qu'il s'est décidé à faire sienne. C'est par une décision volontaire que l'esprit est ainsi fixé. L'intelligence, partagée entre deux opinions probables, n'est pas déterminée par sa nature à donner son assentiment à celle-ci plutôt qu'à celle-là, mais elle peut recevoir de la volonté le commandement d'adopter l'une plutôt que l'autre.

L'influence de la volonté sur l'intelligence est donc importante et grave ; mais elle est limitée par la capacité de l'entendement (1). Je ne puis pas commander, par exemple, à mon intelligence de comprendre ce qui est hors de sa portée, soit à cause des bornes de la nature humaine en général, soit par la faiblesse de ma

---

(1) Quantum ad objectum, ... duo actus rationis attenduntur. Primo quidem, ut veritatem circa aliquid apprehendat; et hoc non est in potestate nostra: hoc enim contingit per virtutem alicujus luminis vel naturalis vel supernaturalis: et ideo quantum ad hoc actus rationis non est in potestate nostra nec imperari potest. Alius autem actus rationis est, dum his quæ apprehendit assentit. Si igitur fuerint talia apprehensa quibus naturaliter intellectus assentiat, sicut prima principia, assensus talium vel dissensus non est in potestate nostra, sed in ordine naturæ: et ideo, proprie loquendo, naturæ imperio subjacet (I-II, q. XVII, a. 6).

nature individuelle. Nous ne comprendrons jamais que ce que nous pouvons comprendre, à moins que nos dispositions ne viennent à changer.

Inversement, je ne puis pas commander à mon intelligence de ne pas comprendre ce qu'elle comprend, de ne pas voir ce qu'elle voit, quand la vérité est manifeste, quand la lumière luit à mes yeux avec toute évidence. Là, l'empire de la volonté cesse.

Je puis, toutefois, en gouvernant mon attention, amener des nuages devant ma raison et couvrir d'obscurités les déductions rationnelles. Ma volonté serait alors responsable de mes doutes ou de mes négations.

II. — Non seulement la volonté commande à l'intelligence par l'intelligence, mais elle se commande à elle-même par l'intermédiaire de la raison ; de même que je veux penser, je veux vouloir (1).

Mais, s'il en est ainsi, comment se fait-il que je ne veuille pas toujours avec la même fermeté,

(1) Manifestum est autem quod ratio potest ordinare de actu voluntatis; sicut enim potest judicare quod bonum sit aliquid velle, ita potest ordinare imperando quod homo velit. Ex quo

avec la même intensité? S'il est possible que je veuille vouloir, il semble qu'il soit tout à fait en mon pouvoir de vouloir autant que je veux. Puisque la volonté obéit à la volonté elle-même, comment se fait-il qu'il y ait des volontés hésitantes?

C'est que la volonté ne veut pas sans l'intelligence : elle ne pose sa détermination qu'avec l'aide de la raison. Or, si l'intelligence montre des motifs de vouloir et d'autres de ne pas vouloir, la volonté hésite à se déterminer, ou bien, après s'être décidée, elle change brusquement de décision parce qu'une autre face des choses a obtenu son agrément (1). L'intelligence a donc sa part dans la faiblesse ou la fermeté de l'empire que la volonté s'impose à elle-même.

Après avoir commandé un acte aux autres facultés, la volonté continue à veiller à l'exécution de son ordre. Elle fait dire à la raison : Il faut agir ainsi ; puis, elle s'applique elle-même

patet quod actus voluntatis potest esse imperatus (I-II. q. xvii, a. 5).

(1) Quod aliquando imperet et non velit, hoc contingit ex hoc quod non perfecte imperat. Imperfectum autem imperium contingit ex hoc quod ratio ex diversis partibus movetur ad imperandum vel ad non imperandum ; unde fluctuat inter duo, et non perfecte imperat (I-II, q. xvii, a. 5, ad 1).

à faire agir comme elle veut les autres puissances ; elle use des autres facultés comme d'instruments pour l'accomplissement de l'opération voulue (1). Cette intervention de la volonté n'est pas toujours très manifeste, parce qu'elle paraît se confondre avec le commandement préalable. Mais, une conscience attentive découvrira qu'une fois l'ordre donné la volonté poursuit son œuvre et assure l'exécution, en gouvernant l'action des autres puissances.

Deux difficultés se présentent, dans la théorie que nous venons d'exposer : l'une a trait au mouvement imprimé par la volonté à l'intelligence, l'autre concerne le commandement de la volonté à elle-même.

Si l'on pense quand on veut penser, et qu'il faille penser pour vouloir, n'a-t-on pas une série indéfinie ? Pour penser, ne faudra-t-il pas commencer par le vouloir, et pour vouloir, ne faudra-t-il pas commencer par penser ? Ainsi de suite : l'intelligence supposera la volonté, et la

(1) Uti primo et principaliter est voluntatis tanquam primi moventis, rationis autem tanquam dirigentis, sed aliarum potentiarum tanquam exequentium, quæ comparantur ad voluntatem, a qua applicantur ad agendum, sicut instrumenta ad principale agens (I-II, q. XVI, a. 1).

volonté supposera l'intelligence. Où s'arrêtera-t-on ?

Il faut répondre qu'un acte de la volonté n'est pas indispensable pour que l'intelligence opère. L'entendement est éclairé directement par la lumière divine ; notre lumière intellectuelle est un reflet, une participation de l'intelligence même de Dieu. Si donc l'entendement a devant lui des objets présentés par l'imagination, à la suite d'opérations des sens externes, par l'appréciation sensible, par la mémoire, l'activité intellectuelle peut faire jaillir une forme intelligible, suffisante pour que la pensée s'éveille. Au dessus de l'homme est un premier moteur qui donne à l'entendement humain ce qu'il lui faut pour entrer en acte (1). Donc, dans la première opération intellectuelle, il n'est pas nécessaire que la volonté intervienne.

L'autre objection a en vue le pouvoir de la volonté sur elle-même.

---

(1) Non oportet procedere in infinitum, sed statur in intellectu sicut in primo. Omnem enim voluntatis motum necesse est quod præcedat apprehensio ; sed non omnem apprehensionem præcedit motus voluntatis ; sed principium considerandi et intelligendi est aliquod intellectivum principium altius intellectu nostro, quod est Deus (I, q. LXXXII, a. 4, ad 3).

Si un acte de la volonté est commandé par la volonté, pourquoi tous ne seraient-ils pas aussi commandés par elle? Si je veux vouloir, pourquoi ne pourrait-on pas dire que je veux vouloir vouloir? Et alors, encore une série indéfinie : une volition causera une volition et sera causée aussi par une volition précédente ; ainsi de suite. Où sera l'arrêt qui servira de point de départ?

Comme nous l'avons indiqué dans la dernière leçon, ici encore il y a un moteur supérieur à l'homme : c'est Dieu. C'est lui qui a donné à la volonté, par création, son inclination naturelle, et c'est lui, aussi, qui le premier met cette inclination en mouvement vers la fin dernière. Cela suffit pour que la volonté soit en acte et qu'elle ait le pouvoir de produire elle-même d'autres actes (1).

Vous voyez que c'est en Dieu qu'est la raison

(1) Quum imperium sit actus rationis, ille actus imperatur qui rationi subditur. Primus autem voluntatis actus ex rationis ordinatione non est, sed ex instinctu naturæ aut superioris causæ, ut supra dictum est, q. IX, a. 4. Et ideo non oportet quod in infinitum procedatur (I-II, q. XVII, a. 5, ad 3). — Quod motus voluntarius ejus sit ab aliquo principio extrinseco quod non est causa voluntatis, est impossibile. Voluntatis autem causa nihil aliud esse potest quam Deus (I-II, q. IX, a. 6). —

suffisante du premier mouvement de la volonté. C'est à lui qu'il faut toujours remonter pour expliquer les origines.

III. — Nous avons maintenant à considérer l'action de la volonté sur les facultés de connaissance sensitive: les sens, l'imagination, l'appréciation sensible, la mémoire.

Ce sujet se trouve préparé par ce que nous venons de dire. C'est encore par l'intelligence que s'exercera l'empire de la volonté sur ces puissances. Et comment? Parce que les connaissances sensibles sont subordonnées à la connaissance intellectuelle comme toute puissance particulière peut être subordonnée à une puissance générale (1). A cause de cette dépendance, la volonté pourra faire produire à l'imagination des images, à la mémoire des souvenirs; elle pourra régler, activer ou modérer ces facultés, diriger

---

Voluntas non secundum idem movet et movetur ; unde nec secundum idem est in actu et in potentia ; sed inquantum actu vult finem, reducit se de potentia in actum respectu eorum quæ sunt ad finem, ut scilicet actu ea velit (I-II, q. IX, a. 3).

(1) Apprehensio autem imaginationis, quum sit particularis, regulatur ab apprehensione rationis, quæ est universalis, sicut virtus activa particularis a virtute activa universali (I-II, q. XVII, a. 7).

et gouverner l'appréciation sensible, le sens central et même les sens externes.

Cependant, me direz-vous, les sens sont indépendants de la volonté. Si quelque chose est devant mes yeux et que je ne sois pas aveugle, je serai bien forcé de voir. C'est parfaitement vrai, répondrai-je, si je regarde ; mais, je ne suis pas forcé de regarder (1). Je pourrai très bien, par la volonté, manœuvrer mon attention, qui est une application d'appétit ; je puis détourner mon regard, même fermer les yeux ; et ainsi des autres sens. Voilà donc une domination manifeste de la volonté sur les puissances de connaissance sensitive.

Mais, nous sommes ici dans un domaine d'où le corps n'est pas exclu : toutes les facultés sensitives opèrent au moyen d'organes matériels. Il en résulte que leurs actes dépendent à la fois de la capacité de l'âme et des dispositions du corps (2). Or, ces dispositions ne sont pas assu-

(1) Quia ad apprehensionem sensus requiritur sensibile exterius, non est in potestate nostra apprehendere aliquid sensu nisi sensibili præsente, cujus præsentia non semper est in potestate nostra. Tunc enim homo potest uti sensu quum voluerit, nisi sit impedimentum ex parte organi (I-II, q. XVII, a. 7, ad 3).

(2) Omnis autem actus virtutis utentis organo corporali de-

jetties à la raison. Aussi, ne pouvons-nous pas faire agir notre imagination, notre mémoire, par exemple, tout à fait comme nous le voudrions. La connaissance sensible ne subit l'empire de la volonté et de l'intelligence que dans la mesure où l'organisme s'y prête (1). La résistance venant du corps peut dater de loin ; quelquefois elle remonte jusqu'à la naissance et doit son origine à l'hérédité.

Il y a une autre limite au pouvoir de la volonté sur les puissances de connaissance sensitive, c'est l'influence de ces facultés sur la volonté, telle que nous l'avons décrite : en entraînant le vouloir dans le sens de leurs représentations, elles dominent, au lieu d'obéir.

Enfin, les habitudes prises, et les dispositions naturelles de chaque âme, contractées au moment de l'union avec le corps, donnent à la con-

---

pendet non solum ex potentia animæ, sed etiam ex corporalis organi dispositione ; sicut visio ex potentia visiva et qualitate oculi, per quam juvatur vel impeditur (I-II, q. XVII, a. 7).

(1) Apprehensio autem imaginationis subjacet ordinationi rationis secundum modum virtutis vel debilitatis imaginativæ potentiæ. Quod enim homo non possit imaginari quæ ratio considerat, contingit vel ex hoc quod non sunt imaginabilia, sicut incorporalia, vel propter debilitatem virtutis imaginativæ, quæ est ex aliqua indispositione organi (I-II, q. XVII, a. 7, ad 3).

naissance sensible plus ou moins de soumission, de docilité, à l'égard de la volonté et de la raison (1).

IV. — L'influence de la volonté sur les passions est analogue à celle que la volonté possède sur les facultés de connaissance sensitive, et même c'est par ces puissances que le commandement à la fois volontaire et rationnel se communique aux passions. La volonté fait donner ses ordres à l'appétit sensitif par l'intelligence et par les sens internes (2). Comme l'entendement a pour subordonnées notamment l'imagination, l'appréciation sensible, la mémoire, et que l'inclination passionnelle suit la connaissance sensible, c'est par cette hiérarchie d'intermédiaires que le commandement de la volonté se transmet aux passions elles-mêmes.

(1) Manifestum est enim quod quanto corpus est melius dispositum, tanto meliorem sortitur animam (I, q. LXXXV, a. 7).

(2) Natus est enim moveri appetitus sensitivus non solum ab æstimativa in aliis animalibus et cogitativa in homine, quam dirigit universalis ratio, sed etiam ab imaginativa et sensu (I, q. LXXXI, a. 3, ad 2). — Vires interiores tam appetitivæ quam apprehensivæ non indigent exterioribus rebus : et ideo subduntur imperio rationis, quæ potest non solum instigare vel mitigare affectus appetitivæ virtutis, sed etiam formare imaginativæ virtutis phantasmata (I, q. LXXXI, a. 3, ad 3).

Seulement, ici encore l'empire de la volonté est limité par les dispositions physiques (1). Les passions sont enchaînées aux organes, unies étroitement à l'activité du corps, et celle-ci, par sa nature, est indépendante de la raison. Notre organisation physique est ordinairement imparfaite; elle pèche, tantôt par excès, tantôt par défaut : de là, souvent, l'insubordination de l'appétit animal, tantôt par trop d'ardeur, tantôt par inertie. Quelquefois, un soulèvement de passion est déterminé subitement sans l'agrément de la volonté, et néanmoins, à la rigueur, elle eût pu le maîtriser, si elle avait été prévenue à temps (2). Il est donc important que tout appétit inférieur trouve dans nos dispositions cor-

---

(1) Actus appetitus sensitivi non solum dependet ex vi appetitiva, sed etiam ex dispositione corporis. Illud autem quod est ex parte potentiæ animæ, sequitur apprehensionem... Et ideo ex ista parte actus appetitus sensitivi subjacet imperio rationis. Qualitas autem et dispositio corporis non subjacet imperio rationis : et ideo ex hac parte impeditur quin motus sensitivi appetitus totaliter subdatur imperio rationis (I-II, q. XVII, a. 7).

(2) Contingit autem etiam quandoque quod motus appetitus sensitivi subito concitatur ad apprehensionem imaginationis vel sensus; et tunc ille motus est præter imperium rationis; quamvis potuisset impediri a ratione, si prævidisset (I-II, q. XVII, a. 7).

porelles, non pas une excitation à la révolte ou à la désobéissance, mais un secours favorable à la soumission. L'hérédité, les habitudes acquises apportent leur concours à la subordination ou à l'indépendance de la passion.

Rappelons aussi que l'appétit sensitif a son influence sur la volonté, par déviation de l'activité vers le sensible, par corruption de l'appréciation pratique, et, par là, diminue l'autorité de la puissance volontaire.

Sous la réserve de ces restrictions, la volonté peut modérer, arrêter même le mouvement passionnel; elle peut y consentir, en prendre la responsabilité ; elle peut aussi le faire tout à fait sien, le commander, le diriger, l'accélérer, le développer, et ceci n'est pas toujours blâmable (1). Tout au contraire, il peut être tout à fait moral, très conforme à toutes les lois de la raison, de se servir de la passion pour agir plus

---

(1) Passiones animæ... si autem considerentur secundum quod subjacent imperio rationis et voluntatis, sic est in eis bonum vel malum morale... Dicuntur autem voluntariæ vel ex eo quod a voluntate imperantur, vel ex eo quod a voluntate non prohibentur (I-II, q. XXIV, a. 1). — Ad judicium rationis... se habent consequenter... per modum electionis, quando scilicet homo ex judicio rationis eligit affici aliqua passione, ut promptius operetur cooperante appetitu sensitivo : et sic passio animæ addit ad bonitatem actionis (I-II, q. XXV, a. 3, ad 1).

vivement dans l'ordre du bien, d'user de l'inclination inférieure pour accomplir plus facilement, plus rapidement et mieux ce que le devoir ou la perfection demande.

Remarquez que, sans même avoir l'intention positive d'associer la passion à ses propres actes, la volonté possède dans l'appétit sensible un auxiliaire naturel. L'harmonie de notre être fait retentir dans la région passionnelle l'écho de nos vouloirs intenses (1). Toute notre inclination intellectuelle peut ainsi avoir pour fidèle compagne l'inclination inférieure, et recevoir d'elle le service d'une coopération modelée sur les mouvements supérieurs de l'âme.

V. — Le mouvement des organes étant sous la dépendance de l'appétit sensitif, c'est par là que la volonté les gouvernera. En effet, ce serait une illusion de croire que, lorsque je veux marcher, ou mouvoir mes bras, ma tête, tel ou

(1) Se habent consequenter... per modum redundantiæ, quia scilicet, quum superior pars animæ intense movetur in aliquid, sequitur motum ejus etiam pars inferior : et sic passio existens consequenter in appetitu sensitivo est signum intensionis voluntatis ; et sic indicat bonitatem moralem majorem (I-II, q. XXIV, a. 3, ad 1).

tel de mes membres, il me suffit de vouloir pour que la partie du corps que je veux remuer exécute elle-même, immédiatement, ce que je désire.

Saint Thomas pense avec raison que le mouvement est donné aux organes directement par l'appétit sensitif (1) : l'inclination animale intervient toujours, parce qu'attachée au corps elle est destinée par la nature à communiquer ses tendances à l'organisme, tandis que l'inclination intellectuelle est en dehors de tout organe. C'est par cet intermédiaire que la faculté spirituelle de vouloir impose son empire aux mouvement du corps.

Dans l'animal, le mouvement des membres et celui du corps tout entier, à l'état normal, suivent naturellement et nécessairement la passion et l'appréciation instinctive. Dans l'homme, l'animalité est subordonnée aux puissances intel-

---

(1) Appetitus intellectivus, qui est voluntas, movet in nobis mediante appetitu sensitivo : unde proximum motivum corporis in nobis est appetitus sensitivus (I, q. xx, a. 1). — Hæc autem vis motiva non solum est in appetitu et sensu, ut imperantє motum ; sed etiam in ipsis partibus corporis, ut sint habiles ad obediendum appetitui animæ moventis (I, q. LXXVIII, a. 1, ad 4).

lectuelles (1) : aussi, le mouvement, dans un homme parfaitement sain, très bien ordonné, est-il généralement soumis au consentement de la volonté. Mais, cette belle ordonnance est assez rare. Toutes les fois que nous ne sommes pas en mesure de maîtriser totalement notre appétit inférieur, dans tous les cas où l'empire de la volonté est diminué, des mouvements peuvent se produire, dans nos membres, sans que nous le voulions.

Ajoutons que les organes de la vie végétative se meuvent sans attendre que notre volonté y consente (2) ; le cœur, par exemple, fait son

---

(1) Voluntati etiam subjacet appetitus sensitivus quantum ad executionem, quæ fit per vim motivam. In aliis enim animalibus statim ad appetitum concupiscibilis et irascibilis sequitur motus ; sicut ovis timens lupum statim fugit, quia non est in eis superior appetitus qui repugnet. Sed homo non statim movetur secundum appetitum irascibilem et concupiscibilem ; sed expectatur imperium voluntatis, quæ est appetitus superior. In omnibus enim potentiis motivis ordinatis, secundum movens non movet nisi virtute primi moventis. Unde appetitus inferior non sufficit movere, nisi appetitus superior consentiat (1, q. LXXXI, a. 3).

(2) Quia igitur vires sensitivæ subduntur imperio rationis, non autem vires naturales, ideo omnes motus membrorum quæ moventur a potentiis sensitivis, subduntur imperio rationis ; motus autem membrorum qui consequuntur vires naturales, non subduntur imperio rationis (I-II, q. XVII, a. 9).

œuvre avec indépendance, sous la simple impulsion de l'activité physiologique.

La volonté a cependant quelque influence indirecte sur les puissances végétatives, celles de nutrition, de croissance, de génération. Elle peut, au moyen de l'inclination sensible, imprimer certains mouvements à l'organisme, le mettre dans des conditions favorables, et faciliter ainsi les fonctions de la vie corporelle. Par exemple, nous prenons de la nourriture quand nous le voulons et comme nous le voulons, nous donnons à notre corps un exercice volontaire qui aide à son développement.

Enfin, la volonté peut exciter l'appétit passionnel ou le modérer, activer ou calmer l'imagination, régler l'appréciation sensible, et produire ainsi, indirectement, par les liens de ces facultés avec le corps, des modifications physiques, favorables ou contraires à la vie végétative (1).

---

(1) Ex aliqua apprehensione hujusmodi membra commoventur, inquantum scilicet intellectus et phantasia repræsentant aliqua ex quibus consequuntur passiones animæ, ad quas consequitur motus horum membrorum. Non tamen moventur secundum jussum rationis aut intellectus, quia scilicet ad motum horum membrorum requiritur aliqua alteratio naturalis, scilicet caliditatis et frigiditatis; quæ quidem alteratio non subjacet imperio rationis (I-II, q. XVII, a 9, ad 3).

Voilà l'ensemble du gouvernement qui fonctionne, sous l'autorité de la volonté, dans cette société intime dont se compose notre personne même. Le peuple des facultés subordonnées influence la puissance maîtresse; mais, néanmoins, celle-ci commande au peuple tout entier.

XI

LE BONHEUR

LE BONHEUR

INTRODUCTION.

Les conditions du bonheur, d'après saint Thomas.

Toutes les tendances de l'homme sont dirigées vers le perfectionnement complet de son être. C'est ce perfectionnement que nous appelons le bonheur.

Mais, l'homme, usant de son libre arbitre, peut prendre diverses voies pour atteindre cette fin, qui est sa fin dernière, et, précisément aussi parce qu'il est libre, il peut se tromper de chemin, il peut croire être arrivé au but, lorsqu'il n'en a atteint qu'une apparence.

Le moment est venu de déterminer, avec saint Thomas, les conditions du véritable bonheur. Nous en avons dit déjà quelques mots, à propos de la volonté et du libre arbitre ; il faut maintenant prendre à part ce grave sujet et le développer avec l'ampleur qui lui appartient.

Pour faire ressortir la lumière par l'ombre, dans le tableau que nous allons essayer de présenter, nous examinerons d'abord ce que le bonheur n'est pas, et ensuite ce qu'il est. Nous aurons ainsi la division de cette leçon en deux parties.

Je me ferai un devoir, j'allais dire un plaisir, de suivre pas à pas la *Somme théologique* dans l'exposition de la théorie du bonheur. Ma préoccupation constante est de faire connaître saint Thomas. Or, la *Somme théologique* est son dernier ouvrage, qu'il n'a pu achever, mais qui porte profondément l'empreinte de son génie. Ce n'est pas seulement un traité de théologie chrétienne, c'est encore comme un raccourci de ce que l'antiquité païenne nous a laissé de meilleur en philosophie. L'homme ne peut s'empêcher de scruter les problèmes que ce livre pose et résout, car sa vie tout entière y est en jeu.

———

I

CE QUE LE BONHEUR N'EST PAS.

I. — Les richesses : naturelles ou artificielles. Ni les unes ni les autres ne sont la fin dernière de l'homme. Comparaison entre le désir des richesses et le désir du souverain bien. L'argent ne procure pas tous les biens.

II. — Les honneurs. Ils ne sont pas essentiels au bonheur.

III. — La gloire. Comme l'honneur, elle n'est qu'un accessoire et ne peut être la fin dernière. Cependant, la gloire qui réside dans la science divine, est cause du bonheur.

IV. — Le pouvoir. Comme il n'est pas un acte réalisé, il n'est pas la réalité qui donne le bonheur. Le bon usage du pouvoir est néanmoins une perfection.

Insuffisance générale des quatre biens qui viennent d'être examinés.

V. — Les biens du corps. L'homme tend à un bien supérieur à la conservation de son être ; les biens du corps sont destinés à faciliter les biens de l'âme : donc, ils ne sont pas la fin dernière.

VI. — La volupté. Dans le sens général de délectation, la volupté n'est pas le principe du bonheur. Dans le sens de plaisir sensible, la volupté n'est pas même la conséquence du vrai bonheur. Supériorité de l'esprit sur la matière. Il y a une délectation qui est la conséquence de la béatitude.

VII. — Les biens de l'âme. Ni en elle-même, ni dans ses actes, l'âme n'est le bien parfait. Mais c'est par l'âme que l'homme possède le souverain bien.

Le souverain bien n'est pas l'universel en quantité, mais l'universel absolu, Dieu lui-même.

Si nous passons en revue les divers objets que les hommes recherchent pour assouvir leur appétit de bonheur, nous pouvons les diviser en plusieurs catégories : les richesses, les honneurs, la gloire, le pouvoir, les biens du corps, la volupté, les biens de l'âme. Nous embrasserons ainsi tout ce que l'homme poursuit afin d'être heureux.

I. — On peut distinguer les richesses naturelles et les richesses artificielles (1).

Les richesses naturelles sont celles qui nous donnent directement le bien-être de notre propre personne : par exemple, la nourriture, le vêtement, les habitations, les véhicules qui nous transportent à notre gré.

Les richesses artificielles sont des intermédiaires factices, imaginés pour faciliter la communication des biens entre les hommes. Elles ont pour type principal l'argent, ce grand moyen d'échange, cet instrument si mobile qui permet d'acquérir le nécessaire et le superflu.

---

(1) Sunt enim duplices divitiæ, ut Philosophus dicit, in I *Polit.*, cap. VI, scilicet naturales et artificiales (I-II, q. II, a. 1).

Examinons ces deux sortes de richesses. Y trouverons-nous le bonheur ? En possédant les richesses naturelles ou les richesses artificielles, pouvons-nous dire que nous sommes vraiment et complètement heureux ?

Éliminons d'abord les richesses artificielles ; car, nous l'avons dit, elles ne sont qu'un moyen inventé par l'homme pour rendre plus facile la transmission de richesses naturelles ou d'autres biens (1). La valeur de ce moyen est celle de ce qu'il procure. Entasserions-nous l'or en énormes monceaux devant nous, si nous n'avions que cela, nous pourrions néanmoins périr d'inanition.

Quant aux richesses naturelles, voyons-en le caractère, la marque essentielle. Elles sont faites pour nous, et non pas nous pour elles (2). C'est nous qui sommes leur fin ; elles ne sont pas

(1) Divitiæ autem artificiales non quæruntur nisi propter naturales ; non enim quærerentur, nisi quia per eas emuntur res ad usum vitæ necessariæ : unde multo minus habent rationem ultimi finis (I-II, q. II, a. 1).

(2) Manifestum est autem quod in divitiis naturalibus beatitudo hominis esse non potest. Quæruntur enim hujusmodi divitiæ ad sustentandam naturam hominis ; et ideo non possunt esse ultimus finis hominis, sed magis ordinantur ad hominem sicut ad finem. Unde in ordine naturæ omnia hujusmodi sunt infra hominem et propter hominem facta (I-II, q. II, a. 1).

notre fin à nous-mêmes. Elles sont de nature inférieure à notre nature, destinées à parer à ses défaillances ou à l'aider dans son développement. Si elles sont, elles aussi, un moyen plutôt qu'une fin, il est évident qu'elles ne peuvent pas être notre fin dernière. Nous pouvons les posséder comme un moyen utile d'atteindre un autre but, mais ce n'est évidemment pas là le but dernier des efforts que la nature nous demande. D'ailleurs, la fin dernière où se trouve le bonheur, le perfectionnement achevé, ne peut pas être en un objet inférieur à l'homme, car manifestement l'homme tend à plus haut que lui-même.

Donc, les richesses ne sont pas la fin dernière de l'homme, et les posséder ne suffit pas pour lui donner le vrai bonheur, la félicité complète qu'il cherche (1).

Cependant, permettez-moi d'insister ; car enfin, l'amour de la richesse est de tous les temps, j'allais presque dire qu'il est un caractère spécial de notre époque.

Étudions donc d'un peu plus près le semblant de bonheur qui est le **partage du riche**.

---

(1) Impossibile est igitur beatitudinem, quae est ultimus finis hominis, in divitiis esse (I-II, q. ii, a. 1).

La richesse, dira-t-on, n'éveille-t-elle pas en l'homme le même désir que le souverain bien ? On aime la richesse d'un amour indéfini : plus on en a, plus on en veut avoir. N'est-ce pas précisément ce qui caractérise l'amour du bien suprême ? On désire toujours, parce que le souverain bien est si large et si profond qu'il ne peut être embrassé totalement par l'âme humaine.

Mais voyez la différence (1). Une richesse possédée est bientôt dédaignée, et l'on en cherche une autre : ou l'on poursuit un accroissement du même genre, mais en faisant vite peu de cas de la première possession. Le souverain bien, au contraire, plus on l'a, plus on est content de l'avoir ; ici, point de satiété : plus on jouit de ce bien, plus on s'y attache et plus on

---

(1) Aliter tamen est infinitum desiderium divitiarum et desiderium summi boni. Nam summum bonum quanto perfectius possidetur, tanto ipsum magis amatur et alia contemnuntur ; quia quanto magis habetur, magis cognoscitur... Sed in appetitu divitiarum et quorumcumque temporalium bonorum est e converso. Nam quando jam habentur, ipsa contemnuntur et alia appetuntur... ; et hoc ideo quia eorum insufficientia magis cognoscitur quum habentur. Et ideo hoc ipsum ostendit eorum imperfectionem, et quod in eis summum bonum non consistit (I-II, q. II, a. 1, ad 3).

est heureux. Tous les éléments qui le constituent ont leur valeur ; on les aime tous, on se complaît dans tout ce qui est de ce bien parfait. D'autre part, plus on le possède, plus on dédaigne les autres biens comme inférieurs, s'ils en sont séparés. Voilà les caractères que la raison reconnaît au véritable bonheur.

Au surplus, le désir indéfini des richesses ne s'applique guère aux richesses naturelles (1) : les besoins naturels de l'homme étant limités, s'ils sont satisfaits, la satiété doit suivre.

Il nous faut signaler une autre objection spécieuse. Tous les jours on entend dire : L'argent ne fait pas le bonheur, mais il sert à se le procurer ; c'est le grand instrument de tout bien, et c'est pour cela que nous en sommes avides. Nous avouons qu'il n'est pas la fin dernière. Mais, puisqu'il procure tout ce qui fait le bonheur, ne pouvons-nous pas dire que la possession de l'argent est le vrai moyen d'être heureux ?

Pure illusion ! Il n'est pas vrai qu'avec l'argent on puisse obtenir tout ce qu'on désire. De-

---

(1) Appetitus naturalium divitiarum non est infinitus, quia secundum certam mensuram sufficiunt naturæ (I-II, q. II, a. 1, ad 3).

mandez au millionnaire s'il est toujours facile d'acheter la santé ; demandez-lui s'il peut toujours l'acquérir à prix d'or pour ses proches : femme, enfants, amis. Et la mort ! pourra-t-on l'éloigner avec de l'argent ? On aura beau payer de belles funérailles : malgré toute son opulence, le riche ira au tombeau comme les autres mortels. Et puis, n'y a-t-il pas les biens de l'âme, que la fortune ne saurait donner (1) ? Suffit-il d'être riche, pour avoir de véritables amis ? Des flatteurs ou des clients intéressés, oui, c'est le cortège ordinaire des grandes fortunes, mais l'amitié dévouée ne les accompagne guère. Que dirai-je de la paix de l'esprit et du cœur, de l'élévation des idées, de l'amour des vérités éternelles ? Tout le monde sait que ces biens de premier ordre ne sont pas cotés sur le marché des valeurs vénales.

Conclusion : La richesse ne donne pas le bonheur.

II. — La félicité est-elle dans les honneurs ?

(1) Pecunia possunt haberi omnia venalia, non autem spiritualia, quæ vendi non possunt. Unde dicitur *Prov.* XVII, 16 : *Quid prodest stulto divitias habere, quum sapientiam emere non possit ?* (I-II, q. II, a. 1, ad 2).

Ici, la partie supérieure de l'homme paraît plus satisfaite. L'honneur, ce n'est pas quelque chose qui se mesure et qui se pèse ; c'est un bien moral, accordé à ce qu'il y a de spirituel dans notre nature : l'honneur est donc, semble-t-il, essentiel au bonheur.

Examinons cependant.

Je parle de l'honneur en lui-même. Or, l'honneur est un hommage rendu à l'excellence de l'homme ; il n'est pas cette excellence même (1). Il peut donc être la conséquence naturelle, légitime, du vrai bonheur ; il n'appartient pas à l'essence de la véritable félicité. C'est un accessoire ; ce peut être un digne accompagnement de la béatitude ; là n'est pas la béatitude.

Mais, objectera-t-on, cette distinction est trop subtile : l'honneur est la récompense légitime de la vertu ; il fait donc partie intégrante de ce qui est est essentiel au bonheur.

Il faut répondre que l'homme vertueux ne pratique pas la vertu précisément pour être ho-

---

(1) Honor enim exhibetur alicui propter aliquam ejus excellentiam, et ita est signum et testimonium quoddam illius excellentiæ, quæ est in honorato... Et ideo honor potest quidem consequi beatitudinem, sed principaliter in eo beatitudo consistere non potest (I-II, q. 2, a. 2).

noré ; tout au plus accepte-t-il l'honneur après avoir été vertueux, comme un témoignage d'estime (1). Et encore, disait finement saint Thomas, l'homme de bien accepte les honneurs que lui décernent les autres hommes parce qu'il voit que ceux-ci, pauvres comme lui, ne peuvent lui donner davantage ; mais, il sait qu'il y a une autre récompense plus haute, et, s'il est vraiment homme de bien, aucun honneur de ce monde ne lui paraîtra le digne prix de la vertu.

III. — Nous ferons des réflexions analogues au sujet de la gloire.

Qu'est-ce que la gloire ? C'est la notoriété du mérite jointe à la louange (2).

Comme l'honneur, elle peut être la conséquence de l'excellence véritable, et, par suite, du bonheur. La perfection de l'homme, qui

---

(1) Honor non est præmium virtutis propter quod virtuosi operantur; sed accipiunt honorem ab hominibus loco præmii, quasi a non habentibus ad dandum majus. Verum autem præmium virtutis est ipsa beatitudo, propter quam virtuosi operantur. Si autem propter honorem operarentur, jam non esset virtus, sed magis ambitio (I-II, q. II, a. 2, ad 1).

(2) Gloria nihil aliud est quam *clara notitia cum laude* (I-II, q. II, a. 3).

fait sa félicité, a pour juste rayonnement la notoriété et la louange de cette perfection.

Mais, comme pour les honneurs, si nous ne supposions pas un autre élément essentiel, la gloire manquerait de base : donc, en elle-même, elle ne peut être notre fin dernière (1). Ce qui le prouve bien, c'est que les hommes prodiguent la gloire même à des crimes, par exemple aux conquêtes de la force faites au mépris du droit (2).

Ajoutons cependant une observation. La science de Dieu est l'origine de toute chose. Si donc c'est Dieu qui nous donne la gloire, par la connaissance supérieure qu'il a de nos vertus, cette gloire est la cause de notre félicité, parce que nous ne serions rien, si Dieu ne nous avait vus dans sa science éternelle (3).

---

(1) Perfectio humani boni, quæ beatitudo dicitur, non potest causari a notitia humana; sed magis notitia humana de beatitudine alicujus procedit, et quodammodo causatur ab ipsa humana beatitudine vel inchoata vel perfecta. Et ideo in fama vel in gloria non potest consistere hominis beatitudo (I-II, q. II, a. 3).

(2) Humana notitia sæpe fallitur, et præcipue in singularibus contingentibus, cujusmodi sunt actus humani ; et ideo frequenter humana gloria fallax est (I-II, q. II, a. 3).

(3) Sed bonum hominis dependet, sicut ex causa, ex cogni-

IV. — Vient maintenant le pouvoir.

La puissance de faire quelque chose, et de faire beaucoup, constitue-t-elle le véritable bonheur ?

Non, veuillez le remarquer, le pouvoir, en tant que pouvoir, n'est pas encore un acte réalisé, il n'est qu'une capacité d'agir. Ce n'est donc pas ce que nous cherchons, quand nous poursuivons la réalité substantielle qui doit nous donner la béatitude.

Le pouvoir, en lui-même, n'est donc pas la fin dernière de l'homme.

Du reste, le pouvoir sert au mal comme au bien (1). Plus un homme est puissant, plus il est capable de mal faire, si sa volonté est pervertie. Or, la félicité, bien parfait de la nature

---

tione Dei ; et ideo ex gloria quæ est apud Deum, dependet beatitudo hominis sicut ex causa sua (I-II, q. II, a. 3).

(1) Impossibile est beatitudinem in potestate consistere, propter duo. Primo quidem, quia potestas habet rationem principii, ut patet in V *Metaph.*; beatitudo autem habet rationem ultimi finis. Secundo, quia potestas se habet ad bonum et ad malum ; beatitudo autem est proprium et perfectum hominis bonum : unde magis posset consistere beatitudo aliqua in bono usu potestatis, qui est per virtutem, quam in ipsa potestate (I-II, q. II, a. 4).

humaine, ne peut être mélangée de mal. Ce qui est vrai, c'est que le bon usage du pouvoir est un certain bonheur, quoique relatif et restreint.

Mais, on insiste et l'on dit : Dieu s'appelle le Tout-Puissant ; donc, plus grande est la puissance de l'homme, plus il ressemble à Dieu. Le pouvoir est donc le bonheur même.

Rappelons-nous qu'en Dieu les perfections se tiennent. S'il n'y avait en lui que la toute-puissance, il ne serait pas le vrai Dieu. Si Dieu est Dieu, c'est qu'il est à la fois omnipotence et bonté infinie (1). Donc, ce n'est point par le pouvoir, considéré tout seul, que nous ressemblerons à Dieu, c'est par le bon usage du pouvoir.

Avant d'aller plus loin, saint Thomas croit devoir grouper ensemble les quatre biens que nous venons de considérer : richesses, honneurs, gloire, pouvoir, et donner plusieurs raisons générales de leur insuffisance au regard du bonheur (2).

(1) Divina potestas est sua bonitas ; unde uti sua potestate non potest nisi bene. Sed hoc in hominibus non invenitur. Unde non sufficit ad beatitudinem quod homo assimiletur Deo quantum ad potestatem, nisi assimiletur ei quantum ad bonitatem (I-II, q. II, a. 4, ad 1).

(2) Possunt autem quatuor generales ratio es induci ad os-

D'abord, ils peuvent tous se trouver chez les bons comme les méchants : or, le bonheur parfait ne comporte pas le mal.

Puis, ceux qui les possèdent ont visiblement quelque chose encore à désirer : le bonheur ne laisse rien à souhaiter en dehors de lui.

En outre, ces biens peuvent engendrer quelque mal pour celui qui en jouit ; trop souvent, par exemple, ils sont une cause ou une occasion de déchéance morale pour ces prétendus heureux. Le bonheur véritable ne produit, n'amène que du bien.

Enfin, ces biens proviennent de causes extérieures, souvent de causes fortuites ; ce sont les biens de la fortune, ce qui veut dire du hasard. Le bonheur a son principe dans l'intime de l'âme humaine : c'est là qu'est l'inclination et c'est là que doit être ce qui la satisfait.

V. — Considérons, si vous le voulez, les biens du corps en général, notamment la santé.

Est-ce que ces biens nous donneront le bonheur ?

Le corps est comme la base de l'être humain.

tendendum quod in nullo præmissorum exteriorum bonorum beatitudo consistat (II, q. II, a. 4).

Si l'âme le quitte, l'homme est mutilé, il n'est plus une personne complète. Il semble donc que les biens du corps soient partie essentielle du bonheur de l'homme tout entier.

Mais, remarquez que la conservation de l'être humain ne peut pas être la fin dernière de l'homme (1). Ce n'est pas là qu'est le souverain bien qu'il cherche. Il vise à autre chose, il tend à quelque être supérieur à lui. Puisqu'il n'est pas à lui-même sa fin dernière, ce n'est pas simplement en conservant son être, qu'il sera parfaitement heureux.

En outre, les biens du corps sont destinés à faciliter les biens de l'âme (2). Nous le savons, c'est l'âme, dans ses facultés spirituelles, qui est l'élément supérieur et proprement humain de notre nature, et le corps nous est donné pour travailler au perfectionnement de cette haute partie de nous-mêmes.

(1) Impossibile quod illius rei quæ ordinatur ad aliud sicut ad finem, ultimus finis sit ejus conservatio in esse... Manifestum est autem quod homo ordinatur ad aliquid sicut ad finem, non enim homo est summum bonum. Unde impossibile est quod ultimus finis rationis et voluntatis humanæ sit conservatio humani esse (I-II, q. II, a. 5).

(2) Omnia bona corporis ordinantur ad bona animæ sicut ad finem. Unde impossibile est quod in bonis corporis beatitudo consistat, quæ est ultimus finis (I-II, q. II, a. 5).

Les biens du corps ne sont donc pas notre dernière fin.

A ce sujet, saint Thomas se pose une objection subtile, qui est dans l'esprit de l'école du moyen âge.

L'être, pourrait-on dire, vaut mieux que tout ; or, l'être de l'homme exige les biens du corps ; donc, ces biens sont essentiels au bonheur.

Il ne faut pas oublier que l'être supérieur à tout, c'est l'être parfait, l'être divin, existant par soi. En dehors de cet être absolu, il n'y a que des formes d'être dérivées, qui sont plus ou moins parfaites, selon le degré de leur participation à la perfection immuable de l'être premier. C'est ainsi que l'être avec la vie est supérieur à l'être brut, l'être avec la sensibilité plus parfait encore, l'être avec l'intelligence encore au dessus.

Une créature n'est pas l'être conçu par une abstraction rationnelle, mais tel ou tel être ; l'homme est un être, il n'est pas l'être. Il faut voir quel être il est, pour en conclure quel bonheur lui convient. Or, il n'est pas principalement un être corporel (1) ; donc, les biens du

(1) Esse enim hominis consistit in anima et in corpore ; et, quamvis esse corporis dependeat ab anima, esse tamen huma-

corps ne constituent pas principalement le bonheur humain.

VI. — La volupté contiendra-t-elle la félicité parfaite ?

Il y a deux manières d'entendre la volupté.

Ce mot peut signifier, en général, plaisir, délectation, et s'appliquer à toutes les délectations, à tous les plaisirs. Prenons d'abord la volupté dans ce sens, pour lui faire honneur.

La volupté ou la délectation peut-elle être considérée comme la fin dernière de l'homme ? Non, car elle n'a pas sa raison d'être en elle-même ; elle est un complément, une perfection naturelle ajoutée à la possession du bien (1).

næ animæ non dependet a corpore, ut supra ostensum est, l, q. LXXV, a. 2, et xc, a. 2, ipsumque corpus est propter animam, sicut materia propter formam, et instrumenta propter motorem, ut per ea suas actiones exerceat (I-II, q. II, a. 5).

(1) Omnis delectatio est quoddam proprium accidens, quod consequitur beatitudinem vel aliquam beatitudinis partem. Ex hoc enim aliquis delectatur, quia habet bonum aliquod sibi conveniens, vel in re, vel in spe, vel saltem in memoria. Bonum autem conveniens, siquidem sit perfectum, est ipsa hominis beatitudo ; si autem sit imperfectum, est beatitudo quædam participata, vel propinqua, vel remota, vel saltem apparens. Unde manifestum est quod nec ipsa delectatio quæ sequitur bonum perfectum, est ipsa essentia beatitudinis, sed quoddam consequens ad ipsam, sicut per se accidens (I-II, q. II, a. 6).

On a du plaisir parce que l'on jouit d'un bien.

Le mot : jouissance, en français, est, comme le mot : ordre, un de ces termes amphibologiques qui conservent la marque de l'ancienne philosophie. Jouissance est la traduction du mot latin : *fruitio*. Jouir veut dire d'abord : posséder quelque chose ; et veut dire aussi : avoir du plaisir à le posséder. La seconde signification est dérivée de la première. Le plaisir est une réalité, mais il n'existerait pas s'il n'y avait pas la possession de quelque chose pour faire plaisir.

La volupté, entendue dans le sens général de délectation, n'est donc pas, en elle-même, le principe du bonheur. Comme il faut un autre bien dont on jouisse, pour que naisse la meilleure délectation, c'est plutôt cet autre bien qui peut être la cause principale du bonheur.

La volupté, dans une acception plus restreinte, est le plaisir sensible. Cette volupté non seulement n'est pas le bien parfait, elle n'en est même pas la conséquence directe ; car, elle dépend du corps, comme le bien sensible qui l'engendre : or, nous venons de le voir, tout ce qui tient au corps est inférieur à notre fin dernière.

A cette occasion, saint Thomas retrace la supériorité des facultés intellectuelles (1). Il n'y a pas de proportion entre l'esprit et la matière; l'homme est composé de ces deux éléments, mais il n'y a pas de commune mesure entre ces deux parties de sa constitution. Tout ce qui est matériel est individuel, limité à ceci ou à cela. L'esprit a une plus large envergure: il va, par l'absolu, à l'universel, parce que l'universel découle de l'absolu. Ainsi, l'âme, dans ses facultés rationnelles, dépasse infiniment la matière corporelle. Elle a une sorte d'infinité, par ses puissances intellectuelles; en effet, par elles elle atteint l'universel, qui, précisément parce qu'il est dégagé de toute matière, contient en soi une infinité de singuliers.

(1) Quum enim anima rationalis excedat proportionem materiæ corporalis, pars animæ quæ est ab organo corporeo absoluta, quamdam habet infinitatem respectu ipsius corporis et partium animæ corpori concreatarum : sicut invisibilia sunt quodammodo infinita respectu materialium, eo quod forma per materiam quodammodo contrahitur et finitur ; unde forma a materia absoluta est quodammodo infinita. Et ideo sensus, qui est vis corporalis, cognoscit singulare quod est determinatum per materiam ; intellectus vero, qui est vis a materia absoluta, cognoscit universale quod est abstractum a materia et continet sub se infinita singularia. Unde patet quod bonum conveniens corpori, quod per apprehensionem sensus delectationem corporalem causat, non est perfectum bonum hominis, sed est

La conclusion est celle-ci : Le bien convenable au corps, d'où vient la volupté corporelle, est comme sans valeur, comparé au bien de l'âme, et, partant, ne saurait être le bien parfait de l'homme. Donc, la volupté corporelle n'est pas même l'accessoire propre de notre vraie félicité.

Mais, pourrait-on dire, la délectation est aimée pour elle-même ; elle est le terme de toutes les aspirations humaines. Si ce n'est pas la volupté corporelle qui est ainsi poursuivie, c'est au moins une certaine délectation, un certain plaisir. C'est là que tendent tous nos efforts, c'est le but final de toutes nos inclinations. Une certaine volupté est donc notre fin dernière, notre béatitude.

Il est important de regarder de près cette objection.

Si l'on entend par volupté, une jouissance comprenant à la fois la possession du bien et la délectation qui en émane, et si l'on considère cette jouissance comme le terme de l'inclination, on peut dire qu'elle est aimée pour elle-même et non pour autre chose, et qu'une telle

minimum quiddam in comparatione ad bonum animae... Sic igitur neque voluptas corporalis est ipsa beatitudo, nec est per se accidens beatitudinis (I-II, q. II, a. 6).

volupté est la fin dernière (1). Mais si, par l'intelligence, on pénètre plus profondément, si l'on recherche, par elle, quelle est la raison qui fait désirer la volupté, on voit que la délectation n'a pas sa raison d'être en elle-même, qu'elle suppose toujours un bien dont on jouisse avec plaisir : c'est ce bien qui est le principe de la volupté. Donc, il faut autre chose que la délectation pour donner à l'homme son véritable bonheur.

Rien ne s'oppose à reconnaître que la délectation est une conséquence immédiate de la possession du bien suprême et, par conséquent, accompagne le bonheur. Mais, ce n'est pas la délectation même qui est essentiellement la béatitude (2).

(1) Ejusdem rationis est quod appetatur bonum et quod appetatur delectatio, quæ nihil est aliud quam quietatio appetitus in bono ; sicut ex eadem virtute naturæ est quod grave feratur deorsum et quod ibi quiescat. Unde sicut bonum propter seipsum appetitur, ita et delectatio propter se et non propter aliud appetitur, si ly propter dicat causam finalem ; si vero dicat causam formalem vel potius causam motivam, sic delectatio est appetibilis propter aliud, id est propter bonum, quod est delectationis objectum, et per consequens est principium ejus et dat ei formam. Ex hoc enim delectatio habet quod appetatur, quia est quies in bono desiderato (I-II, q. II, a. 6, ad 1).

(2) Unde non sequitur quod delectatio sit maximum et per

Oui, il est une délectation que l'on doit considérer comme l'apanage de la parfaite félicité. La possession du souverain bien donne la suprême joie, et cette possession joyeuse est la béatitude. Mais, n'oublions pas que, dans ce bonheur définitif, la délectation n'est qu'une conséquence de l'union de l'âme avec le bien parfait (1).

VII. — Les biens de l'âme sont-ils la fin dernière de l'homme ?

Considérons d'abord l'âme en elle-même.

Arrive-t-elle en ce monde avec tout le développement qu'elle peut avoir ? Évidemment non ; elle a des puissances, et ces puissances s'actualisent, se développent. Elle acquiert ainsi la science, la vertu. Elle n'est donc pas fin dernière, puisqu'elle est ordonnée à d'autres fins (2).

---

se bonum, sed quod unaquæque delectatio consequatur aliquod bonum, et aliqua delectatio consequatur id quod est per se et maximum bonum (I-II, q. II, a. 6, ad 3).

(1) Delectatio non habet quod sit optimum ex hoc quod est delectatio, sed ex hoc quod est perfecta quies in optimo (I-II, q. XXXIV, a. 3, ad 3).

(2) Ipsa enim anima in se considerata est ut in potentia existens ; fit enim de potentia sciente actu sciens, et de potentia virtuosa actu virtuosa. Quum autem potentia sit propter actum sicut propter complementum, impossibile est quod id quod est

D'autre part, dans les actes de l'âme trouverons-nous le bonheur ?

Ces actes ont quelque perfection ; ils ne sont pas l'acte parfait ; ils n'ont qu'une perfection limitée, relative, et non pas la perfection essentielle et absolue (1). L'intelligence humaine le sait, le voit, et elle sait aussi que la volonté de l'homme tend au bien parfait en soi.

L'âme n'est donc, ni par elle-même, ni par ses puissances, ni par ses actes, notre fin dernière : si, toutefois, permettez-moi de vous le faire observer, nous envisageons le bonheur au point de vue de l'objet que nous poursuivons pour être heureux.

Mais, si nous appelons bonheur la possession de cet objet, nous aurons un autre aspect de la félicité. L'âme est, à cet égard, un élément essentiel du bonheur ; car, c'est par notre âme

---

secundum se in potentia existens, habeat rationem ultimi finis. Unde impossibile est quod ipsa anima sit ultimus finis sui ipsius (I-II, q. II, a. 7).

(1) Bonum enim quod est ultimus finis, est bonum perfectum complens appetitum. Appetitus autem humanus, qui est voluntas, est boni universalis ; quodlibet autem bonum inhærens ipsi animæ est bonum participatum et per consequens particulatum. Unde impossibile est quod aliquid eorum sit ultimus finis hominis (I-II, q. II, a. 7).

que nous aurons la jouissance du bien final (1).

Ainsi, l'objet dans lequel réside la béatitude, est autre que l'âme ; mais la possession de cet objet est quelque chose de l'âme elle-même, et cela est la béatitude.

En somme, aucun bien créé ne peut être la fin dernière de l'homme, parce que sa volonté a pour objet le bien universel, comme son entendement le vrai universel (2).

Or, ce n'est pas l'universel en quantité qui est objet de l'entendement, mais l'absolu, universel parce qu'il est absolu.

Donc, aucune quantité, même l'univers, ne

(1) Sed si loquamur de ultimo fine hominis quantum ad ipsam adeptionem vel possessionem seu quemcumque usum ipsius rei quæ appetitur ut finis, sic ad ultimum finem pertinet aliquid hominis ex parte animæ, quia homo per animam beatitudinem consequitur. Res ergo ipsa quæ appetitur ut finis, est id in quo beatitudo consistit et quod beatum facit ; sed hujus rei adeptio vocatur beatitudo : unde dicendum est quod beatitudo est aliquid animæ ; sed id in quo consistit beatitudo, est aliquid extra animam (I-II, q. II, a. 7).

(2) Objectum autem voluntatis, quæ est appetitus humanus, est universale bonum, sicut objectum intellectus est universale verum : ex quo patet quod nihil potest quietare voluntatem hominis nisi bonum universale, quod non invenitur in aliquo creato, sed solum in Deo, quia omnis creatura habet bonitatem participatam (I-II, q. II, a. 8).

peut être fin dernière pour la volonté. L'univers lui-même est ordonné à un absolu, qui est Dieu, comme à sa dernière fin, mais il ne le connaît pas et il ne tend à lui qu'indirectement (1). L'intelligence humaine, conduite par ses principes rationnels, s'élève à une connaissance abstraite de l'absolu divin, et la volonté, à sa suite, aspire à posséder Dieu.

Certains philosophes de nos jours parlent, eux aussi, de l'universel. Celui que nous avons rencontré à propos du libre arbitre, en parle assez souvent, et, si on ne le lisait pas avec attention, on pourrait croire que son universel est le même que le nôtre. Il n'en est rien, cependant : le sien n'est que l'universalité des existences, et non pas l'absolu.

Le positivisme, dont je puis nommer les fondateurs, puisqu'ils ne sont plus : Auguste Comte, Littré, le positivisme assigne quelquefois l'humanité, dans son progrès collectif, comme fin

---

(1) Si totum aliquod non sit ultimus finis, sed ordinetur ad finem ulteriorem, ultimus finis partis non est ipsum totum, sed aliquid aliud. Universitas autem creaturarum, ad quam comparatur homo ut pars ad totum, non est ultimus finis, sed ordinatur in Deum sicut in ultimum finem. Unde bonum universi non est ultimus finis hominis, sed ipse Deus (I-II, q. II, a. 8, ad 2).

dernière à l'action de l'homme. Qu'il s'agisse de l'humanité, de notre planète ou de l'univers, aucun de ces objets, si grands qu'ils soient en extension, n'est comparable à l'Être absolument universel que conçoit notre entendement et vers lequel est inclinée notre volonté. Cet universel, c'est Dieu lui-même.

Dieu donc, et non l'humanité et non l'univers, est la fin dernière de l'homme. Lui seul, nous l'avons proclamé déjà, peut remplir la volonté humaine ; en lui seul est notre parfaite félicité (1).

(1) Unde solus Deus voluntatem hominis implere potest... In solo igitur Deo beatitudo hominis consistit (I-II, q. II, a. 8).

II

CE QU'EST LE BONHEUR.

I. — Le bonheur, entendu comme possession du souverain bien, est une perfection créée dans l'âme. Différence avec la béatitude de Dieu. Le bonheur est une opération de l'âme : Aristote et saint Thomas. Caractères de cette opération.
II. — Le bonheur n'est ni une opération sensitive, ni essentiellement une opération de la volonté, mais une opération de l'entendement, de l'intelligence spéculative, et non de l'intelligence pratique. Belle page d'Aristote.
III. — Différence entre l'inclination intellectuelle et l'inclination sensible au regard de la tendance vers la délectation. La possession du bien parfait n'est pas autre chose que la vision intellectuelle.
IV. — Participation du corps au bonheur final de l'homme. Rôle de l'amitié humaine dans la béatitude de l'autre vie.
Le bonheur de la vie présente est tout à fait incomplet.

Après avoir vu ce que le bonheur n'est pas, voyons avec quelques détails ce qu'il est.

Je n'ai plus rien à dire sur l'objet du bonheur : j'ai nommé Dieu, cela suffit.

Il me reste à étudier avec vous les caractères du bonheur entendu comme possession du souverain bien.

I. — Cette félicité est-elle quelque chose de créé dans l'âme ?

Sans doute, l'objet du bonheur, c'est l'incréé même, puisque c'est Dieu. Mais, du côté de l'homme, le bonheur est une perfection définitive créée dans l'âme, puisque tout ce qui tient à l'âme est créé (1).

C'est la différence entre notre béatitude et celle de Dieu. En lui, tout est essentiel ; dans son être, ne se distinguent pas des puissances et leurs actes; il est tout entier essentiellement acte. Par son essence même, il connaît son essence et en jouit avec délectation. Par conséquent, en lui rien n'est accessoire, rien n'est complément ; il est son propre complément, sa perfection et sa béatitude à lui-même (2). Nous, au

(1) Secundo autem modo, ultimus finis hominis est creatum aliquid in ipso existens ; quod nihil est aliud quam adeptio vel fruitio finis ultimi. Ultimus autem finis vocatur beatitudo. Si ergo beatitudo hominis consideretur quantum ad causam vel objectum, sic est aliquid increatum ; si autem consideretur quantum ad ipsam essentiam beatitudinis, sic est aliquid creatum (I-II, q. III, a. 1).

(2) Deus est beatitudo per essentiam suam : non enim per adeptionem aut participationem alicujus alterius beatus est, sed per essentiam suam. Homines autem sunt beati, sicut dicit Boe-

contraire, pour être heureux, nous avons besoin d'un perfectionnement ajouté aux puissances de notre être.

Mais, pour cela, faudra-t-il que nous recevions passivement quelque chose du dehors, ou bien sera-ce une opération de nous-mêmes qui sera notre bonheur final ?

Il semble que nous soyons sur le point de pénétrer dans la plus haute théologie, bien que je fasse tous mes efforts pour y entrer le moins possible. Voyez, cependant, la largeur d'esprit de ce théologien du moyen âge qui s'appelait saint Thomas. Ici même, il ne dédaigne pas de donner à sa thèse une formule empruntée à Aristote. Il se propose de démontrer que c'est par une opération de nous-mêmes que nous prenons possession de Dieu, et il ne croit pas pouvoir mieux faire que d'inscrire en tête de son argumentation cette maxime du philosophe païen (1) : « La félicité est une opération suivant une vertu parfaite ».

tius, per participationem... : ipsa autem participatio beatitudinis, secundum quam homo dicitur beatus, aliquid creatum est (I-II, q. III, a. 1, ad 1).

(1) Sed contra est quod Philosophus dicit, in 1 *Ethic.*, cap. VII; quod *felicitas est operatio secundum virtutem perfectam* (I-II, q. III, a. 2).

Puisque saint Thomas nous a donné l'exemple, je vous citerai exactement la phrase tout entière d'Aristote (1) : « Le bien de l'homme est une action de l'âme suivant une vertu, et, s'il y a plusieurs vertus, suivant la meilleure et la plus parfaite ; et aussi, dans une vie complète ».

Il est assez facile de prouver que le bonheur doit être dans l'âme une opération. En effet, il est le dernier perfectionnement de l'homme. Or, une puissance, une capacité de devenir ou de faire, est ordonnée à ses actes. Ce n'est donc pas une puissance qui peut être la perfection dernière ; il faut que ce soit un acte. Mais, l'opération est le dernier acte de l'homme, puisqu'il est fait pour agir (2). Ainsi, la science habituelle n'est pas la dernière perfection de l'intelligence, puisque le savoir, à l'état d'habitude, est en puissance par rapport à la considé-

---

(1) Τὸ ἀνθρώπινον ἀγαθὸν ψυχῆς ἐνέργεια γίνεται κατ' ἀρετήν, εἰ δὲ πλείους αἱ ἀρεταί, κατὰ τὴν ἀρίστην καὶ τελειοτάτην· ἔτι δ' ἐν βίῳ τελείῳ (Hθικ. Νικομ., I, vii).

(2) Est enim beatitudo ultima hominis perfectio. Unumquodque autem intantum perfectum est inquantum est actu : nam potentia sine actu imperfecta est. Oportet ergo beatitudinem in ultimo actu hominis consistere. Manifestum est autem quod operatio est ultimus actus operantis... Necesse est ergo beatitudinem hominis operationem esse (I-II, q. III, a. 2).

ration actuelle de la vérité connue. C'est donc dans une opération actuelle de quelqu'une de nos facultés, de nos puissances, que se trouvera la possession du souverain bien, c'est-à-dire le bonheur.

Cherchons les caractères de cette opération.

Sera-ce une action transitive, dont l'effet ne peut être qu'une modification d'une chose extérieure ? Par exemple, l'ouvrier qui a fait cette table, a agencé le bois en une certaine forme; son action a passé au dehors de lui-même. Évidemment, ce n'est pas par une opération de ce genre que nous pourrons avoir le bonheur ; car, c'est nous-mêmes qu'il s'agit de rendre heureux (1). Il faut que ce soit une opération interne, une action immanente, comme la pensée ou le sentiment.

Nous avons vu qu'Aristote ajoute à sa définition : « Et aussi dans une vie complète ».

Il ne suffit donc pas, pour être pleinement

---

(1) Sicut dicitur in IX *Metaph.*, duplex est actio. Una quæ procedit ab operante in exteriorem materiam, sicut urere et secare ; et talis operatio non potest esse beatitudo : nam talis operatio non est actus et perfectio agentis, sed magis patientis, ut ibidem dicitur. Alia est actio manens in ipso agente, ut sentire, intelligere et velle ; et hujusmodi actio est perfectio et actus agentis ; et talis operatio potest esse beatitudo (I-II, q. III, a. 2, ad 3).

heureux, de jouir un instant du bonheur. Loin de là : l'homme aspire à être heureux toujours, dans l'unité et la continuité d'une béatitude immuable. La perfection dernière, précisément parce qu'elle est le complément définitif de l'être, ne comporte, dans ce qu'elle a d'essentiel, ni variation, ni interruption.

Aristote dit, à cet égard, avec autant de poésie que de raison (1) : « Une seule hirondelle ne fait pas le printemps, ni un seul jour ; de même, un seul jour ni un peu de temps ne fait pas l'homme vraiment heureux ».

J'ai plaisir à citer ce Grec. Il semble que la mer et le ciel bleu aient communiqué leur beauté harmonieuse à son langage comme à sa pensée : je crois voir un rayon de soleil éclairer ses ouvrages. Une philosophie est heureuse de se trouver ainsi revêtue, et je me plais à vous la présenter sous cette forme. Cet aspect lui va si bien !

Saint Thomas remarque, à ce propos, qu'Aristote parle du bonheur de la vie présente et le donne comme imparfait, proportionné à l'in-

---

(1) Μία γὰρ χελιδὼν ἔαρ οὐ ποιεῖ, οὐδὲ μία ἡμέρα· οὕτω δὲ οὐδὲ μακάριον καὶ εὐδαίμονα μία ἡμέρα οὐδ' ὀλίγος χρόνος (Ηθικ. Νικομ., l. VII).

firmité actuelle de l'humanité (1). « S'il en est ainsi, dit le Stagirite, nous appellerons heureux ceux des vivants qui ont et auront les biens que nous avons dits, mais heureux comme des hommes » (2).

II. — Quelle est donc l'opération qui méritera le nom de bonheur ?

Sera-ce une opération sensitive ? Mais non, cela n'est pas le propre de la vie humaine (3). La perfection de l'homme ne saurait être dans la vie sensible. Par les sens, nous ne pouvons prendre possession du souverain bien, puisque le souverain bien, c'est Dieu, l'esprit absolument pur.

---

(1) Philosophus, in I *Ethic.*, cap. x, ponens beatitudinem hominis in hac vita, dicit eam imperfectam, post multa concludens : *Beatos autem dicimus, ut homines* (I-II, q. III, a. 2).

(2) Εἰ δ' οὕτω, μακαρίους ἐροῦμεν τῶν ζώντων οἷς ὑπάρχει καὶ ὑπάρξει τὰ λεχθέντα, μακαρίους δ' ἀνθρώπους (Ἠθικ. Ν. κομ., I, X).

(3) Essentialiter quidem non potest pertinere operatio sensus ad beatitudinem. Nam beatitudo hominis consistit essentialiter in conjunctione ipsius ad bonum increatum, quod est ultimus finis, ut supra ostensum est, a. 1 hujus quæst., cui homo conjungi non potest per sensus operationem ; similiter etiam quia, sicut ostensum est, q. II, a. 5, in corporalibus bonis beatitudo hominis non consistit, quæ tamen sola per sensus operationem attingimus (I-II, q. III, a. 3).

Cependant, les opérations sensitives peuvent servir comme préparation à la vie intellectuelle, par laquelle nous sommes plus près de Dieu. Elles sont utiles au bonheur imparfait qui nous est permis en ce monde, où nous ne pouvons, dans l'ordre naturel, nous détacher entièrement de la vie corporelle et sensible. Nous verrons, d'ailleurs, que la béatitude définitive de l'homme tout entier aura son rejaillissement dans la région sensible (1).

Mais, une opération intellectuelle proprement dite pourra seule être le bonheur parfait, puisque par elle seule nous pourrons nous unir à Dieu.

La question est de savoir si cette opération intellectuelle est de l'intelligence ou de la volonté ; car, nous le savons, la volonté a, elle aussi, une nature intellectuelle.

(1) Possunt autem operationem sensus pertinere ad beatitudinem antecedenter et consequenter. Antecedenter quidem secundum beatitudinem imperfectam, qualis in præsenti vita haberi potest ; nam operatio intellectus præexigit operationem sensus. Consequenter autem in illa perfecta beatitudine, quæ expectatur in cœlo... In perfecta beatitudine perficitur totus homo, sed in inferiori parte per redundantiam a superioribus; in beatitudine autem imperfecta præsentis vitæ e converso a perfectione inferioris partis proceditur ad perfectionem superioris (I-II, q. III, a. 3, corp. et ad 3).

Comme tout à l'heure, il faut distinguer l'essence du bonheur et sa conséquence immédiate (1). Sans doute, le bonheur parfait engendre, dans la volonté, une délectation supérieure : cette joie est un complément légitime et direct, que l'on peut appeler bonheur. Mais, essentiellement, la béatitude est un acte de l'intelligence.

Pour nous en convaincre, détaillons les inclinations de la volonté à l'égard du bien (2). En elle, d'abord, est une prédisposition fonda-

---

(1) Essentia beatitudinis in actu intellectus consistit. Sed ad voluntatem pertinet delectatio beatitudinem consequens..., quia scilicet ipsum gaudium est consummatio beatitudinis (I-II, q. III, a. 4).

(2) Quantum ad id quod est essentialiter ipsa beatitudo, impossibile est quod consistat in actu voluntatis. Manifestum est enim ex præmissis, a. 1 hujus quæst., quod beatitudo est consecutio finis ultimi. Consecutio autem finis non consistit in ipso actu voluntatis ; voluntas autem fertur in finem et absentem, quum ipsum desiderat, et præsentem, quum in ipso requiescens delectatur. Manifestum est autem quod ipsum desiderium finis non est consecutio finis, sed est motus ad finem. Delectatio autem advenit voluntati ex hoc quod finis est præsens ; non autem e converso ex hoc aliquid fit præsens, quia voluntas delectatur in ipso. Oportet igitur aliquid aliud esse quam actum voluntatis, per quod fit finis ipse præsens voluntati. Nam a principio volumus consequi finem intelligibilem ; consequimur autem ipsum per hoc quod fit præsens nobis per actum intellectus ; et tunc voluntas delectata conquiescit in fine jam adepto (I-II, q. III, a. 4).

mentale, un amour intime : ce n'est pas là, évidemment, que nous trouverons le bonheur définitif, puisqu'il ne s'agit pas encore d'une tendance actuelle. Après cet amour primitif, vient le premier développement d'appétit, que nous avons appelé le désir ; le bonheur n'existe pas encore ; c'est un acheminement, ce n'est pas le terme.

Il reste la délectation, la joie. Mais, nous avons vu qu'il n'y a pas de délectation sans la possession d'un bien. Par conséquent, ce n'est pas la dernière délectation, à proprement parler, qui est essentiellement le bonheur. Elle suppose la présence du bien final : il faut donc qu'une opération, autre que celle de la volonté, rende le bien présent, et, comme la volonté est de nature intellectuelle, l'intelligence seule peut lui présenter le bien final.

Cette conclusion est très importante à retenir.

D'autres philosophes, au moins en apparence, ont pu considérer la joie, la délectation, comme l'essentiel du bonheur. Pour saint Thomas, ce n'est pas un acte de la volonté qui est le fondement de la béatitude ; il faut un acte d'une autre puissance, et, comme il s'agit de la région supérieure de l'homme, cette autre faculté ne peut être que l'intelligence. Nous retrouvons ici la prééminence de l'entendement. Eu égard à la tendance de l'être vers sa fin, la volonté est la première activité impulsive, et elle a la puissance de mouvoir l'intelligence elle-même ; mais, c'est l'intelligence qui l'éclaire et qui lui fournit la raison même de la tendance volontaire, par la connaissance de l'objet digne d'amour (1).

Suivant sa manière d'opérer, l'intelligence se divise en spéculative et pratique. L'intelligence pratique considère la vérité en l'ordonnant à une action ; elle conclut : Il convient maintenant d'agir ainsi. L'intelligence spéculative contemple le vrai en lui-même, uniquement parce qu'il est la vérité.

Est-ce par l'intelligence spéculative, ou par l'intelligence pratique, que nous prendrons possession du bien parfait ?

Saint Thomas soutient que c'est par l'entendement spéculatif, et voici les raisons qu'il donne (2).

(1) Finem primo apprehendit intellectus quam voluntas : tamen motus ad finem incipit in voluntate ; et ideo voluntati debitur id quod ultimo consequitur consecutionem finis, scilicet delectatio vel fruitio (I-II, q. III, a. 4, ad 3).

(2) Optima autem potentia est intellectus, cujus objectum op

C'est l'absolu divin que nous devons **atteindre**, c'est de lui que nous devons prendre possession. Or, ce n'est que par la vision spéculative que nous pourrons en quelque manière saisir cet absolu divin.

L'intelligence pratique est toujours ordonnée à l'action ; c'est sa définition même. Mais, l'action elle-même est ordonnée à autre chose, à une fin. Par conséquent, l'intelligence pratique, ayant pour but l'action, ne saisit point la fin dernière, puisque l'action elle-même tend à une autre fin.

Il faut donc, pour la béatitude, que nous ayons la connaissance spéculative de la fin dernière elle-même.

timum est bonum divinum ; quod quidem non est objectum practici intellectus, sed speculativi : unde in tali operatione, scilicet in contemplatione divinorum, maxime consistit beatitudo... Contemplatio maxime quæritur propter seipsam ; actus autem intellectus practici non quæritur propter seipsum, sed propter actionem ; ipsæ autem actiones ordinantur ad aliquem finem : unde manifestum est quod ultimus finis non potest consistere in vita activa, quæ pertinet ad intellectum practicum... In vita contemplativa homo communicat cum superioribus, scilicet cum Deo et angelis, quibus per beatitudinem assimilatur ; sed in his quæ pertinent ad vitam activam, etiam alia animalia cum homine aliqualiter communicant, licet imperfecte : et ideo ultima et perfecta beatitudo, quæ expectatur in futura vita, tota principaliter consistit in contemplatione (I-II, q. III, a. 5).

Au surplus, la vie pratique appartient, à un certain degré, aux animaux inférieurs à l'homme, tandis que, par la vie spéculative, nous avons quelque ressemblance avec les esprits purs et avec Dieu : par cette vie supérieure, non par l'autre, nous obtiendrons notre perfection.

Ainsi, c'est par l'entendement spéculatif que nous pourrons avoir le bonheur. La contemplation est l'essence même de la félicité suprême, du côté de l'homme. Dans une vie meilleure, que le christianisme nous promet, cette contemplation aura tous les caractères de la vraie béatitude (1) : nous contemplerons un seul objet, Dieu lui-même ; notre vision sera continue, immuable ; nous serons dans l'éternité, autant que nous pourrons l'être.

En ce monde, la contemplation est limitée : nous ne pouvons nous y livrer qu'à certaines heures ; et même, il faut le reconnaître, le bonheur, en cette vie, ne peut comprendre qu'un mélange de contemplation et de vie active, parce que l'état naturel de l'homme est ordonné, non seulement à l'exercice de ses facultés intel-

---

(1) Una et continua et sempiterna operatione in illo beatitudinis statu mens hominis Deo conjungitur (I-II, q. III, a. 2 ad 4).

lectuelles, mais aussi à l'action (1). C'est dans cette combinaison de vie spéculative et de vie pratique que réside le bonheur imparfait de la vie présente. Mais, il faut se rappeler que la vie pratique est toujours inférieure. Plus nous aurons, dans notre vie, de contemplation appliquée à Dieu, plus il nous sera possible de toucher au bonheur parfait, dans la mesure où il nous est accordé d'y atteindre.

La vie pratique se divise en une multitude d'occupations. En elle-même, au contraire, la contemplation est une opération uniforme, constante (2). Si l'on est obligé de la suspendre,

(1) Beatitudo autem imperfecta, qualis hic haberi potest, primo quidem et principaliter consistit in contemplatione, secundario vero in operatione practici intellectus ordinantis actiones et passiones humanas, ut dicitur in X *Ethic.*, cap. vii et viii (I-II, q. iii, a. 5). — Secundum statum præsentis vitæ est ultima perfectio secundum operationem qua homo conjungitur Deo; sed hæc operatio nec continua potest esse, et per consequens nec unica est, quia operatio interscissione multiplicatur... In præsenti vita, quantum deficimus ab unitate et continuitate talis operationis, tantum deficimus a beatitudinis perfectione; est tamen aliqua participatio beatitudinis, et quanto operatio potest esse magis continua et una, tanto plus habet rationem beatitudinis (I-II, q. iii, a. 2, ad 4).

(2) In activa vita, quæ circa multa occupatur, est minus de ratione beatitudinis quam in vita contemplativa, quæ versatur circa unum, id est circa veritatis contemplationem. Etsi ali-

on peut la reprendre un peu plus tard et on la retrouve la même ; on peut même ordonner la suspension nécessaire, pour le sommeil par exemple, à l'exercice de la contemplation même, comme un moyen de le rendre plus facile.

Nous voilà transportés par saint Thomas à des hauteurs qui semblent peu accessibles à la nature humaine. Et cependant, l'auteur de la *Somme théologique* se réfère encore à Aristote, pour établir cette doctrine qui tient à ce qu'il y a de plus élevé dans la théologie chrétienne.

Je vous ai cité deux phrases du septième chapitre du dixième livre de l'*Éthique à Nicomaque*, quand nous avons parlé de la délectation proprement humaine. Or, saint Thomas, dans la *Somme théologique*, indique ce septième chapitre à propos de la vie contemplative (1). Je voudrais vous en traduire toute la dernière par-

---

quando homo actu non operetur hujusmodi operationem, tamen, quia in promptu habet eam, semper potest operari ; et quia etiam ipsam cessationem (puta ratione somni vel occupationis alicujus naturalis) ad operationem prædictam ordinat, quasi videtur operatio continua esse (I-II, q. III, a. 2, ad 4).

(1) Et quia *unusquisque videtur esse id quod est optimum in eo*, ut dicitur in IX *Ethic.*, cap. IV et VIII, et X, cap. VII ad finem, ideo talis operatio est maxime propria homini et maxime delectabilis (I-II, q. III, a. 5).

tie ; je ne crois pas qu'il y ait dans Platon même une plus belle page. Il y a peut-être plus d'imagination dans Platon, mais je ne connais pas de lui un morceau plus élevé et plus solide. Il faut lire ce passage d'Aristote pour comprendre à quel point il a entrevu la vérité chrétienne sur le bonheur.

« Parmi les actions des vertus, celles qui ont trait à la politique et à la guerre sont excellentes par leur beauté et leur grandeur, mais elles sont agitées, et poursuivies pour une autre fin, non pas préférées pour elles-mêmes. Au contraire, l'action de l'intelligence, si elle est contemplative, est manifestement supérieure par sa gravité, et ne poursuit aucune autre fin en dehors d'elle : le plaisir lui appartient en propre, et il augmente l'énergie de l'action ; elle se suffit à elle-même, elle est tranquille et sans fatigue, autant qu'il est possible à l'homme, et elle possède toutes les autres qualités qu'on attribue au bonheur. C'est elle qui est la félicité parfaite de l'homme, si elle dure pendant une vie complète ; car, rien n'est incomplet de ce qui fait partie du bonheur. Une telle vie est supérieure à ce qui est de l'homme : ce n'est pas par ce qui est humain en lui qu'il vivra ainsi, mais par ce qu'il a de divin en lui-même. Autant ce divin est au dessus du composé, autant cette opération de l'intelligence est au dessus de l'action de toute autre vertu. Si donc l'esprit est quelque chose de divin en comparaison de l'homme, la vie selon l'esprit est aussi quelque chose de divin en comparaison de la vie humaine. Ne suivons pas les conseils de ceux qui nous disent : Celui qui est homme doit penser à ce qui est humain, le mortel à ce qui est mortel. Au contraire, il faut, autant que possible, nous immortaliser, et tout faire pour vivre selon ce qui est le meilleur en nous : car, si cette partie de nous-mêmes est petite au point de vue du volume, elle l'emporte de beaucoup sur toutes les autres par la puissance et la dignité. On pourrait même dire que chacun de nous est cela même, puisque c'est le principal et le meilleur de nous-mêmes : il ne serait pas rationnel de choisir, non pas sa propre vie, mais celle d'un autre. Et ce que nous avons déjà dit trouvera encore ici sa place : ce qui est propre à chaque nature est le meilleur et le plus délectable pour chacune ; et pour l'homme, c'est la vie selon l'esprit, puisque c'est cela qui est principalement l'homme. C'est donc la vie la plus heureuse ».

III. — Nous avons dit que la connaissance du bien est plus essentielle au bonheur que la délectation qui l'accompagne. Observons, à cet égard, une différence notable entre l'appétit intellectuel et l'appétit sensible.

L'inclination animale aime l'opération pour le plaisir, parce que l'appétit sensitif est éclairé seulement par la connaissance sensitive : celle-ci ne peut saisir que tel bien singulier, mais non pas la raison universelle du bien (1).

La volonté, au contraire, à la lumière de l'entendement qui connaît la raison absolue du bien, aime l'opération parce qu'elle est un bien, et aime le bien pour lui-même ; elle s'y délecte parce qu'elle le possède, et elle aime la délectation comme une conséquence de la possession du bien qu'elle aime principalement.

Cela nous confirme que la contemplation du

---

(1) Apprehensio sensitiva non attingit ad communem rationem boni, sed ad aliquod bonum particulare, quod est delectabile : et ideo secundum appetitum sensitivum, qui est in animalibus, operationes quæruntur propter delectationem. Sed intellectus apprehendit universalem rationem boni, ad cujus consecutionem sequitur delectatio : unde principalius intendit bonum quam delectationem (I-II, q. IV, a. 2, ad 2).

souverain bien par l'intelligence est l'élément principal de la béatitude.

Saint Thomas remarque qu'Aristote n'a pas nettement résolu cette question, et il le complète à cet égard, comme à beaucoup d'autres (1).

Pour tout appétit, sensible ou intellectuel, la raison d'être de la délectation, c'est le bien de l'opération ou l'opération bonne, que le plaisir accompagne. Mais, l'appétit sensitif n'est pas éveillé par la connaissance de la raison des choses ; aussi, recherche-t-il le plaisir pour le plaisir et l'opération pour le plaisir qui la suit, tel acte singulier pour tel acte singulier. L'appétit intellectuel conforme son inclination à la raison des choses vue par l'intelligence (2) : il tend principalement à la possession du bien, et par concomitance à la délectation qui en est la suite; il se délecte dans le bien possédé parce qu'il est

(1) Istam quæstionem movet Philosophus, in X *Ethic.*, cap. IV in fine, et eam insolutam dimittit. Sed, si quis diligenter consideret, ex necessitate oportet quod operatio intellectus, quæ est visio, sit potior delectatione (I-II, q. IV, a. 2).

(2) Nec voluntas quærit bonum propter quietationem : sic enim ipse actus voluntatis esset finis ; quod est contra præmissa, q. I, a. 1, ad 2. Sed ideo quærit quod quietetur in operatione, quia operatio est bonum ejus. Unde manifestum est quod principalius bonum est ipsa operatio in qua quietatur voluntas, quam quietatio voluntatis in ipsa (I-II, q. IV, a. 2).

bien, au lieu de le rechercher et de s'y reposer parce qu'il est délectable.

La possession du bien parfait, de laquelle découle la délectation, n'est pas une opération distincte de la vision par l'intelligence. Dès que l'entendement voit le bien parfait, comme le chrétien espère le voir un jour, ce bien est présent à l'âme, et la volonté en jouit, s'y délecte. La possession, que saint Thomas appelle *comprehensio*, n'est qu'un rapport entre l'âme et l'objet présent qui la rend bienheureuse, et c'est par la vision intellectuelle que l'objet est présent (1). L'intelligence et la volonté sont tellement unies ensemble que la possession est suffisante par la contemplation : la volonté n'a plus qu'à se reposer avec joie dans le souverain bien.

IV. — A la fin de cet entretien, je ne voudrais pas vous laisser sous l'impression que la philosophie de saint Thomas méprise, dédaigne

(1) Comprehensio nihil aliud nominat quam tentionem alicujus rei, quæ jam præsentialiter habetur; sicut aliquis consequens aliquem dicitur eum comprehendere, quando tenet eum: et hoc modo comprehensio requiritur ad beatitudinem. — Comprehensio non est aliqua operatio præter visionem, sed quædam habitudo ad finem jam habitum : unde etiam ipsa visio, vel res visa, quæ præsentialiter adest, objectum comprehensionis est (I-II, q. IV, a. 3, ad 1 et ad 3).

le corps. J'ai peut-être eu l'apparence de le regarder d'un peu haut, dans une partie de cette leçon.

D'abord, pour le bonheur imparfait de cette vie, le corps est nécessaire, puisque la pensée elle-même ne peut s'exercer sans un organisme bien disposé. Pour le bonheur parfait d'une vie meilleure, le corps n'est pas essentiel, puisque l'âme séparée, nous l'avons vu l'année dernière, peut connaître Dieu, aidée par un secours naturel de la Providence.

Mais, il ne faut pas oublier que notre âme est faite pour animer le corps (1). Aussi, devons-nous espérer qu'un jour elle reprendra possession de la matière pour en reformer son corps et le faire participer à sa propre félicité; ce sera vraiment une addition légitime à notre bonheur.

Saint Thomas ne craint pas de fonder sur la philosophie elle-même l'espérance de la résur-

---

(1) Animæ humanæ remanet esse compositi post corporis destructionem ; et hoc ideoquia idem est esse formæ et materiæ, et hoc idem est esse compositi. Anima autem subsistit in suo esse, ut in 1 ostensum est, q. LXXV, a 2. Unde relinquitur quod post separationem a corpore perfectum esse habeat: unde perfectam operationem habere potest, licet non habeat perfectam naturam (I-II, q. IV, a. 5, ad 2).

rection du corps : guidé par la raison, il est arrivé à conclure qu'il est très convenable que la matière soit de nouveau réunie à l'âme, d'abord séparée, pour reconstituer complètement l'homme et le faire jouir tout entier de sa béatitude (1).

La perfection du corps et le plaisir sensible sont donc des accessoires naturels de la félicité parfaite. L'âme séparée les désire, non pas pour augmenter l'intensité de son bonheur, mais pour en accroître l'extension (2) : elle souhaite y associer toutes ses puissances naturelles, tous les éléments de la personne humaine.

Est-ce tout ? Pas encore. En ce monde, on dit souvent — et c'est vrai — que l'on n'est pas

---

(1) Appetit enim anima sic frui Deo, quod etiam ipsa fruitio derivetur ad corpus per redundantiam, sicut est possibile ; et ideo, quamdiu ipsa fruitur Deo sine corpore, appetitus ejus sic quiescit in eo, quod tamen adhuc ad participationem ejus vellet suum corpus pertingere (I-II, q. iv, a. 5, ad 4).

(2) Desiderium animæ separatæ totaliter quiescit ex parte appetibilis, quia habet id quod suo appetitui sufficit ; sed non totaliter quiescit ex parte appetentis, quia illud bonum non possidet secundum omnem modum quo possidere vellet : et ideo, corpore resumpto, beatitudo crescit, non intensive, sed extensive (I-II, q. iv, a. 5, ad 5). — Quum enim naturale sit animæ corpori uniri, non potest esse quod perfectio animæ naturalem ejus perfectionem excludat (I-II, q. iv, a. 6).

heureux sans amis (1). Le cœur désire faire du bien à quelque personne aimée avec une particulière préférence, se complaire dans les belles et bonnes actions d'un ami, et s'aider du dévouement offert par l'amitié fidèle pour accomplir plus facilement le bien que la volonté se propose. Dans l'autre vie, telle que l'espère le chrétien, la société des amis ne sera pas essentielle au bonheur, puisque Dieu sera là pour combler les désirs de l'homme : à lui seul, l'ami par excellence aimé au dessus de tout, il suffira pour donner à l'âme le ravissement de l'extase par la beauté et la bonté de son essence, la remplir de joie par la contemplation immuable de sa perfection souveraine, et la fortifier de tous les secours de sa puissance infinie. Et cependant, l'union la plus intime avec Dieu ne fera pas oublier les autres âmes que l'on aime (2) : les amis

(1) Si loquamur de felicitate praesentis vitae, sicut Philosophus dicit, in IX *Ethic.*, cap. IX et XI, felix indiget amicis,... propter bonam operationem, ut scilicet eis beneficiat, et ut eos inspiciens benefacere delectetur, et ut ab eis in benefaciendo juvetur (I-II, q. IV, a. 8).

(2) Perfectio charitatis est essentialis beatitudini quantum ad dilectionem Dei, non quantum ad dilectionem proximi. Unde, si esset una sola anima fruens Deo, beata esset, non habens proximum quem diligeret. Sed, supposito proximo, se-

auront plaisir à se retrouver dans la béatitude, à jouir encore les uns des autres, pendant qu'ils jouiront ensemble du bien parfait. Cette compagnie, sans être nécessaire au bonheur final, en sera l'harmonieux développement.

Je ne puis aller plus loin, sans risquer de dépasser beaucoup les bornes de ce que la raison peut naturellement saisir. Je terminerai par cette conclusion : Dans la vie présente, nous pouvons avoir une participation éloignée du véritable bonheur, puisqu'il nous est possible dans une certaine mesure de connaître et d'aimer Dieu, même par nos facultés naturelles : mais, ainsi, nous n'atteignons Dieu, ni directement, ni totalement, ni d'une manière continue; de plus, nous souffrons dans notre corps et dans notre âme : nous n'avons donc parfaitement ni l'essence, ni l'accessoire de la béatitude.

quitur dilectio ejus ex perfecta dilectione Dei : unde quasi concomitanter se habet amicitia ad perfectam beatitudinem » (I-II, q. IV, a. 8, ad 3).

TABLE DES MATIÈRES

1

L'INCLINATION DANS TOUS LES ÊTRES

INTRODUCTION.

Les leçons de cette année sont le complément des leçons de 1890 et de 1891. — Elles ont pour sujet principal : les Passions et la Volonté dans l'homme. — Pour bien comprendre l'inclination sous ces deux formes, dans l'homme, examen préalable de l'inclination de tous les êtres : 1° en Dieu et dans les êtres sans connaissance, dirigés par la connaissance divine ; 2° dans les êtres connaissants . . . 3

I

DIEU ET LES ÊTRES SANS CONNAISSANCE.

I. — Dieu est le bien par essence et le bien de toutes les créatures. — Définition du bien par Aristote et saint Thomas : ressemblance et différence avec la théorie de Platon. — L'inclination en Dieu a deux aspects : 1° complaisance de Dieu en lui-même ; 2° tendance à répandre son bien au dehors de lui. — II. — Les êtres sans connaissance ont une double inclination par ressemblance avec Dieu : 1° inclination vers un état ou une situation qui leur convient ; 2° inclination à produire au dehors quelque réalité semblable à eux-mêmes. 6

II

LES ÊTRES CONNAISSANTS : L'ANIMAL, L'HOMME ET L'ESPRIT PUR.

I. — L'animal a deux sortes de connaissances : l'une par laquelle il connaît simplement le fait sensible, l'autre par laquelle il apprécie ce qui est convenable ou nuisible à sa nature. Il n'a qu'une seule faculté *fondamentale* d'inclination, qui se divise en deux puissances distinctes, désignées ensemble par saint Thomas sous le nom général d'appétit sensitif. — II. — L'homme, au dessus de l'inclination sensible, a l'inclination intellectuelle à l'image de l'esprit pur et de Dieu. C'est précisément parce que cette inclination intellectuelle tend naturellement à l'absolu et au parfait, qu'elle est libre à l'égard de tous les biens particuliers et imparfaits : voilà pourquoi l'homme, l'ange et Dieu ont le libre arbitre. 20

II

LES PASSIONS

INTRODUCTION.

Objet de cette leçon : nature et classification des passions. 37

I

NATURE DES PASSIONS.

I. — Définition de la passion en général et spécialement de la passion animale. La passion animale ou sensitive comprend un élément matériel, qui est un mouvement physique dans le corps, et un élément formel, qui est une émotion de l'âme : le matériel est la conséquence directe du formel. — II. — Il y a plus de passion dans les puissances appétitives que dans les facultés de connaissance. Il y a aussi plus de passion dans les mouvements passionnels qui ont pour objet le mal, que dans ceux qui ont pour objet le bien. 39

II

CLASSIFICATION DES PASSIONS.

I. — Distinction entre l'appétit de concupiscence et l'appétit d'irascibilité. — II. — Définition des six passions de l'appétit de concupiscence : *amour, haine ; désir, aversion ; plaisir, douleur* ; et des cinq passions de l'appétit d'irascibilité : *espérance, désespoir ; crainte, audace ; colère*. 55

III

L'AMOUR ET LA HAINE.
LE DÉSIR ET L'AVERSION.

INTRODUCTION.

Objet de cette leçon : les deux premières passions fondamentales, amour et haine ; et les deux premières passions qui en dérivent, désir et aversion. 77

I

L'AMOUR.

I. — Nature de l'amour : amour de concupiscence, amour d'amitié. L'un et l'autre amour peuvent avoir en vue, soit le sujet qui aime, soit un autre sujet. L'amour d'amitié est le premier des deux amours. — II. — Causes de l'amour : 1° Le bien : définition du beau. 2° La similitude, en acte ou en puissance. 3° La connaissance : un amour très profond peut suivre une connaissance très imparfaite, par exemple à l'égard de Dieu. — III. — Effets de l'amour : 1° L'union : union affective, union réelle. 2° L'extase : par la connaissance et par l'inclination. 3° Le zèle ou la jalousie. 4° La blessure de celui qui aime. 5° L'action 79

II

LA HAINE.

Nature de la haine : prédisposition à s'éloigner du mal. — Causes de la haine. 1° Le mal. 2° L'amour. Peut-on se haïr soi-même ? Peut-on haïr la vérité ? 103

III

LE DÉSIR.

Nature du désir. — La concupiscence est le nom du désir sensible. — Désirs naturels et désirs non naturels . . 108

IV

L'AVERSION.

Nature de l'aversion. Saint Thomas la nomme fuite ou abomination, mais ne traite pas particulièrement de cette passion. 112

IV

LE PLAISIR ET LA DOULEUR.

INTRODUCTION.

Le plaisir et la douleur sont au terme du mouvement du premier appétit sensitif. Plaisir et douleur dans l'ordre intellectuel 117

I

LE PLAISIR.

I. — Nature du plaisir. Définition d'Aristote, reproduite et commentée par saint Thomas. Quelle est la connaissance nécessaire pour que naisse le plaisir ? Le plaisir, essentiellement, n'est pas dans le temps ; accidentellement, il peut être dans le temps. Supériorité du plaisir intellectuel sur le plaisir sensible. Quel est le sens qui donne le plus de plaisir? Il y a des plaisirs contre nature. — II. — Causes du plaisir. 1° L'opération : Comment et dans quelle mesure ? 2° Le mouvement, pour notre nature changeante, faible et bornée : pour une nature qui n'a pas ces défauts, le plaisir est dans l'immobile. 3° L'espérance, par la prévision. 4° Le souvenir, parce qu'il représente le passé. 5° La tristesse : présente, par le souvenir de ce qu'on aime ; passée, par le plaisir d'y avoir échappé. 6° Les opérations d'autrui : amour de soi contenu dans le plaisir qu'elles donnent. 7° La bienfaisance : encore quelque amour de soi. 8° La similitude, parce qu'elle est cause d'amour : dans certains cas, le plaisir vient, au contraire, de la dissimilitude. 9° L'admiration, par le plaisir de la connaissance : plaisir mêlé de douleur dans les spectacles. — III. — Effets du plaisir. 1° Dilatation de l'âme : c'est une métaphore ; elle s'applique à la connaissance et à l'affection. 2° Soif du plaisir même : deux sortes de soifs. 3° Obstacles à l'usage de la raison : de trois manières. 4° Perfection de l'opération 120

II

LA DOULEUR.

I. — Nature de la douleur. Comparaison avec le plaisir : la joie de la contemplation n'a pas de douleur contraire. — II. — Causes de la douleur. 1° Le mal présent, cause objective. 2° Le désir, lorsqu'il trouve un retard ou un obstacle. 3° Une force dominante contraire à l'inclination. — III. — Effets de la douleur. 1° Obstacle à l'intelligence, par déviation des forces de l'âme. 2° Appesantissement de l'âme : métaphore. 3° Affaiblissement de l'action. 4° Diminution de la vie du corps. — Remèdes à la douleur 173

V

L'ESPÉRANCE ET LE DÉSESPOIR.

INTRODUCTION.

L'irascibilité et ses deux premières passions : l'espérance et le désespoir 19

I

L'ESPÉRANCE.

I. — Nature de l'espérance. Possibilité du bien auquel elle tend. L'animal a l'espérance et, pour la même raison, le désespoir. — II. — Causes de l'espérance. 1° Le désir du bien. 2° La puissance. 3° L'expérience : à moins qu'elle ne fasse trop prévoir la difficulté. 4° La jeunesse. 5° L'irréflexion. — III. — Effets de l'espérance. 1° Le plaisir. 2° La tristesse, quelquefois. 3° Perfection de l'opération. 4° L'amour d'une personne secourable. 5° La longanimité. 6° La patience. 7° L'audace 195

II

LE DÉSESPOIR.

I. — Nature du désespoir. Il est contraire à l'espérance par le sens de son mouvement à l'égard du bien ardu. — II. — Causes du désespoir. 1° Le désir. 2° L'expérience, quelquefois. 3° La faiblesse. 4° L'irréflexion ou la réflexion. — III. — Effets du désespoir : la douleur et l'abattement 200

VI

LA CRAINTE ET L'AUDACE.

INTRODUCTION.

Les deux passions d'irascibilité qui ont pour objet le mal futur : la crainte et l'audace 217

I

LA CRAINTE.

I. — Nature de la crainte. L'animal a cette passion. Crainte naturelle, crainte non naturelle. — II. — Causes de la crainte. 1° Le mal, cause objective. La dépendance, même à l'égard d'un être bon, est cause de crainte. Explication de la crainte de la mort. Peut-on craindre de mal faire ? Peut-on craindre de craindre ? Caractères du mal qui augmentent la crainte. 2° L'amour, par l'intermédiaire du désir et de l'aversion. 3° La faiblesse de celui qui craint. 4° La force de ce que l'on craint. — III. — Effets de la crainte. 1° Contraction de la vie. 2° Trouble dans le jugement. 3° Réflexion et prudence, si la crainte est modérée. 4° Empêchement à l'action 219

II

L'AUDACE.

I. — Nature de l'audace. A quelle passion l'audace est-elle contraire ? — II. — Causes de l'audace. 1° L'espérance. Relation entre la crainte et le désespoir. 2° Tout ce qui provoque l'espérance ou exclut la crainte. Comment un défaut peut-il être cause d'audace. — III. — Effets de l'audace. 1° Action vive et prompte. 2° Découragement après un début très vif, lorsque l'audace n'est pas inspirée et modérée par la raison. 241

VII

LA COLÈRE.

INTRODUCTION.

La colère, dernière passion de l'appétit d'irascibilité. 255

I

LA COLÈRE.

I. — Nature de la colère. Deux objets : le bien de la vengeance et l'auteur du mal dont on veut se venger. Chacun de ces objets a le caractère de difficulté. Comment la colère écoute la raison : Aristote et saint Thomas. Les animaux ont cette passion. La colère est-elle plus naturelle que la concupiscence ? La colère aime la justice : comparaison avec la haine. Se met-on en colère contre soi-même ? — II. — Causes de la colère. 1° Action d'autrui nuisible à celui qui se met en colère. Qu'est-ce que la colère de Dieu ? 2° Le dédain ou le mépris : plusieurs exemples. 3° L'excellence de l'offensé. — 4° L'infériorité de l'offenseur. 5° Les tempéraments. — III. — Effets de la colère. 1° Le plaisir de la vengeance. 2° L'échauffement du sang et l'agitation du cœur : comparaison avec l'amour. 3° Le trouble et l'immobilisation de la raison. 4° Une certaine magnanimité. 5° Le silence 257

VIII

LA VOLONTÉ ET LE LIBRE ARBITRE.

INTRODUCTION.

La volonté dans son inclination naturelle ; le libre arbitre ou la volonté se déterminant elle-même 303

I

LA VOLONTÉ.

I. — La volonté est éclairée par l'intelligence : notion de la fin, rapports rationnels entre un moyen et une fin, entre telle fin et telle autre, entre les fins secondaires et la fin dernière. La liaison des fins à la fin dernière comparée à l'enchaînement des causes efficientes et à la connexion entre la conséquence et le principe dans le raisonnement. — II. — Unité de la fin dernière pour tous les hommes : cette fin est le perfectionnement complet de l'être. Toutes les autres fins sont poursuivies comme moyens de parvenir à ce perfectionnement complet. — III. — Quel est l'objet réel où l'homme peut trouver son complet perfectionnement ? Ce doit être l'objet de la meilleure opération de sa meilleure puissance. C'est donc l'absolu réel et parfait, dernier terme du mouvement de l'intelligence humaine. Conclusion : Dieu est la fin dernière de la volonté 305

II

LE LIBRE ARBITRE.

I. — L'inclination fondamentale de la volonté est nécessaire ; dans le développement de son opération, la volonté est libre. Le libre arbitre prouvé par le témoignage de la conscience et par la pratique des peuples. — II. — Preuve métaphysique du libre arbitre. La liberté des actes volontaires est la conséquence nécessaire de l'inclination nécessaire de la volonté. Comparaison de la volonté à l'intelligence. C'est précisément parce que la volonté est nécessairement inclinée vers le bien absolu et parfait, qu'elle est libre à l'égard des biens particuliers et imparfaits qui ne lui apparaissent pas comme nécessairement liés au bien absolu et parfait. Caractère de non-bien et même de mal que présentent les biens imparfaits. Différence entre la volonté et l'inclination sensible. — III. — Exercice de l'activité volontaire. La volonté est libre de vouloir ou de ne pas vouloir. L'élection libre est acte de raison et de volonté 323

IX

RÉFUTATION DU DÉTERMINISME.

INTRODUCTION.

Trois sortes de déterminisme : physique, psychologique et métaphysique 347

I

DÉTERMINISME PHYSIQUE.

Le déterminisme physique s'appuie, de nos jours, principalement sur la *loi de la conservation de l'énergie*. Il ne peut prouver au moyen de cette loi, ni *a priori*, ni *a posteriori*, qu'une puissance supérieure n'intervienne pas pour modifier l'action nécessaire des forces physiques . 349

II

DÉTERMINISME PSYCHOLOGIQUE.

Le déterminisme psychologique fait trois principales objections à la thèse du libre arbitre. — I. — La conscience ne peut prouver la liberté des actes volontaires. 1° il peut y avoir au fond une force inconsciente qui rende nécessaire la détermination de la volonté. — Réponse : la conscience constate une inclination nécessaire et des actes libres, ainsi que la liaison de la liberté à la nécessité ; puisque nous atteignons par la conscience une nécessité fondamentale, il n'y a pas lieu de chercher plus loin. 2° La conscience ne peut que constater des actes ; elle ne saurait saisir un pouvoir. — Réponse : La conscience constate des actes libres, et le libre arbitre, en tant que pouvoir, est affirmé comme cause proportionnée de ces actes. — II. — La volonté doit être déterminée par un motif à préférer tel motif à un autre ; sans cela, elle ne serait pas éclairée dans son choix par la raison. — Réponse : Il suffit, pour que la préférence soit raisonnable, que le motif préféré soit une raison suffisante de vouloir, c'est-à-dire que le bien choisi soit un moyen d'obtenir quelque chose de la fin dernière ; il n'est pas nécessaire que le motif adopté soit en lui-même une raison nécessitante : c'est le choix de la volonté qui rend décisif le motif préféré. — III. — En fait, les actions humaines sont déterminées nécessairement par les influences de la vie physiologique, des passions, des penchants. — Réponse : Ces influences peuvent diminuer la liberté, quelquefois même la détruire, mais ordinairement elles laissent agir le libre arbitre 356

III

DÉTERMINISME MÉTAPHYSIQUE.

Le déterminisme métaphysique a trois arguments principaux. — I. — Incompatibilité du libre arbitre avec l'ordre prétendu nécessaire de l'univers. 1° Théorie de l'évolution nécessaire. — Réponse : L'ordre de la nature est contingent en lui-même. 2° Optimisme de Leibniz. — Réponse : Le monde le meilleur est toujours tellement imparfait par rapport à la perfection divine, que Dieu reste libre de ne pas le créer et d'en créer un autre, même moins parfait. — II. — Le mal moral, conséquence du libre arbitre, est inadmissible dans l'œuvre d'un Dieu parfait. — Réponse : Le mal moral finira par être puni, et il est l'occasion de la vertu. D'ailleurs, toute créature intelligente est naturellement peccable. Conciliation de l'amour naturel du bien absolu avec la perversité voulue d'une faute grave. — III. — Le libre arbitre est la négation de la prescience et du gouvernement infaillibles de Dieu. — Réponse : La prescience divine n'est pas un obs-

TABLE DES MATIÈRES 503

tacle au libre arbitre, parce que l'éternité de Dieu est présente à tous les moments du temps. Le gouvernement divin ne détruit pas le libre arbitre, mais le fait se déterminer librement 377

X

L'EMPIRE DE LA VOLONTÉ.

INTRODUCTION.

L'empire de la volonté est le pouvoir qu'elle a de gouverner les puissances de l'âme 395

I

INFLUENCE DES AUTRES PUISSANCES SUR LA VOLONTÉ.

I. — Entendement. Il propose à la volonté son objet. Communication intime entre l'intelligence et la volonté. — II. — Sens externes et internes. Ils ont de l'influence sur la volonté par l'intermédiaire de l'entendement. — III. — Appétit sensitif. 1° Déviation de l'activité vers le sensible. 2° Modifications dans les forces physiques. 3° Déformation de l'appréciation sensible. — IV. — Puissances végétatives. Influence très indirecte, par le moyen des sens et de l'appétit sensitif, attachés à l'organisme . . . 397

II

INFLUENCE DE LA VOLONTÉ.

I. — Entendement. 1° La volonté donne au dernier jugement pratique de l'intelligence son caractère décisif.

2º Elle fait commander par la raison aux autres puissances l'acte voulu. Explication de l'empire rationnel de la volonté. Étendue et limites du pouvoir de la volonté sur l'entendement. — II. — Empire de la volonté sur la volonté elle-même : faiblesse possible du commandement. La volonté use des autres puissances pour assurer l'exécution de ses ordres. L'action de la volonté sur l'intelligence et son action sur elle-même n'impliquent, ni l'une ni l'autre, une série indéfinie de causes causées. — III. — Facultés de connaissance sensitive : empire de la volonté sur elles ; ses limites. — IV. — Appétit sensitif. Comment et dans quelle mesure la volonté commande aux passions. — V. — Action indirecte de la volonté sur les mouvements du corps et sur les actes de la vie végétative . 410

XI

LE BONHEUR.

INTRODUCTION.

Les conditions du bonheur, d'après saint Thomas . . . 439

I

CE QUE LE BONHEUR N'EST PAS.

I. — Les richesses naturelles ou artificielles. Ni les unes ni les autres ne sont la fin dernière de l'homme. Comparaison entre le désir des richesses et le désir du souverain bien. L'argent ne procure pas tous les biens. — II. — Les honneurs. Ils ne sont pas essentiels au bonheur. — III. — La gloire. Comme l'honneur, elle n'est qu'un accessoire et ne peut être la fin dernière. Cependant, la gloire qui réside dans la science divine, est cause du bonheur. — IV. — Le pouvoir. Comme il n'est pas un acte réalisé, il n'est pas la réalité qui donne le bonheur. Le bon usage du pouvoir est néanmoins une perfection. —Insuffisance générale des quatre biens qui viennent d'être examinés. — V. — Les biens du corps. L'homme tend à un bien supérieur à la conservation de son être ; les biens du corps sont destinés à faciliter les biens de l'âme : donc, ils ne sont pas la fin dernière. — VI. — La volupté. Dans le sens général de délectation, la volupté n'est pas le principe du bonheur. Dans le sens de plaisir sensible, la volupté n'est pas même la conséquence du vrai bonheur Supériorité de l'esprit sur la matière. Il y a une délectation qui est la conséquence de la béatitude. — VII. — Les biens de l'âme. Ni en elle-même, ni dans ses actes, l'âme n'est le bien parfait. Mais c'est par l'âme que l'homme possède le souverain bien. — Le souverain bien n'est pas l'universel en quantité, mais l'universel absolu, Dieu lui-même 441

II

CE QU'EST LE BONHEUR.

I. — Le bonheur, entendu comme possession du souverain bien, est une perfection créée dans l'âme. Différence avec la béatitude de Dieu. Le bonheur est une opération de l'âme : Aristote et saint Thomas. Caractères de cette opération. — II. — Le bonheur n'est ni une opération sensitive, ni essentiellement une opération de la volonté, mais une opération de l'entendement, de l'intelligence spéculative, et non de l'intelligence pratique. Belle page d'Aristote. — III. — Différence entre l'inclination intellectuelle et l'inclination sensible au regard de la tendance vers la délectation. La possession du bien parfait n'est pas autre chose que la vision intellectuelle. — IV. — Participation du corps au bonheur final de l'homme. Rôle de l'amitié humaine dans la béatitude de l'autre vie. — Le bonheur de la vie présente est tout à fait incomplet .. 466

Typ. M. Schneider, 185, rue de Vanves — Paris.

P. LETHIELLEUX, Éditeur, 10, rue Cassette, Paris.

BIBLIOTHÈQUE PHILOSOPHIQUE

PHILOSOPHIE DE SAINT THOMAS
par M. J. GARDAIR
Professeur libre de philosophie à la Faculté des lettres de Paris.

CORPS ET AME (Introduction au Cours de Philosophie)
In-12°, *broché*   3. 50 ; le même, en *reliure souple* . 4. 50
LES PASSIONS ET LA VOLONTÉ (*Cours professé à la Sorbonne en 1892*).
In-12°, *broché*   3. 50 ; le même, en *reliure souple* 4. 50
          Pour paraître en 1893 :
LA CONNAISSANCE (*Cours professé à la Sorbonne en 1891*).
In-12°, *broché*   3. 50 ; le même, en *reliure souple*. 4. 50
          Pour paraître fin 1893 :
LA NATURE HUMAINE (*Cours professé à la Sorbonne en 1890*).

AUGUSTE COMTE, fondateur du Positivisme, sa vie, sa doctrine, par le R. P. GRUBER, de la Compagnie de Jésus. Traduit de l'allemand par M. l'abbé PH. MAZOYER, du clergé de Paris. Précédé d'une préface par M. OLLÉ-LAPRUNE, Maître de Conférences à l'École Normale.
In-12°, *broché*   3. 50 ; le même, en *reliure souple* 4. 50
          Du même auteur :
LE POSITIVISME DEPUIS COMTE JUSQU'A NOS JOURS.
In-12°, *broché*   3. 50 ; le même, en *reliure souple* 4. 50

BACON, par M. GEORGES-L. FONSEGRIVE, Professeur agrégé de philosophie au lycée Buffon, lauréat de l'Institut.
In-12°, *broché*   3. 50 ; le même, en *reliure souple* 4. 50

PHILOSOPHIE MORALE par le R. P. DE PASCAL, Missionnaire apostolique
In-12°, *broché*   3. 50 ; le même, en *reliure souple*. 4. 50

HISTOIRE DE LA PHILOSOPHIE, par Son Em. le Card. Z. GONZALEZ des Frères Prêcheurs.
4 vol. in-8° carré   24. 00 ; *les mêmes*, en reliure toile . 30. 00

INTELLECT ACTIF (L') ou du Rôle de l'Activité mentale dans la Formation des Idées, par M. l'abbé C. PIAT, Agrégé de Philosophie, professeur à l'Institut catholique de Paris.
In-8° carré   5. 00

Typ. M. SCHNEIDER, 185, rue de Vanves — Paris.

www.ingramcontent.com/pod-product-compliance
Lightning Source LLC
Chambersburg PA
CBHW071714230426
43670CB00008B/1010